KB152017

도시는 왜
역사를
보존하는가

도시는 왜 역사를 보존하는가

정통성 획득부터 시민정신 구현까지,
역사적 경관을 둘러싼
세계 여러 도시의 어제와 오늘

로버트 파우저 지음

누구나 오래 믿어온 것들이 있다. 종교가 대표적이지만, 그밖에도 살다보면 믿거라, 하는 것들이 많이 생긴다. 믿음이 강해질수록 변하기 쉽지 않다. 그렇지만 또 살다보면 믿어온 것들을 달리 생각하거나 어느 순간 더이상 믿지 않게 되는 일들도 있게 마련이다. 마음이 변해서이기도 하고, 사회적인 변화 때문이기도 하다. 우리가 사는 도시에서 오래된 것들, 말하자면 역사적인 경관을 잘 보존해오는 일의 가치를 나는 오랫동안 믿어왔다. 그런데 최근 몇 년 사이에 마음이 조금 달라졌다. 말하자면 그 믿음에 물음표가 생기기 시작했다. 물음표의 핵심은 조금은 근본적인 것이었다.

"왜 도시들마다 역사적 경관을 보존하려고 하는 걸까."
"왜 그런 행위를 선先/善이라고, 또는 당연히 그래야 하는 거라고 여기는 걸까."

역사적 경관 보존의 가치와 이를 지키려는 행위를 선先/善이라고 여겨온 것은 오래된 나의 믿음이었다. 그런 나에게 왜 이런 물음표가 생긴 걸까. 특별한 계기가 있다기보다 2010년대 중반 이후 사회적 변화의 영향을 받아서인 듯하다. 이런 나의 믿음과 그에 대한 의문의 과정을 설명하려면 개인사를 조금 털어놓을 필요가 있다.

오래된 도시에 대한 관심은 부모님께로부터였다. 아버지는 제2차 세계대전 이후 미점령군으로 약 2년여 일본에 사셨다. 학교에서 건축 설계를 배운 아버지는 폭탄 피해를 입지 않은 교토에 주둔하면서 미점령군이 사용하는 여러 건물을 설계하는 일을 했다. 어린 시절 아버지로부터 그 시절의 이야기, 이를테면 아버지가 머무셨던 동네에 있다는 헤이안진구平安神宮며 그 가까이의 오래된 사찰과 신사는 물론이고 교토라는 오래된 도시의 분위기에 대한 이야기를 자주 들었다. 자연스럽게 오래된 것은 가치가 있고, 다른 시대에 살고 있는 우리에게도 의미가 있다는 걸 배울 수 있었다. 아버지는 일본 주택의 구조며 특징에 대해서도 관심을 많이 가지셨고, 일본 주택에서 창이나 문의 역할을 하는 쇼지障子, 한국식으로 말하자면 미닫이문을 특히 좋아하셨다. 그 영향으로 서양의 주택과는 다른 나라의 전통 건축에 대해서 나 역시 흥미를 갖기도 했다.

어머니는 아버지처럼 해외에 오래 나가 사셨다거나 하는 특별한 경험은 없었지만, 시민의식이 매우 투철한 분이셨다. 시민이 나라의 주권자라는 믿음이 확고했다. 언제나 투표를 했고, 지역 정치에도 적극적으로 참여하셨다. 내가 중학생일 때 어머니는 학교 급식 운동에 열심이셨다. 앤아버 공립초등학교에서 학생들에게 급식을 통해 점심을 제공하자는 내용이었다. 선택에 따라 학생들은 급식을 먹을 수도, 아닐 수도 있었다. 하지만 적어도 경제적으로 어려운 가정의 학생들이 무상으로 점심을 먹을 수 있었다. 일종의 복지 정책 도입 운동이었던 셈이다. 나중에 알고 보니 그 운동을 주도적으로 이끈 분이 바로 어머니셨다. 비슷한 시기, 앤아버에는 노동자들이 많이 사는 오래된 동네의 보존 운동이 한창 진행 중이었다. 어머니는 여기에도 적극적으로 참여하셨다. 그 무렵 미국의 수많은 도시에서는 고속도로 건설을 위해 여기저기 오래된 동네들이 파헤쳐지고 있었고, 이에 대한 반대 운동이 일어나고 있었다. 앤아버도 피해갈 수 없었다. 상업 중심지 옆으로 넓은 도로를 내려면 그 주변의 수많은 주택을 철거해야 했다. 19세기 말~20세기 초에 이루어진 그 동네의 독특한 풍경이 훼손될 것이 뻔했다. 반대 운동으로 인해 앤아버에서의 고속도로 건설 계획은 철회되었다. 그로부터 몇 년 뒤인 고등학교 2학년 때, 고속도로 건설을 막아낸 오래된 동네를 어머니와 함께 다녀왔다. 평생 처음 가본 '역사 보존 지구'historic district 답사였다.

오래된 도시를 잘 보존해야 한다는 나의 믿음은 고등학교 때의 경험에서 비롯한 것이기도 하다. 1978년, 고교 2학년 진학 전 여름방학을 도쿄 인근에서 홈스테이로 머물렀다. 홈스테이를 하는 동안 그 집의 가족과 함께 교토와 나라를 다녀왔다. 아버지의 이야기 속에 나온 헤이안진구며 기요미즈데라 등을 직접 보며 큰 감동을 받았다. 교토 시내는 아버지 이야기와 달리 새로운 건물이 많이 생겨 오래된 느낌이 거의 사라진 듯했다. 대조적인 모습에 얼핏 실망하면서 '보존'이라는 것에 대해 처음으로 관심을 갖게 되었다. 고등학교 졸업 후 멕시코시티 인근에서 역시 홈스테이를 하게 되었다. 시내 안의 역사적 원도심에 흥미를 느꼈고, 멕시코시티 북쪽으로 올라가면 나오는 오래된 도시 케레타로Querétaro의 분위기도 무척 마음에 들었다. 교토와 달리 역사적 경관 보존 상태가 매우 좋아서 마치 영화 세트장 같다는 생각이 들 정도였다.

이런 경험과 생각이 축적되어 역사적 경관 보존은 선善이며, 이는 반드시 지켜야 할 가치처럼 여겨졌다. 반면에 개발이라는 것은 대체로 사회적 공익보다 개인의 이익을 추구하는 성격이 강하기 때문에 반드시 의심

하고 여러 번 생각해야 한다고 여겼다. 고교 졸업 이후부터 2010년대 중반까지 변하지 않는 나의 확고한 믿음이었다.

2010년대 중반, 오랜 해외 생활을 마치고 거의 30년 만에 미국에 살게 되었다. 당시 미국은 수면 밑에 가라앉아 있던 거의 모든 불안이 곧 터질 것처럼 위험이 고조되고 있었다. 2016년 말, 도널드 트럼프 전 대통령의 승리로 그 위험의 첫 폭발이 눈앞에 벌어졌다. 그뒤로 미국을 포함해 전 세계로 불안은 들불처럼 퍼져나갔다.

- 2020년 코로나19 팬데믹, '블랙 라이브스 매터'Black Lives Matter 시위, 트럼프의 대통령 선거 결과 불복.
- 2021년 미 국회의사당 폭력적 진입 사건, 엄청난 물가 상승.
- 2022년 러시아의 우크라이나 침략과 그로 인한 또 한 번의 물가 상승.
- 2023년 유럽 전역을 가리지 않는 극우 정당의 성장세, 이스라엘과 하마스의 전쟁.

당장 생각나는 것 몇 가지만 적어봐도 이렇게 짧은 시간 안에 과연 가능한 일인가 할 정도로 전 세계가 급속도로 불안에 빠져들었다. 이런 마당에 역사적 경관 보존이라니, 한가한 이야기처럼 여겨지기 시작했다.

이런 일도 있었다. 2018년 내가 사는 미국 프로비던스를 찾아온 한국 학생 한 명과 역사 보존 지구를 함께 걸었다. 18세기 말에 지어진 집들을 보더니 이건 영조 시대, 저건 정조 시대에 지어진 셈이라고 했다. 그런 말을 들으니 집들이 새롭게 보이면서 흥미로웠다. 이렇게 잘 보존되어 아름다운 곳에 살 수 있으면 좋겠지만, 그 동네 주변은 집값이 너무 비싸 엄두를 낼 수 없었다. 오래전 어머니가 고속도로 건설 반대 운동을 펼치면서 지켜낸, 앤아버의 노동자들이 살던 그 동네도 시간이 흐를수록 점점 더 값이 올라 보통 사람들은 들어가서 살 수 없게 된 지 오래다. 오래되고 보존이 잘 된 동네를 좋아하지만, 집값이 너무 비싸서 나 같은 사람은 그저 구경만 할 뿐 거주할 생각은 품지도 못한다. 이런 소외감은 나만 느끼는 게 아닐 것이다.

그해 가을에는 오랜만에 한국에 와서 서울 북촌을 산책했다. 예전에 살기도 했고, 서울에 올 때마다 찾는 동네다. 이 동네 역시 프로비던스 역사 보존 지구처럼 집값이 비싸서 누구나 쉽게 엄두를 낼 수 없게 된 지 오래다. 기껏 잘 보존해 놓았는데 그곳에 거주할 수 있는 건 원래 살던 사람들이 아니다. 살고 싶지만 살 수 없다. 살 수 있는 사람만 살 수 있는, '아름답고 살기 좋은 부촌'이다. 이런 결과가 영 내키지 않았다. 역사적 경관 보존에 대한 나의 물음표는 이런 맥락에서 출발한 것이라고 할 수 있다. 세상은 이렇게 위기 일색인 데다 역사적 경관 보존의 결과로부터 정작 일반 시민들은 소외되고 있다는 생각이 물음표의 시작인 셈이다. 궁극적으로는 누구를 위한 역사적 경관 보존인가, 하는 물음표인 셈이다.

그날도 북촌은 언제나처럼 엄청나게 많은 관광객들이 골목마다 가득했고, 무척 소란스러웠다. 집값 비싼 동네가 되었다는 회의에다가 거기에 더해서 이렇게 관광객들로 가득한 동네에서 조용히 살 수 있을까, 하는 생각이 들었다. 얼굴이 찌푸려지려는 찰나였다. 문득 한복 차림으로 한옥의 기와 물결을 배경으로 '셀카'를 찍으며 마음껏 즐기는 젊은이들의 표정이 눈길을 끌었다. 분명히 그런 그들의 모습은 그동안 내가 믿어온 역사적 경관 보존의 쓰임새와는 조금 달랐다. 그런데, 그래서 싫다는 생각이 들지 않았다! 오히려 어쩌면 저 젊은이들의 저 표정이 오늘날 이 시대에 어울리는, 역사적 경관을 보존하는 새로운 명분이 될 수도 있다는 생각이 들었다. 그런 생각이 드는 순간, 그동안 어쩐지 역사적 경관 보존의 결과물을 보면서 느꼈던 회의와 소외가 새로운 가능성으로 바뀌는 듯했다. 저런 모습도 괜찮지 않을까, 하는 생각도 들었다. 나로서는 매우 큰 생각의 변화였다.

오랫동안 내가 선善으로 믿어온 역사적 경관 보존은 1960년대 미국에서 펼쳐진 다양한 사회 운동의 일환으로 등장한 '모던 보존'의 연장선이었다고 할 수 있다. 대개 역사성은 있지만 다소 낙후된 지역의 부동산을 수리한 뒤 그 모습을 보존하는 방식이었다. 그로 인해 그 주변은 개성이 강한 중산층 주택가로 변하는 것이 익숙한 흐름이었다. 젠트리피케이션이 상징하는 부작용을 놓고 전전긍긍하는 것도 익숙하다. 하지만 어쩌면 이런 식의 보존은 이미 지나간 역사일지도 모른다. 그렇다면 이미 지나간 방식을 지속하기보다 차라리 오늘날의 서울 북촌처럼 사진과 영상을 통해 소통하는 젊은 세대를 위한 테마파크를 만드는 것도 시대의 흐름에 어울리는 방식 중 하나가 아닐까, 하는 생각이 들었다. 생각은 이어졌다. 시간은 계속 흐른다. 앞으로 나아간다. 역사는 지난 시간의 반복이 아니라 하루하루 새로운 오늘을 만들어나가는 것이다. 세상의 중심을 이끌어가는 세대 역시 변하고 있다. 오늘은 내일이면 역사가 되고, 오늘의 어린이들은 내일이면 성년이며 사회의 동력이 된다. 오래된 것에 대한 생각과 해석은 계속 변하고 있고 마땅히 변해야 한다. 그러자 나의 생각은, 이런 식의 변화가 '포스트모던 보존'이 아닐까, 그것은 이전과는 다른 형태이긴 하지만, 그것대로 충분히 가치가 있는 일이 아닐까, 하는 데까지 나아갔다.

그런 생각을 하다 보니 그동안 세계의 여러 도시들은 자신들의 역사적 경관을 왜, 어떻게 보존하고 기억해왔는지를 살펴보고 싶었다. 막상 살펴보니 거기에는 권력자들의 정통성 획득부터 종교적 가치의 실현, 애국주의와 애향심의 고취, 전쟁으로 인한 상처의 극복, 시민정신의 구현까지 여러 목적과 의도가 있었다는 것, 놀라울 만큼 다양한 맥락과 이면이 흐르고 있다는 것을 발견하게 되었다. 도시들마다 이미 내가 생각한 선先/善과는 다른 이유로 역사적 경관을 보존해왔다는 것도 알게 되었다. 내가 느꼈던 회의와 소외 역시 '지금, 이 순간' 처음 맞닥뜨리는 것이 아니라는 것도 발견했다. 그러면서 도시의 역사에 대한 깊은 이해의 시간을 갖기도 했다. 어떤 것이든 옳고 그름으로 쉽게 판단할 수 없다는 것도 새삼스럽게 돌아보았다.

가장 중요한 깨달음은, 오랜 시간 나의 믿음을 형성해온 것, 다시 말해 부모님께 배운 것은 겉으로 드러나는 어떤 방식이 아니라 사람과 문화의 흔적이 담긴, 오래된 것에 대한 존중이라는 사실이었다. 나아가 역사적 경관 보존의 방법을 일정한 이데올로기나 방식으로 국한해서도 안 된다는 것도 깨달았다. 지난 시절의 나와 달리, 많은 사람들이 일생의 상당 부분을 디지털 공간에서 보내고 있는 21세기에는 더욱 더 열린 마음으로, 더 넓은 시선으로 접근해야 한다는 것도 지난 세기 세계 여러 도시들의 사례를 보며 생각했다.

그 생각의 과정에서 도시들을 바라보니 '역사적 경관', 나아가 '역사'

를 '보존한다'는 하나의 행위 아래 다양한 방식이 존재하고 있었다. 그때 그 도시에 살던 '그들'도 자신들이 살아가는 '현재'에서 '역사'를 '어떻게' '보존'할 것인가를 두고 치열하게 고민했다. 그런 그들의 고민의 결과는 세상의 모든 일이 그렇듯 때로 아름답고 때로 아름답지 않다. 지금의 기준으로 볼 때 긍정할 부분도, 비판할 부분도 있다. 지금까지 내가 선先/善이라고 여겨온 명분이나 가치 역시 그럴 수 있을 것이다.

그런데 내가 선先/善이라고 여겨왔으나 그렇지 않을 수도 있다는 것, 이미 지난 시대의 방식일 수 있다는 깨달음은 그러나 좌절로 이어지지지는 않았다. 오래된 것에 대한 마음으로부터의 존중을 품고 있기만 한다면, 역사적 경관을 보존하는 명분과 생각 나아가 그 방법까지도 다양할 수 있다는 걸 알게 된 것은 이 책을 쓰면서 내가 얻은 소득이다. 누구를 위해, 무엇을 위해 역사적 경관을 보존해야 하는가에 대한 더 근본적이고 새로운 물음표를 갖게 된 것 또한 소득이다.

수많은 도시들의 이야기를 통해 나는 오랜 시간 내가 믿어왔던, 보존에 대한 가치를 버리지 않고도, 내가 믿는 것만이 유일한 선善이라고 고집하지 않아도 된다는 것, 오히려 그 고집을 내려놓음으로써 오래된 것을 더 다양한 방식으로 존중할 수 있다는 걸 알게 되었다. 반드시 내가 믿어온, 내게 익숙한 선先이 아니어도, 얼마든지 다양한 명분이 존재할 수 있으며, 그 모든 것을 굳이 내가 다 이해하지 않아도 된다고 조금은 여유로운 마음을 갖게도 되었다. 이런 생각의 변화를 통해 오래된 것에 대한 나의 존중, 그 가치에 대한 나의 믿음은 더욱 깊고 확고해졌다. 그것이야말로 이 책을 통해 내가 얻은 소중한 결실이다.

2010년 무렵부터 많은 분들과 오래된 도시의 골목길을 수없이 답사했다. 그분들과 함께 한 소중한 순간들을 언제나 잊지 않는다. 이 책은 그 순간들로부터 큰 빚을 졌다. 함께 걸어온 모든 분들께 감사한 마음을 전한다.

2024년 연초,
서울 대학로에서
로버트 파우저

차례

책을 펴내며 004

제1장 종교 유산을 적극적으로 보존했던 '그들'의 속사정 017

_이탈리아 로마와 일본 교토

호기심의 출발, 전 세계 도시들이 오래된 건물과 경관을 보존해온 배경과 그 맥락은 무엇일까 | 로마제국의 도시, 로마와 1100여 년 동안 일본의 수도였던 교토, 다른 듯 같은 두 개의 도시 | 로마의 복원과 보존으로 '그들'이 얻으려고 했던 바, 로마의 정통성 획득과 권력의 안전한 장악 | 교토 문화유산을 보호하고 전통 권력과 협력하여, 역사적인 정통성을 취하려 했던 새로운 권력자들 | 역사적 경관 보존의 또 다른 기여자, 로마와 교토를 찾은 순례자들 | 때로는 같고 때로는 다른, 하나의 도시가 문화유산을 보존하는 이유와 목적

제2장 더욱 더 견고한 '우리'를 만들기 위한 애국주의 전시장 067

_ 미국 윌리엄즈버그와 일본 나라

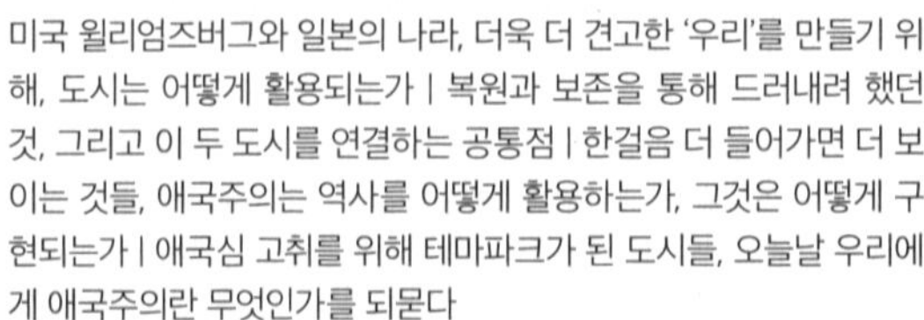

미국 윌리엄즈버그와 일본의 나라, 더욱 더 견고한 '우리'를 만들기 위해, 도시는 어떻게 활용되는가 | 복원과 보존을 통해 드러내려 했던 것, 그리고 이 두 도시를 연결하는 공통점 | 한걸음 더 들어가면 더 보이는 것들, 애국주의는 역사를 어떻게 활용하는가, 그것은 어떻게 구현되는가 | 애국심 고취를 위해 테마파크가 된 도시들, 오늘날 우리에게 애국주의란 무엇인가를 되묻다

제3장 '나의 살던 고향'을 아름답게! 단, '우리'에게 아름다운 것만 105

_미국 찰스턴 · 뉴올리언스 · 샌안토니오

애향심으로 똘똘 뭉쳐 만들어낸 도시 보존의 행위, 보이는 것과 보이지 않는 것 사이의 그 무엇 | 미국 찰스턴·뉴올리언스·샌안토니오 살던 옛 주민들의 애향심, 그들이 선택한 '나의 살던 고향'은 | 백인 부유층 여성들이 발벗고 나선 동네 경관 지키기, 오래된 집 한 채가 '역사 보존 지구' 지정으로 이어지다 | 주유소 설치·고속도로 건설에 반대하고 나선 이들, 그들이 지켜낸 도시마다의 역사적 경관들 | 목소리조차 내지 못했던 또다른 존재들, 말없이 사라진 그들은 어디에

제4장 오래된 도시의 흔적으로 남은 사회적 저항 151

_미국 뉴욕과 독일 베를린

다양한 사회적 저항은 오래된 도시에서 어떤 흔적을 남기고 그것들은 또 어떻게 보존, 기억되어 왔을까 | 뉴욕과 베를린, 격동의 시대를 거쳐 변화무쌍한 시대를 겪은 이 도시가 쌓아온 시간들 | 주류 사회에서 해방을 꿈꾼 이들의 근거지, 뉴욕 그리니치빌리지 | 고속도로 건설 계획, 그리니치빌리지 역사 보존 지구 지정의 도화선이 되다 | 그리니치빌리지를 지켰으나, 방값 부담을 피해 선택한 새로운 해방구, 브루클린하이츠 | 서베를린의 크로이츠베르크, 불법 거주 운동이 도시 재생 사업으로 | 크로이츠베르크를 넘어 쇠네베르크까지, 펑크와 인디문화의 중심지로 떠오르다 | 뉴욕 그리니치빌리지와 브루클린 하이츠, 서베를린의 크로이츠베르크와 쇠네베르크의 공통점은?

제5장 전쟁의 상처를
평화의 상징으로 남겨두다 189

_일본 히로시마와 독일 드레스덴

전쟁의 상처로 평화를 기념하다, 도시의 역사를 넘어 세계 평화를 호소하다 | 군국주의 일본제국의 종지부, 히로시마와 나치 독일의 비극, 드레스덴이 역사를 기억하는 방법 | 평화의 상징을 꿈꾼 히로시마, 그 희망은 과연 이루어졌을까 | 이데올로기와 전통 복원의 필요 사이에 선 드레스덴의 선택은? | 역사적 경관 보존의 의미, 어제와 오늘과 내일의 연결, 하나 더 나아가 평화를 위한 경고

제6장 제국주의 수도들,
개발과 보존의 갈림길에서 221

_런던 · 파리 · 이스탄불 · 베이징 · 빈

제국 권력의 중심, 다섯 도시들의 역사적 경관 보존 복원법 | 런던·파리·이스탄불·베이징·빈을 상징하는 공간들, 권력자들 그리고 시간들 | 시대와 지배 계층에 따라 변화무쌍했던 도시들, 무엇을 남기고 무엇을 지울 것인가 | 도시들마다 품고 있는 이면의 맥락, 그것을 끌고온 보이지 않는 손

제7장 도시는 왜 역사적 경관을
보존하는가 285

_보존의 이유 그리고 한국 경주 · 전주 · 서울

때로는 종교적 의미를 위해, 때로는 권력의 상징을 갖기 위해 | 도시의 옛모습, 국가의 전시장, 평화의 호소, 도시 복원의 다양한 이유들 | 때로는 거시적으로, 또 때로는 미시적으로 | 경주의 보존과 복원, 한국 대표 관광지이자 국가 문화유산의 전시장 | 전주의 한옥마을과 서울 북촌의 한옥마을, 거주지를 꿈꿨으나 관광지가 되어버린 | 역사적 경관 보존이 낳은 결과, 그 결과가 말해주는 새로운 방향

일러두기

1. 이 책은 미국인 저자 로버트 파우저Robert J. Fouser가 처음부터 끝까지 한글로 썼다.
2. 이 책에 사용한 외래어는 기본적으로는 국립국어연구원의 외래어 맞춤법 기준에 따랐으나, 관용으로 굳어진 경우 그 용례에 따랐다.
3. 인명의 경우 꼭 필요한 경우에만 풀네임과 생몰년을 밝혔다.
4. 책에 사용한 이미지는 대부분 저자가 촬영하거나 소장하고 있는 것이며, 그밖의 자료 사진은 저작권 및 사용 허가 권한 유무의 확인을 거쳤다. 위키미디어 공용 사이트의 저작권 만료 또는 사용 제약이 없는 퍼블릭 도메인 이미지는 출처 표시를 생략했다. 이외에 위키미디어에서 이미지 제공자의 정보를 밝혀야 하는 경우는 권고에 따라 해당 이미지 옆에 제공자 이름을 표시했다.

   예. (출처. MiguelYerena, CC BY-SA 4.0, 위키미디어 경유)

   이밖에 이미지와 관련하여 추후 다른 절차 및 정보가 확인되는 경우 이에 따른 적법한 절차를 밟겠다.

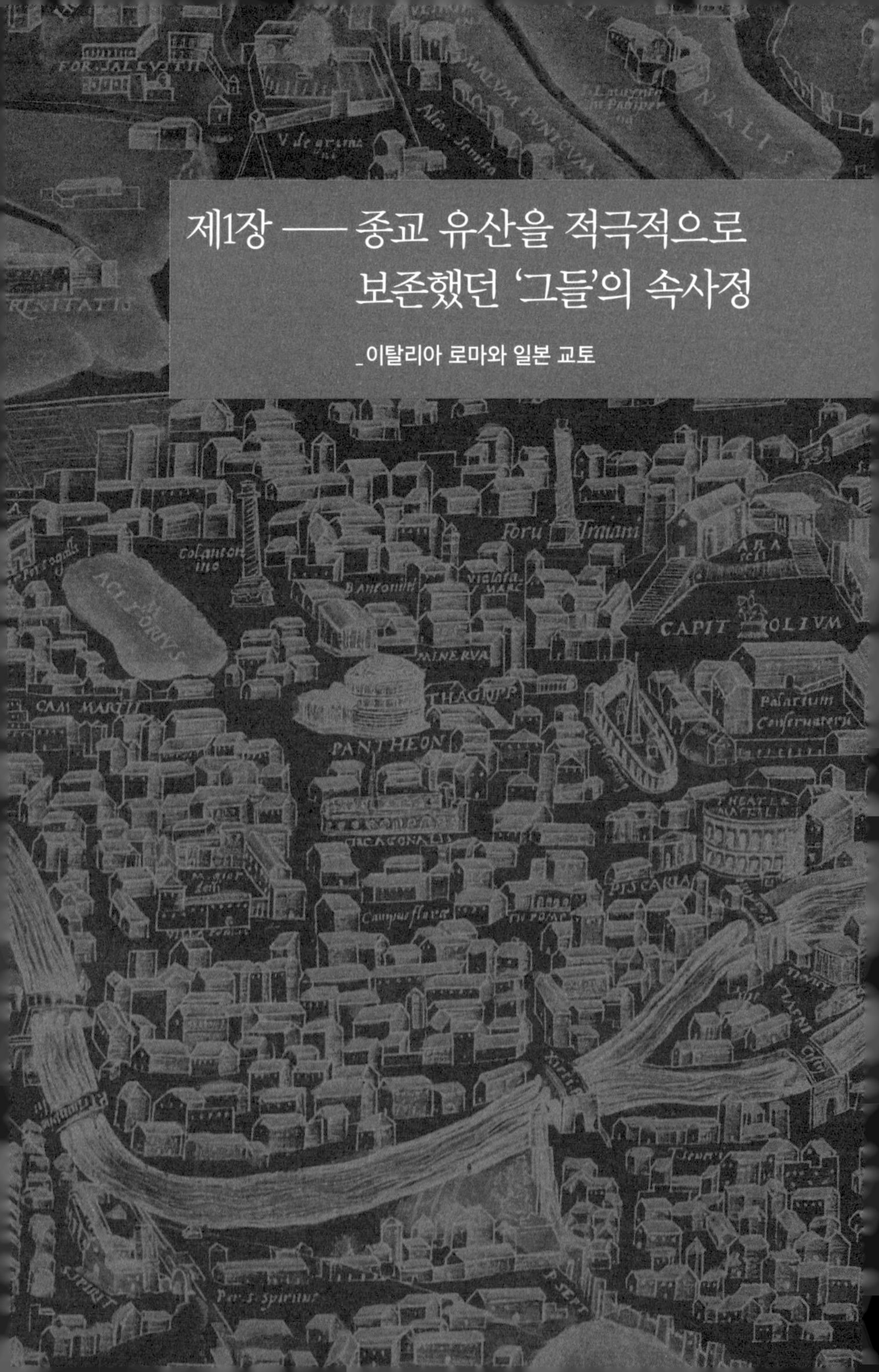

제1장 — 종교 유산을 적극적으로 보존했던 '그들'의 속사정

_이탈리아 로마와 일본 교토

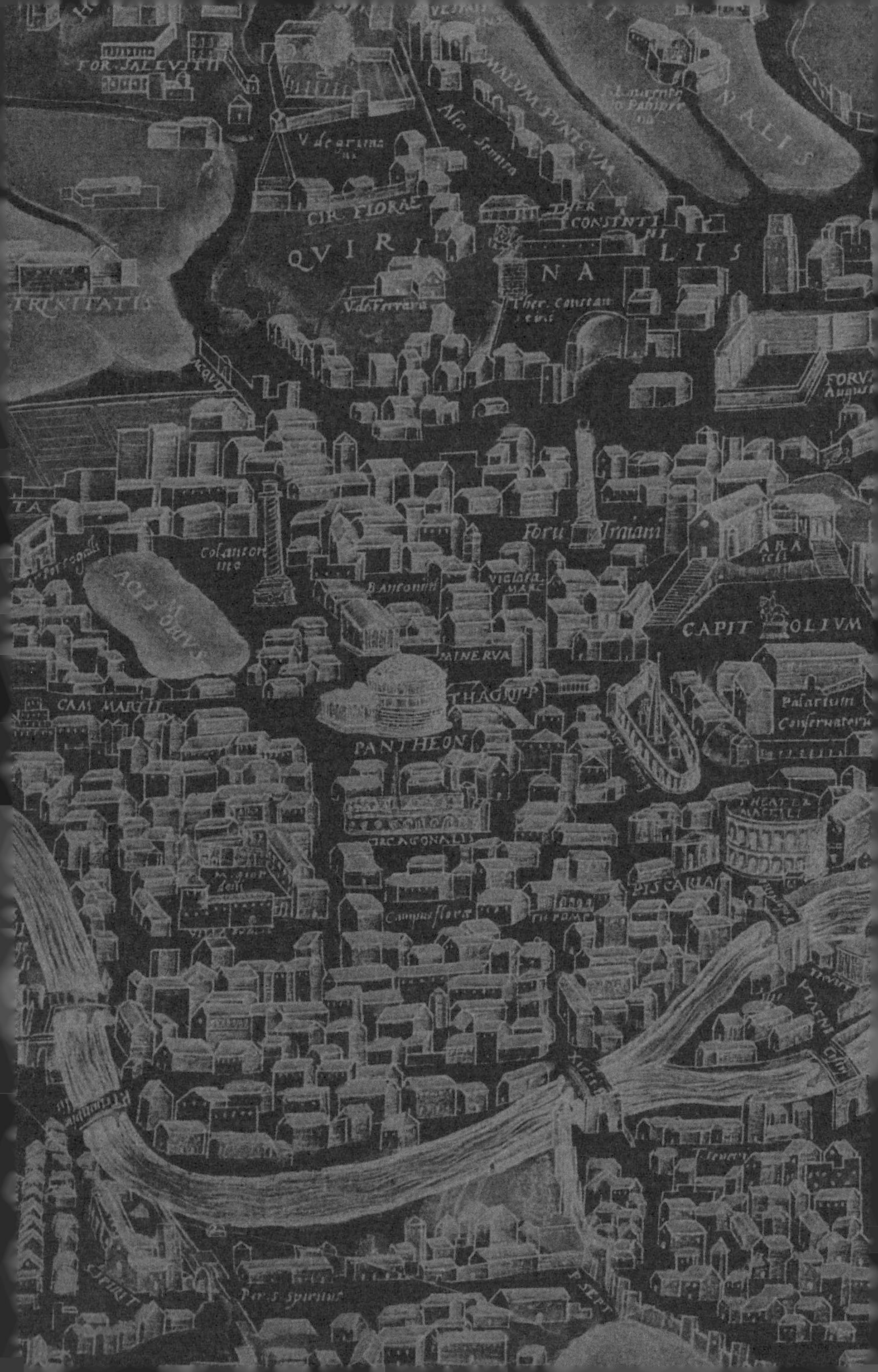

FOR. SALEVSTII
CIR. FLORAE
QVIRI
NA
LIS
V. d. Ferrara
Ther. Constan
tini
CAPIT
OLIVM
MINERVA
PANTHEON
CAM MARTII
PISCARIA
Campus flora
Per. s. Spiritus

호기심의 출발, 전 세계 도시들이 역사적 경관을 보존해온 배경과 그 맥락은 무엇일까

인류 역사에서 오래된 것을 새로운 것으로 대체하는 일은 익숙하다. 무릇 역사란 근본적으로 변화 속에서 발전하기 때문이다. 그렇게 보자면 오래된 건 사라지고 그 자리에 새것이 들어서는 건 당연해 보인다.

흔히 역사에서 배울 것이 많다고들 한다. 배움의 대상은 주로 사건이나 인물이다. 그렇다 보니 꽤 오랜 시간 우리는 인물과 사건 중심으로 역사를 배워왔다. 나라마다 조금씩의 차이는 있겠지만, 세계 어느 곳이나 대체로 비슷했다.

20세기는 변화와 발전의 속도가 매우 빨랐다. 그만큼 격동과 폭력의 세기였다. 전반 50년은 특히 그랬다. 양차 세계대전 외에도 수많은 혁명과 전쟁이 이어졌다. 과연 역사는 발전하고 있는가에 대한 물음표가 등장했고, 지나간 역사를 돌아보며 어떻게든 배울 점을 찾아야 한다는 인식이 점차 형성되었다. 후반 50년은 비교적 평화로웠다. 20세기 초에 비해 국가 간의 협력이 이루어지고, 탈제국주의가 전면에 서면서 전쟁과 갈등의 원인을 완화하려는 노력이 활발하게 등장했으며 대체로 성공했다. 다시 한 번 역사에서 배워야 한다는 인식이 넓게 퍼져나갔고, 이러한 인식의 확장은 곧 역사의 중요성을 강조하는 시대의 마중물로 이어졌다. 그러면서 사건 또는 인물 중심으로 역사를 바라보던 시선은 사건의 무대 또는 인물들이 주로 활동하던 공간, 나아가 공간이 속한 역사적 경관으로까지 확장되었다. 자연스럽게 오래된 것에 대한 생각도 달라지기 시작했다.

역사는 당장은 아닌 것 같아도, 장기적으로 볼 때 결국은 발전한다는 믿음이 장착되면서 오래된 것은 무조건 낡은 것이라는 인식에도 변화가 생겼다. 불과 얼마 전까지 지나간 것들은 오래되었으니 곧 새로운 것으로 대체되어야 할 것이었으나 이제는 아니었다. 역사와 소통할 수 있는, 가치 있는 유산으로 평가 받기 시작했다. 특히 특정 인물 또는 주요 사건과 관련 있는 건물이나 그 시대를 보여주는 지역의 역사적 경관은 각별한 관심의 대상이 되었다. 그러면서 이를 보존하려는 정책이 도시들마다 펼쳐지기 시작했다. '도시 경관'cityscape은 눈앞에 보이는 건물만이 아닌, 건물을 품고 있는 거리와 여러 설치물, 나아가 그곳에 거주하는 이들까지도 포괄하는 것으로 단일 건물보다 훨씬 큰 의미를 갖는다.

그렇게 놓고 보자니 오늘날 우리가 흔히 접하는 역사적 경관을 보존하려는 도시들마다의 정책이 최근의 일 또는 어느 날 하루아침에 문득 생겨난 일이 아니라는 데 생각이 미쳤다. 본격화한 정도가 도시들마다 차이가 있긴 하겠지만 그런 노력의 시도 자체가 최근의 일만은 아니었다는 걸 새삼스럽게 깨닫게 된 것이다. 생각을 이어가노라니 이런 역사적 경관을 세계 주요 도시들이 어떻게 대해왔는지, 보존의 배경으로는 어떤 맥락이 작동했는지 호기심이 생겼다.

로마제국의 도시 로마와 1100여 년 동안 일본의 수도였던 교토, 다른 듯 같은 두 개의 도시

가장 먼저 살펴보고 싶은 곳은 종교와 관련이 있는 도시들이었다. 기독교와 유대교, 이슬람교 등 3대 종교의 성지이자 이스라엘과 팔레스타인의 분쟁 지역이 된 예루살렘, 오늘날 이탈리아의 수도이자 로마제국의 도시 로마, 사우디아라비다에 위치한 이슬람교의 성지 메카, 인도 북부에 있는 힌두교 최대 성지 바라나시, 약 1100여 년 동안 일본의 수도였던 교토 등은 물론이고 인도의 갠지스 강 하류에 있는 불교 유적지 부다가야 Buddha-Gayā, 이세伊勢 신궁으로 널리 알려진 일본의 종교 도시 이세, 인도 시크교Sikhism 신앙의 중심지 암리차르Amritsar 등 크고 작은 사례들이 전 세계적으로 포진해 있다.

이 가운데 눈길을 끈 것은 19세기부터 이미 역사적 경관의 보존을 위해 노력해온 로마와 교토였다. 두 도시를 하나의 주제 안에 담기에는 이질적인 특성이 많긴 하다. 하지만 19세기 이후 빠른 속도로 산업화와 도시화가 이루어졌다는 점, 이탈리아와 일본의 전 역사에서 매우 중요한 의미를 지닌 곳이라는 공통점이 있는 데다 로마는 이탈리아뿐만 아니라 서양 유럽 문명 발달사에서도 손꼽히는 주요 도시 중 하나이며, 교토는 일본 문명에서 가장 중요한 도시라고 해도 과언이 아닐 만큼 역사적 무게가 큰 곳이라는 점이 눈길을 끌었다. 19세기 개혁을 거치면서 정치 권력의 중심은 다른 곳으로 이동하기도 했으나 로마는 그 자체의 존재감으로 다시 중심이 되었고, 교토는 그 자체로 도쿄와는 또다른 의미에서의 중심이라는 점 또한 의미가 있었다.

이 두 도시가 역사적 경관을 보존해온 과정을 살펴보면 비슷한 점은 더 있다. 우선 오랜 역사를 거치는 동안 이 두 도시를 지배했던 이들과 이들이 속한 지배 세력은 자신들의 정통성을 확보하기 위해 도시가 가진 종교적 문화유산을 적극적으로 활용했다. 때로는 보존하고 또 복원했다.

이 도시의 문화유산을 사랑한 건 그들만이 아니다. 많은 순례자들이 자신들의 신앙에 따라 이 도시를 찾았다. 더 많은 순례자들에게 제대로 유지된 역사적 경관을 보여줘야 할 필요가 있던 도시로서는 최선을 다해 훼손을 막고 보존에 더욱 힘을 쏟아야 했다. 어떤 이유로든 도시를 찾은 순

로마제국의 도시, 로마와 1100여 년 동안 일본의 수도였던 교토, 다른 듯 같은 두 개의 도시

로마는 이탈리아뿐만 아니라 서양 유럽 문명 발달사에서도 손꼽히는 주요 도시 중 하나이며, 교토는 일본 문명에서 가장 중요한 도시라고 해도 과언이 아닐 만큼 역사적 무게가 큰 곳이다. 오랜 역사를 거치는 동안 이 두 도시를 지배했던 이들과 이들이 속한 상류층은 자신들의 정통성을 확보하기 위해 도시가 가진 종교적 문화유산을 적극적으로 활용했다. 때로는 보존하고 또 복원했다.

1570년 이탈리아에서 출간한 1세기 무렵 고대 로마 지도.

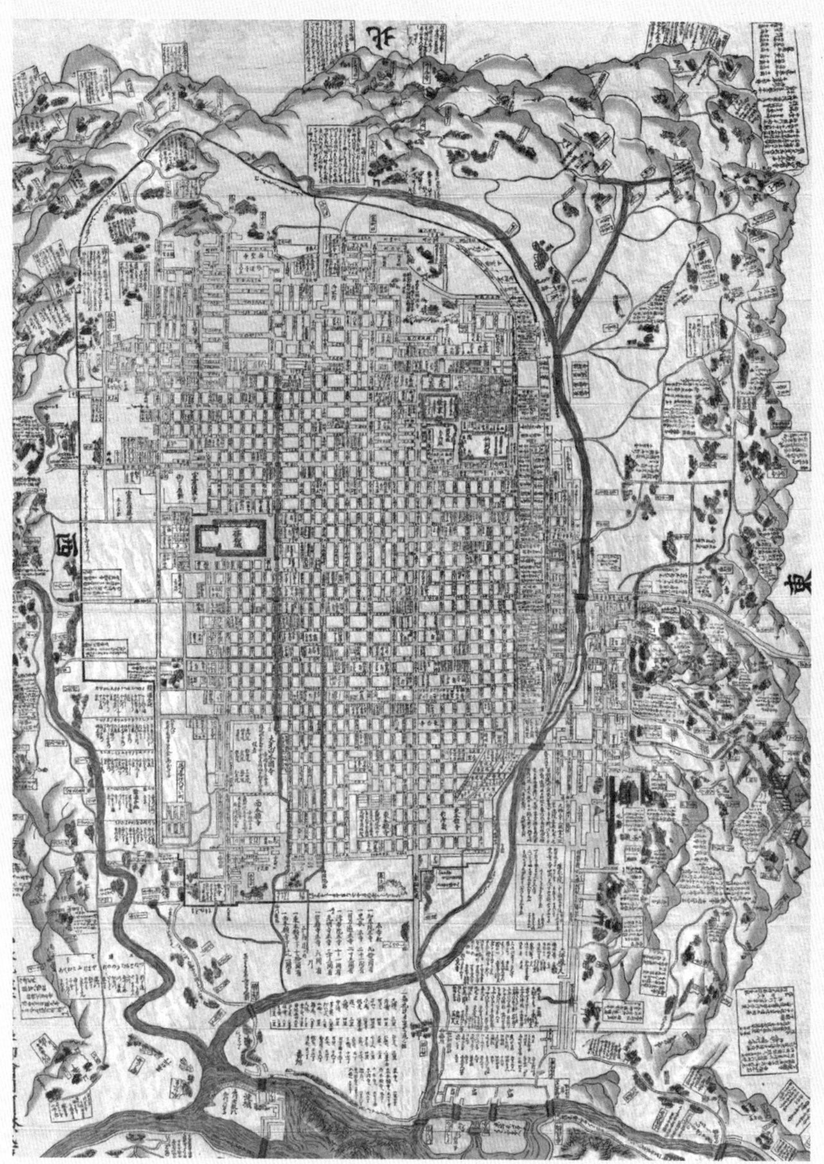

1696년 제작한 것으로 보이는 교토 목판 지도.

례자들은 종교적이면서 역사적인 건물과 경관을 소비하는 동시에 결과적으로 보존에도 기여했다.

로마는 유럽의 런던이나 파리와 나란히 유명한 도시로 꼽히지만, 역사로만 보면 훨씬 오래되었다. 정확한 시기는 알 수 없지만 기원전 753년 형 로물루스가 동생 레무스를 죽이고 도시의 통치권을 독차지한 뒤 세운 도시가 기원이 되었다는 것이 일반적인 학설이다. 군주제에 이어 왕정의 시대를 이어가던 로마는 기원전 509년 귀족들이 중심이 된 공화정 시대로 접어들면서 강력한 국가로 등장한다. 이후 이탈리아 반도를 넘어 영토를 확장, 로마는 그 위세를 점점 떨치기 시작했다. 절정은 기원전 49년 이후 율리우스 카이사르Julius Caesar, B.C.100~B.C.44가 권력의 정점을 차지하고, 이후 기원전 31년, 그의 양자 옥타비아누스Octavianus, B.C. 63~A.D.14가 악티움 해전에서 승리한 뒤 로마 공화국의 최고 권력자가 된 데 이어 아우구스투스Augustus라는 이름으로 기원전 27년 로마제국 초대 황제의 자리를 차지한 때부터였다. 로마는 로마제국의 수도이자 세상의 중심으로 부상했다. 더욱 번영하여 1세기 무렵에는 인구 100만 명의 세계에서 가장 큰 도시가 되었다. 그러나 달이 차면 기우는 법. 2세기 초 정점을 찍은 뒤 제국이 점차 몰락으로 향하면서 로마 역시 쇠퇴하기 시작했다. 395년 서로마제국과 동로마제국으로 분리된 뒤 서로마제국은 476년 몰락했고, 콘스탄티노폴리스를 수도로 삼은 동로마제국이 1453년까지 그나마 그 명맥을 유지했다.

그렇다고 로마가 사라진 것은 아니었다. 제국은 몰락했으나 로마는 남았다. 로마제국의 수도라는 옛 명성만이 아닌 새로운 의미가 더해졌다. 유럽 전역으로 영향력을 확장한 가톨릭 교회의 힘이 버팀목이었다. 8세기 이후 로마는 교황이 머무는 곳이자 가톨릭의 중심지로서 종교적으로나 정치적으로 매우 강력하고 부유한 도시가 되었다. 가톨릭의 성지 성베드로 대성당은 이 모든 걸 상징했다. 교황은 14세기 아비뇽유수 당시 로마를 떠나 있긴 했지만 그때를 제외하고 거의 내내 로마에 머물렀다. 14세기 후반 르네상스의 발상지로 주목을 받은 피렌체는 15세기 후반 그 중심지라는 타이틀을 로마에 내줘야 했다. 갈수록 막강해지는 권력을 거머쥔 교회가 로마에 있었기 때문이었다. 시간이 흘러 항해 시대로 접어든 뒤에도 로마의 위상은 이어졌다. 프랑스, 영국, 에스파냐, 포르투갈 등 로마보다 강력한 힘을 가진 국가들이 득세하면서 로마는 상대적으로 위축되긴 했지만 그럼에도 불구하고 교황이 머무는 도시라는 상징성은 여전했다. 로마를 지배하는 이들은 이 도시의 이전 역사인 그리스와 로마 시대 문명에 관심을 가졌다. 이들은 로마제국 시대의 역사적 경관이 상징하는 바에 주목했다. 여기에 더해 18세기 영국 귀족과 상류층들 사이에 유행했던, 고전 문명을 체험하는 그랜드 투어로 인해 로마 시대 유물은 이제 관광 자산으로서도 주목을 받기에 이른다. 이런 관심과 필요는 곧 로마에 남아 있는 역사적 경관의 보존 및 복원 사업으로 이어졌다.

19세기 로마를 둘러싼 변화는 이전과는 사뭇 다른 양상이었다. 고고학이 발전하면서 유럽 문명사를 연구하는 학자들은 로마의 유물과 유적 보존의 필요성을 호소하고 나섰다. 유럽은 물론 전 세계적인 패러다임을 뒤바꾼 산업혁명의 영향으로부터 로마 역시 자유로울 수 없었다. 이로 인한 도시의 변화를 우려하는 목소리가 등장했고, 유럽은 물론 미국 신흥 부르주아 계층들의 수집 대상으로 주목을 끌기 시작한 고대 유물의 불법 유출 역시 걱정스러웠다. 이에 대한 대책이 필요해졌다.

1871년 여러 도시국가로 나뉘어 있던 이탈리아의 통일이 이루어지면서 로마는, 로마제국 이후 처음으로 통일 국가 이탈리아의 수도가 되었다. 이탈리아의 독재자 무솔리니Benito Mussolini, 1883~1945는 권력을 과시하기 위해 로마제국의 상징성을 적극 활용했다. 그런 한편으로 통일과 맞물려 이탈리아의 산업화와 도시화는 속도를 내기 시작했고, 로마에도 개발의 압력이 거세졌다. 이런 개발 압력은 제2차 세계대전 이후 오늘날까지도 완전히 사라지지 않고 있다. 하지만 로마는 이탈리아의 로마이기만 한 것은 아니었다. 로마가 지닌 역사성은 이탈리아를 넘어 세계적인 위상을 가진 것이어서 거센 개발 압력에도 불구하고 보존의 필요와 노력 역시 만만치 않았다. 1980년 고대 로마의 중심지이자 로마 시대 문화유산이 밀집한 포룸로마눔과 고대 원형 경기장 콜로세움을 중심으로 역사적인 의미가 많이 남아 있는 원도심 전역은 유네스코 세계문화유산으로 지정·등재되었고, 그 대상은 점점 확대되어 바티칸시국까지 포함되기에 이르렀다.

교토는 794년 수도이자 계획도시로 출발했다. 740년 일본 제45대 천황 쇼무聖武 천황이 구니쿄恭仁京로, 784년 제50대 간무桓武 천황이 나가오카쿄長岡京로 천도한 데 이어 794년 오늘날의 교토인 헤이안쿄平安京로 천도를 하면서 헤이안 시대가 시작되었고, 이로써 교토는 1868년 메이지유신 이후 도쿄로 수도를 옮기기 전까지 약 1100여 년 가까이 일본의 수도였다. 오랜 시간 수도이긴 했으나 내내 평화로웠던 건 아니었다. 시대별로 홍망을 겪기도 하고, 정치적인 불안으로 천황이 잠시 떠나 있던 적도 있었다. 권력자들은 이합집산을 거듭했다. 그들이 교토를 중심으로 결집하면 도시는 홍했고, 떠나 있으면 쇠퇴했다. 글자 그대로 홍망성쇠를 거듭했다.

도시 설립 후 몇백 년 동안은 발전기였다. 그러다 12세기 말 권력이 도쿄 인근 가마쿠라로 이동하면서 한동안 쇠퇴기가 이어졌고, 14세기에 무로마치 막부가 돌아오면서 번성기가 다시 찾아왔다. 하지만 1467년부터 1477년까지 일본 역사상 커다란 내전으로 기록된 오닌의 난応仁の乱으로 인해 교토는 거의 폐허가 되다시피 했다. 그러나 17세기에 접어들면서 오다 노부나가織田信長, 1534~1582와 도요토미 히데요시豊臣秀吉, 1537~1598가 일본 통일을 위해 교토의 상징성을 이용하면서 다시 번성했다. 그 결과 1500년 약 4만 명까지 줄어들었던 도시 인구는 1600년 무려 30만 명까지 늘었다. 이후 전국 시대를 끝낸 도쿠가와 이에야스徳川家康, 1543~1616가 1603년 에도에 막부를 세운 뒤 에도 시대로 접어들면서 권력은 점차 오늘날의 도쿄로 이동하긴 했지만, 내전도 사라지고 천황은 여전히 교토에 머물러 있음으로 인해 교토는 에도와 오사카와 더불어 일본 3대 도시로서의 위상을 유지할 수 있었다. 간략하게 살펴보기만 해도 교토를 둘러싼 역사의 흥망성쇠는 참으로 숨이 가쁘다.

이런 권력 이동에 따른 흥망성쇠에도 불구하고 교토가 계속 도시로서 그 위상을 유지하고 존재할 수 있는 건 다름아닌 종교적 배경 때문이었다. 교토가 수도가 된 뒤 불교의 사찰과 일본 고유의 종교인 신토神道의 사당인 신사神社들이 이곳으로 모였다. 이들 종교계가 천황과 귀족 일가를 포함한 지배 세력과 관계가 밀접해진 건 자연스러운 수순이었다. 권력이야 떠나고 다시 돌아오기를 반복했지만 토대를 확실하게 갖춘 사찰이나 신사들은 그 세를 늘 유지했다. 시대의 변화에 따라 그 힘 또한 커지기도 하고 줄어들기도 했지만, 종교적 행위가 이루어지는 공간으로서 사찰과 신사의 부지와 건물은 언제나 그 모습을 유지할 수 있었고, 건물을 포함한 역사적 경관 역시 대체로 훼손되지 않고 보존이 가능했다.

보존은 단지 눈에 보이는 것에만 해당되는 게 아니었다. 건물이나 정원 등을 유지 관리하기 위해서는 변치 않은 기술을 지닌 사람의 손이 필요한 법이다. 세월의 흐름에 따라 훼손되고 변형되기 일쑤인 외형을 관리하기 위한 장인들이 대를 이어 존속했고, 사찰이나 신사로부터 시시때때로 일감을 꾸준히 받아온 이들로 인해 다양한 분야에서 전통적인 기법 역시 보존되었다. 에도 시대 이후 교토의 상업이 번성하면서 부유해진 상인들은 사찰과 신사의 수리 및 유지를 위한 비용을 기꺼이 쾌척했다. 이들의 통 큰 기부가 보존의 큰힘이 되었다는 건 두말할 나위가 없었다.

메이지 유신 이후 일본은 빠른 속도로 공업화와 도시화가 진행되었다. 교토 역시 피해갈 수 없었다. 그러면서 역사적 경관이 사라지긴 했지만, 그럼에도 매우 많은 수의 사찰과 신사가 도시 곳곳에 옛모습을 간직하고 남아 있다. 그 주위의 경관 역시 비교적 옛모습을 잘 보존하고 있다. 1994년 교토시를 포함한 인근 17개 인접 지역이 유네스코에서 지정한 세계문화유산으로 등재된 것 또한 교토의 역사적 경관을 보존하는 데 큰 역할을 했다.

로마의 복원과 보존으로 '그들'이 얻으려고 했던 바, 로마의 정통성 획득과 권력의 안전한 장악

로마와 교토는 오랜 역사를 지닌 도시인 만큼 시대마다 지배 세력들은 자신들의 정통성을 확보하기 위해 도시의 역사성을 적극적으로 활용했다. 정통성은 새로운 지배자가 권력을 정당화하고 견고하게 안착하기 위해 꼭 필요한 것이었다. 그때마다 이들은 역사의 보존과 복원을 기치로 내걸곤 했다. 역사 속 지배자들이 중요하게 여긴 정통성이란 무엇일까. 포

로마와 교토를 생각할 때 떠오르는 몇몇 장면

로마와 교토를 가본 사람도, 가본 적이 없는 이들도 두 도시를 생각하면 떠오르는 장면들은 어쩌면 비슷할지 모른다. 두 도시는 멀리 떨어져 있으나, 이 두 도시를 떠올릴 때 종교적인 문화유산을 빼놓고 말할 수 없다는 것은 분명하다.

1890년대 포룸 로마눔. 미국 국회도서관.

콜로세움. (출처. Ank_Kuma, CC BY-SA 4.0, 위키미디어 경유)

성베드로대성당.

산 조반니 인 라테라노 대성당.

산탄젤로 다리.

금각사.

2020년 공중에서 촬영한 교토 고소 사진.
일본 국토교통성 국토지리원.

주라쿠다이 전경을 그린 병풍.

니조 성과 그 주위를 두른 해자.

후시미이나리타이샤의 도오리.

기요미즈데라. Flickr 제공.

털에서 제공하는 국어사전은 정통성을 이렇게 정의한다.

> "통치를 받는 사람에게 권력 지배를 승인하고 허용하게 하는 논리적 · 심리적인 근거."

말하자면 정통성은 지배를 합리화하는 근거라고 할 수 있다. 이런 근거를 가장 효과적으로 내세울 수 있는 것은 역사적이거나 종교적인 서사와 이를 상징하는 산물인데, 역사적 경관만큼 즉각적이고 직접적이며 상징적인 산물이 또 있을까. 그렇다고 해서 모든 지배자나 권력자가 활용하려던 상징적 산물이 매번 동일할 수는 없는 법. 오랜 역사 속에 지배 세력이 교체될 때마다 이들이 채택한 상징적 산물 역시 조금씩 달라졌다. 이로 인해, 도시 전체로 놓고 보면 보존과 복원의 과정이 꾸준히 이루어지긴 했지만 지배 세력이 어떤 걸 복원 대상으로 선택하느냐에 따라, 즉 상징성을 어디에 어느 정도 부여하느냐에 따라 대상의 희비가 엇갈리기도 했다. 상징성이 있다고 여기는 곳은 살아남고, 그렇지 않은 곳은 파괴되었다. 결과적으로 놓고 보면, 로마와 교토가 오늘날 비교적 옛모습이 잘 남아 있는 것처럼 보이기는 해도, 도시의 역사적 경관을 전체적으로 골고루 보존했다기보다 누군가에 의해 선택적으로 이루어진 셈이다.

고대 로마 역사상 가장 큰 변곡점은 공화정이 왕정으로 바뀐 것이라 할 수 있다. 기원전 1세기, 정치적 혼란의 와중에 공화국 헌법은 아랑곳하지 않고 율리우스 카이사르가 권력의 정점을 차지했다. 영원할 것 같던 그의 권력은 그러나 기원전 44년 그가 암살을 당함으로써 끝이 나고, 이전투구의 권력 싸움이 이어지더니 결국 카이사르의 양자 아우구스투스가 승리를 거머쥐었다. 그리고 그는 기원전 27년, 1인 독재 체제를 확립함으로써 로마제국의 첫 황제로 등극했다.

오랜 권력 투쟁을 거쳐 황제가 되긴 했으나 오랜 시간 공화정 체제를 유지하던 로마를 통치하는 것은 결코 간단한 일이 아니었다. 새로운 권력을 견고하게 만들기 위해서는 무엇보다 정통성이 필요했다. 이런 필요를 잘 알고 있던 아우구스투스는 제국의 영토를 확장하고 세제 개혁 등을 통해 중앙의 통치력을 확보하는 동시에 혼란기를 거치면서 쇠퇴해온 로마의 보존과 복원 사업에 본격적으로 착수했다.

로마 시민들의 신앙심 약화를 공화정 쇠퇴를 야기한 원인으로 보았던 아우구스투스는 황제 즉위 첫 해에 로마 안에 있는 약 82개의 신전을 보수하고 복원했다. 도시 어디에서도 잘 보이는 곳에 유피테르 신전과 아폴로 신전을 복원했으며, 로마 한복판에 보기 싫게 남아 있던 훼손된 건물들도 수리했다. 옛 건물만 손을 댄 건 아니었다. 아우구스투스 포름을 새로 만들고 마르스 신전도 새로 지었다.

건물과 도시의 분위기는 이전과 사뭇 달라졌다. 대리석을 그리 많이 쓰지 않던 이전에 비해 아우구스투스는 이탈리아 반도 곳곳에서 가장 아름다운 대리석을 공수, 건물 곳곳에 적극적으로 사용했다. 또한 건물의 화려함을 드러내고 고대 그리스 문명과의 연속성을 강조하기 위해 코린토스 양식을 폭넓게 활용했다. 시민 정신을 강화하는 동시에 로마 자체를 제국의 힘과 번영의 상징으로 만들려고 했다. 또한 그는 도시 전반의 인프라 구축에도 관심을 기울였다. 낙후된 수도관을 개선하고 , 용수로를 새로 건설하면서 인프라를 구축하는 동시에 로마의 기술적 우수성을 강조했다.

그는 또한 로마의 현재만이 아니라 로마 원로원 안에 로마의 보존과 관리를 위한 기관을 둠으로써 미래에도 관심을 가졌음을 보여줬다. 신전 등을 포함한 공공건물의 유지와 관리를 담당하는 '공공 재산 감독관'curatores locorum publicorum iudicandorum과 도로 관리를 담당하는 '도로 감독관'curatores viarum이 그것이었다. 이 기관들은 로마제국 전성기는 물론 몰락 이후에도 로마의 유산을 보존하는 데 적극적인 역할을 했다. 시대에 따라 그 힘과 역할이 달라지긴 했지만, 로마 원로원이 제국의 몰락 이후에도 한동안 로마의 전반적인 유지 및 관리에 영향을 미쳤음을 알 수 있는 대목이다.

로마제국은 2세기 초 정점을 찍은 뒤 쇠퇴기에 접어들었다. 286년 동방과 서방으로 나뉜 제국을 330년 콘스탄티누스 1세Constantinus I, 272~337가 재통일하여 안정을 되찾는 듯했으나 이전의 위세를 되찾지는 못했다. 330년 콘스탄티누스 1세는 오늘날의 이스탄불인 콘스탄티노폴리스로 궁궐을 옮겼다. 황제가 떠나자 로마 안에 남아 있던 상징적 건물을 유지하고 관리하는 데 아무래도 소홀해질 수밖에 없었다. 인구가 줄어들고, 시가지는 낙후되었다. 약탈이 늘어나면서 사회가 불안해졌고, 이를 반영하듯 건물들이 파괴되는 사례가 이어졌다. 어느덧 로마제국의 전성기 모습은 점차 사라지고 있었다. 395년 서로마제국과 동로마제국으로 분리된 뒤 결국 서로마제국은 476년 몰락했다. 그렇지만 그렇게 쉽게 사라지기에는 로마제국의 상징성은 워낙 강력했다.

471년부터 526년까지 이탈리아를 지배한 테오도리쿠스Theodoricus, 454?~526는 동고트왕국을 세운 뒤 로마가 아닌 라벤나를 수도로 정했다. 로마를 수도로 삼지는 않았지만 그는 로마의 성곽을 복원하고 수도관과 하수관을 수리하는 등 낙후된 도시의 인프라를 복원하고 개선 작업에 앞장섰다. 나아가 동고트 왕국의 새로운 지배자들은 로마의 문화를 받아들이고, 동화되기 위해 노력했다.

그러나 로마는 다시 위기를 맞았다. 동로마제국의 황제 유스티니아누스 1세Justinianus, 483~565가 6세기 옛 로마제국의 명성을 회복하기 위해 이탈리아 반도를 침략, 곳곳에서 치열한 전투가 벌어졌다. 수많은 도시가 전쟁의 피해를 입었다. 로마 역시 많은 건물과 인프라가 파괴되었고, 이로 인해 인구가 급감하면서 규모도 현저히 줄어들었다. 역사적 경관 유지 차원에서만 본다면 로마의 몰락은 서로마제국이 몰락한 476년이 아니라 전쟁과 불안이 계속 이어지던 6세기에 이루어진 것으로 봐도 무방할 정도였다.

이후 로마는 어떻게 되었을까. 거의 폐허가 되긴 했지만, 역시 사라지지 않았다. 그랬다면 오늘날 우리 곁에 로마가 존재하지 못했을 것이다. 로마가 다시 살아나게 된 것은 교회와 정치의 복잡한 상관 관계로 인한 결과라고 할 수 있겠다.

318년 콘스탄티누스 1세는 테베레 강 건너에 성베드로대성당을 세우라는 명을 내렸다. 그때만 해도 가톨릭 교회는 비교적 세가 약했다. 게다가 로마와는 매우 복잡한 관계이기도 했다. 즉, 로마제국은 하나님의 독생자 예수 그리스도를 죽인 장본인이었다. 나아가 기독교 신자들을 오랜 시간 핍박하고 억압해온 역사로 인해 가톨릭 교회로서는 로마제국과 대립각을 세우는 것이 당연했다. 하지만 교회 역시 권위가 필요했다. 로마라는 도시의 상징성은 충분히 활용할 가치가 있었다. 또한 로마가 적대적인 세력으로 넘어가면 교회의 안전도 보장 받을 수 없었으니 로마의 안위에 힘을 보태야 했다. 로마의 명성 또는 그 상징성이 필요한 건 교회만이 아니었다. 로마의 명성을 지렛대 삼아 유럽을 통합할 꿈을 가진 프랑크 왕국 카롤루스 1세Carolus I, 742~814가 800년 서로마 황제 대관식을 거행한 곳도 바로 로마의 성베드로대성당이었다.

시간은 또 흘렀다. 교회와 로마의 관계는 여전히 복잡다단했다. 14세기 교황이 로마를 떠나 아비뇽에 머물던 때가 있었다. 이른바 아비뇽유수다. 1309년 아비뇽으로 옮긴 교황청이 다시 돌아온 건 1377년이었다. 교황은 로마로 다시 돌아왔지만, 일부 반대 세력은 아비뇽에 남아 교황이 둘이 되었다. 이로써 서방 교회의 대분열 시대가 시작되었다. 이런 분열이 이어지면서 교황의 힘은 현저히 약해졌고, 낙후하고 훼손되어가는 로마의 관리와 복원에 신경을 쓸 여력이 없는 형국이었다. 분열은 1417년 콘스탄츠 공의회의 협상 결과 마르티누스 5세Martinus PP. V, 1368~1431가 교황에 즉위함으로써 드디어 마침표를 찍었다. 마르티누스 5세는 교회의 안전을 위해서라도 로마의 통치를 강화하려고 했다. 그는 1426년 로마의 시설 관리를 교회에서 맡아 하기로 하고, 황폐해진 성당과 궁전, 곳곳의 다리와 공공 건축물의 복원 사업을 통해 로마 재건에 나섰다. 그 무렵 가장 관심을 기울인 것은 로마에서 가장 오래된 성당으로 꼽히는 산조반니 인 라테라노 대성당Basilica di San Giovanni in Laterano의 복원이었다.

15세기 중반으로 접어들면서 피렌체를 중심으로 한 르네상스의 영향이 막강해지고 있었고, 그와 별개로 로마에서는 교회의 힘이 점점 커지고 있었다. 1447년 교황에 오른 니콜라우스 5세Nicolaus PP. V, 1397~1455가 특히 로마의 역사적 경관에 대해 많은 관심을 보인 덕분에 로마제국 시절 만들어진 수도관을 비롯해 성곽은 물론 로마 곳곳의 성당의 복원과 수리 작업이 이어졌다. 그는 또한 바티칸과 성베드로대성당의 신축을 위한 부지를 확보하는 등 기본 작업을 진행했다.

곳곳에서 다양한 공사를 진행하면서 공사용 자재들이 많이 필요했다. 기본적으로는 남아 있던 로마 시대 건물에 쓰인 자재들을 재활용했는데, 복원 작업을 하면서 옛 건물이 거꾸로 훼손되는 경우도 있었다. 특히 원형 경기장 콜로세움의 피해가 컸다. 다행히 더이상의 훼손을 막기 위한 엄격한 관리가 이루어져 로마 시대 유산은 물론 기독교 초기 문화유산 역시 더 이상의 피해와 훼손을 피해 유지, 복원될 수 있었다.

마르티누스 5세와 니콜라우스 5세가 로마의 복원을 위해 애쓴 데는 교황으로서의 책임감과 신심도 작동했을 것이다. 하지만 그게 다일까. 그들은 거의 1500년 전 아우구스투스가 그랬듯 로마의 복원과 보존 행위를 통해 로마의 상징성을 획득할 수 있었고, 이를 통해 그들이 효과적으로 권력을 장악하고 나아가 유지했던 건 분명해 보인다.

지배자 또는 지배 세력들이 도시의 상징성을 지렛대 삼아 자신들의 정통성을 강화하기 위해 활용하던 역사적 경관 보존 및 복원 등의 관리는 점차 문화유산에 대한 규제 강화와 역사적 경관을 근본적으로 관리하는 방식으로 발전해 나갔다.

1527년 신성로마제국의 군대 일부가 로마 시내에서 무차별적으로 약탈했던 이른바 로마 약탈로 로마는 또다시 처참한 피해를 입었다. 그러나 교황 식스투스 5세Sixtus PP. V, 1520~1590에 이르러 다시 한 번 도시 조성과 역사적 보존이 적극적으로 추진되었다. 세제를 개편하여 늘어난 세금으로 도시 인프라를 위한 적극적인 투자가 이루어진 것도 이 무렵이었다. 역사적으로 의미 있는 성당으로 진입하는 도로를 건설하고, 수도관을 수리하고 확장했다. 성베드로대성당의 돔을 완공한 것도, 산조반니 인 라테라노 대성당의 식스투스 로지아loggia나 산타 마리아 마조레 대성당의 프레제페presepe 경당을 완공한 것도, 퀴리날레 궁전·라테라노 궁전·사도 궁전 등을 수리하고 증축한 것도, 성베드로 광장 등에 오벨리스크를 설치한 것도, 포폴로 광장을 조성한 것도, 여섯 곳의 도로를 개통하고 로마의 성벽을 통합한 것도 모두 식스투스 5세 시절에 이루어졌다.

그런데, 엄청난 업적이라는 데는 동의하지만, 실상을 들여다보면 식스투스 5세에게 과연 고대 유물에 대한 보존 의식이 있었을까, 하는 의문이 생긴다. 간단히 말하면 식스투스 5세에게 로마 시대는 관심 밖이었다. 정치적으로 큰 야망을 가진 식스투스 5세는 종교개혁을 통해 등장한 개신교의 확산세가 커지면서 가톨릭 교회에 대한 반감이 커지자, 로마를 가톨릭 교회 중심으로 조성함으로써 교회의 힘과 건재를 과시하려 했다. 때문에 그는 흘러간 로마의 유적을 보존하거나 복원하기보다 이를 활용해 로마를 기독교적인 도시로 만드는 데 더 열중했다. 로마 시대 기념물에 성베드로와 성바울의 조각상을 올려놓기도 하고, 이교적인 분위기의 건물은 거침없이 철거한 뒤 현장의 부재를 다른 공사에 거리낌 없이 사용하기도 했다. 콜로세움은 하마터면 섬유 공장이 될 뻔했다.

그렇다면 오늘날의 로마를 우리 앞에 남겨준 것은 누구일까. 18세기 말 유럽을 제패한 나폴레옹을 빼놓을 수 없다. 그는 왕년의 아우구스투스처럼 로마의 명성을 되살리려 했다. 프랑스를 손에 넣은 그는 유럽 전역을 장악하기 위해 가톨릭 교회의 힘을 견제했다. 로마에서 그가 선택한 방법은 다름아닌 로마제국의 전통을 강조하고, 되살리는 것이었다. 이는 곧 교황 식스투스 5세의 정책에 반대하는 것을 의미했고, 곧 가톨릭 교회의 힘을 경계한다는 사인이기도 했다.

나폴레옹의 등장 이전 이루어진 프랑스혁명 세력에게는 로마 시대 공화정에 대한 향수가 있었다. 프랑스는 혁명기는 물론 그뒤로 이어진 나폴레옹 시대까지 줄곧 로마의 공화정 체제는 물론 로마제국의 역사와 사상을 통해 정당성을 확보하려고 했다. 1798년부터 1808년 사이 프랑스 군대가 몇 차례 로마를 점령했을 당시 많은 유물이 프랑스로 유출되기도 했는데, 이를 방지하기 위해 프랑스 점령 정부는 산하에 위원회를 두고 허가를 받지 않은 발굴과 유출을 금지하는 법을 만들었다. 또한 위원회를 통해 약 여섯 곳의 주요 유산 발굴을 공식 지원하기도 했다. 당시 이루어진 발굴 작업으로 인해 이미 있던 건물들의 철거가 이루어졌고, 발굴된 유물의 구조적 안전을 위한 보수 작업도 병행되었다. 그 작업의 목록에는 콜로세움과 포룸로마눔도 포함되어 있었다.

1814년 나폴레옹이 권력을 잃은 뒤에도 로마의 문화유산에 대한 관심은 이어졌다. 다음 주자는 나폴레옹과 갈등이 심했던 교황 피우스 7세 Pius PP. VII, 1742~1823였다. 피우스 7세는 티투스 개선문의 보존과 복원을 지원했는데, 이는 과학적인 방법을 활용한 현대식 복원의 첫 사례로 기록되었다. 정치적으로는 격동의 시대였으나 현대 고고학과 복원 방식이 등장하면서 로마의 역사적 경관 보존은 종교적 목적으로부터 벗어나 학문적, 인문적인 목적으로 크게 달라지는 전기가 마련되었다.

교토 문화유산을 보호하고 전통 권력과 협력하여, 정통성을 취하려 했던 새로운 권력자들

교토는 계획 도시로 출발했지만 헤이안 시대 후반으로 갈수록 천황이 아닌 다른 세력으로 권력이 집중되면서 도시의 전체적인 경관이 처음과는 사뭇 달라졌다. 세력 간의 싸움이 잦아지면서 도시를 제대로 유지하고 관리하는 데도 어려움이 생겼다.

점차 쇠퇴하고 쇠락해가는 듯하던 교토를 다시 되살리겠다는 의지를 보인 인물로는 아시카가 요시미쓰足利義滿,1358~1408를 들 수 있다. 오늘날 교토를 찾는 관광객들이 앞다퉈 찾아가는 긴카쿠지金閣寺를 지은 것으로 가장 유명하지만, 이미 그 이전부터 교토의 복원에 노력했던 점은 기억할 필요가 있다.

그는 왜 교토를 복원하겠다는 뜻을 가졌을까. 정치적 목적이 없을 수 없었다. 그는 무로마치 막부의 제3대 쇼군이었다. 1336년 등장한 무로마치 막부는 쇼군가의 성씨를 따 아시카가 막부라고도 불렸다. 이들은 어떻게든 천황과 가까워지려고 했다. 천황이 가지고 있는 상징적인 정통성을 확보하기 위해서였다. 동시에 이들은 선불교의 여러 사찰과의 관계에도 공을 들였다. 이들과 관계를 돈독히 함으로써 교토의 전통적 상류 계급인 귀족과 불교계의 마음을 얻기 위해서였다. 이렇게만 된다면 권력을 견고히 하고 통치 역시 수월할 것으로 여겼다.

아시카가 막부를 이어받은 요시미쓰도 이런 필요를 잘 알고 있었다. 그는 오랜 시간 방치되다시피 한 천황의 궁궐을 복원했고, 선불교 사찰인 쇼코쿠지相国寺도 새로 지었다. 또한 선불교 사찰의 행정적 제도인 오산五山을 개편한 뒤 여기에 쇼코쿠지를 포함시켰다. 바야흐로 교토 선 문화의 절정기가 이어졌다. 그러나 이후 정치적 상황이 불안해지면서 일본 역사의 가장 큰 내전으로 기록되는 오닌의 난으로 인해 교토 역시 치열한 전쟁터가 되었고, 이로 인해 교토는 완전히 폐허가 되어 사라질 뻔한 지경에 이르렀고, 계속되는 불안한 정치 상황으로 인해 그 회복 속도는 더디기만 했다.

그러나 교토의 운명은 그것으로 끝이 아니었다. 마치 로마의 아우구스투스 같은 인물이 일본에 등장했다. 바로 한국사에서도 결코 비중이 적지 않은 도요토미 히데요시다. 평민 출신으로, 일본을 제패하여 자신의 제국을 만들려는 야심을 가진 그는 뛰어난 능력자였다.

그가 세상에 전면으로 나타나기 전 1560년대 이미 일본을 통일하려는 이가 있었다. 오다 노부나가였다. 그는 일본 여러 지역을 나눠서 지배하던 다이묘들과의 전쟁을 통해 일본 통일의 목표를 향해 전진했다. 그렇지만 그의 꿈은 좌초되었다. 천하통일을 다 이룬 듯했으나 그 직전 반란을 막지 못한 채 자살로 생을 마쳤다. 그 뒤를 이어 노부나가 세력의 지도자로서 통일 전쟁을 이어간 인물이 바로 도요토미 히데요시였다. 그는 오다 노부나가와는 다른 전략을 펼쳤다. 힘 있는 다이묘와 전쟁을 치르는 대신 그들을 자기 편으로 만들었다. 가능하면 무력 싸움을 피하고 설득과 협력을 통해 원하는 바를 얻으려 했다. 이를 위해 다양한 전술을 구사했는데, 그 가운데 하나가 그들의 시선을 일본 밖으로 돌리는 것이었고, 인접한 다른 나라들과의 전쟁을 불사했다. 명나라를 침략한 것도 그런 이유에서였고, 임진왜란을 일으킨 이유도 그 때문이었다. 전쟁에 동참한 다이묘들은 나라 밖에서 싸우느라 나라 안에 신경쓸 여력이 없었다. 때문에 도요토미 히데요시의 통치 체제에 대해 반기를 들거나 반란을 펼칠 가능성은 확연히 줄어들었다. 로마의 아우구스투스 역시 내부의 평화를 유지하기 위해 변방 지역에서 끊임없이 전쟁을 펼쳤으니 권력자들의 전술과 전략은 시대와 공간을 초월한 공통점이 있는 듯도 하다.

도요토미 히데요시의 전략은 또 있었다. 그 역시 역사적, 문화적 상징을 활용하여 정통성을 확보하는 데 관심을 보였다. 교토라는 공간은 히데요시의 통치 전략에서 매우 중요한 곳이었다. 천황의 궁궐을 비롯해 역사적인 사찰과 신사가 모여 있는 곳이니 일본의 어느 도시보다 상징성 면에서는 압도적이라 할 수 있다. 히데요시가 이를 모를 리 없었다. 그는 권력을 손에 쥔 뒤 교토에서 많은 일을 시행했다. 외견상으로는 궁궐, 즉 천황과 권력 다툼을 하기보다 보호와 협력을 통해 역사적인 정통성을 자신의 것으로 삼으려 했다. 노부나가 사후, 오사카를 권력의 중심으로 삼으려는 계획을 잠시 갖기도 했으나 일본 통일을 위한 거점으로는 교토가 더 적합하다고 여겼는지 그는 교토로 거처를 옮긴 뒤 주로 궁궐에서 지내려 했다. 그런 한편으로 자리에서 물러난 천황이 머물던 센토 어소仙洞御所를 복원한 것도 이 무렵이었다. 이런 그의 전략에 화답하기라도 하듯 1586년 천황은 그를 오늘날의 장관직이라 할 수 있는 태정대신太政大臣에 임명함으로써 히데요시는 천황의 이름으로 정책을 발표할 수 있는 권력을 손에 넣게 되었다.

히데요시는 교토의 오래된 장소를 복원하면서 건축과 조경에 깊은 관심을 보였다. 그런 그의 조예를 드러낸 대표적인 공간으로는 1588년 완공한 주라쿠다이聚楽第를 꼽을 수 있다. 헤이안 시대 천황의 궁궐 자리에 지은 이곳은 히데요시의 저택으로, 규모도 규모지만 그 화려함이 놀랍다. 태정대신으로 임명 받은 것을 기념하여 지은 곳으로 완공 이후 히데요시는 천황을 초대해 잔치를 열었는데 이 자리에 전국의 다이묘들을 불러모아 자신의 세를 과시하기도 했다. 그뒤로도 교토 곳곳의 내로라하는 곳에서 귀족과 부유층을 모아놓고 큰 잔치를 여는 일은 비일비재했다고 한다.

히데요시는 교토의 인프라에도 관심을 기울였다. 조선의 한양과는 달리 원래 성곽이 없던 교토에 흙으로 낮은 둑을 쌓고 얕은 해자가 있는 상징적인 성곽을 지었다. 8세기에 일부 쌓았던 오도이御土居 성곽을 복원한 것이다. 이를 통해 이른바 교토의 중심부인 라쿠추洛中와 외곽인 라쿠가이洛外의 경계를 나누고, 거주자들의 구분을 강화했으며 라쿠추 지역의 역사적 경관을 유지하고 관리하는 데 집중했다. 그는 주요 도로를 확장하고 정비하는 데도 힘을 쏟았는데, 이런 성곽 복원부터 도로 정비까지의 과정에서 그가 염두에 둔 것은 교토가 처음 건립되었을 때의 분위기를 내는 것이었다.

그는 여느 권력자들처럼 사찰과의 거리 조절에도 신경을 썼다. 사찰의 영향력이 커지는 것을 경계하면서도 본인의 정통성과 입지를 확보하기 위해 사찰의 역사성은 적극적으로 활용했다. 사찰들의 관리 감독을 손쉽게 하기 위해 한곳으로 옮기게 하면서 건축과 관련한 지원은 아끼지 않았다. 오늘날 교토의 데라마치는 그때의 산물이라 할 수 있다. 또한 교토의 중심지 밖, 말하자면 오늘날 히가시야마 지역에 사찰들이 영토를 확장하도록 허용하고, 건물 보수 인력과 경제적 지원을 역시 아끼지 않았다. 사찰 입장에서는 자리를 옮기면서 수리와 보수를 받을 수 있었고, 일종의 종교적 구역을 형성할 수 있게 되어 외부 변화에 크게 영향을 받지 않는 안정성도 확보할 수 있게 되었다. 이런 정책들은 결과적으로 사찰들이 그곳에 변치 않는 모습을 유지할 수 있게 함으로써 교토의 전반적인 역사적 경관을 오늘날까지 보존하는 데 기여했다.

1598년 도요토미 히데요시가 세상을 떠난 뒤 일본의 권력은 도쿠가와 이에야스가 장악했다. 1603년 에도를 중심으로 세력을 키운 그가 일본 전국을 통치하면서 교토는 최고의 도시라는 영예를 에도, 즉 오늘날의 도쿄에 내주고 만다. 이후 메이지 유신 직전 잠시 교토가 다시 주목을 받긴 했으나, 그때로부터 오늘날까지 예전의 영예를 되찾아오지는 못했다.

로마와 교토를 만든 사람들

오늘날의 로마와 교토는 역사적으로 권력을 쥔 이들이 자신들의 필요와 요구에 따라 선택적으로 보존, 복원한 결과물이다. 그 권력자들은 때로 정치가이기도, 종교인이기도 했으며, 권력을 지키려는 사람이기도, 새로운 권력을 손에 쥔 이들이기도 했다. 그들은 원하는 걸 얻기 위해 역사를 보존하거나 새로 만들거나 했다. 오늘날 우리 앞에 남은 로마와 교토는 그들이 선택한 것들의 총합일지도 모른다.

아우구스투스 로마제국 초대 황제.

콘스탄티누스 1세.

니콜라우스 5세 교황.

식스투스 5세 교황.

피우스 7세 교황.

보니파키우스 8세 교황.

테오도리쿠스 황제.

마르티누스 5세 교황.

나폴레옹 황제.

아시카가 요시미쓰.

도요토미 히데요시.

도쿠가와 이에야스.

그렇다고 교토가 역사의 뒷전으로 물러나 있었다는 의미는 아니다. 메이지 유신 이전까지 교토는 여전히 천황이 머무는 곳이었다. 여전히 중요하고, 지속적인 관리가 필요한 도시였다. 도쿠가와 이에야스는 자신이 교토에 들렀을 때 머물기 위해 새로운 성을 지으라는 명령을 내렸고, 1601년 지금의 니조 성이 들어섰다. 이후 그의 아들 이에미쓰가 1626년 확장한 것이 오늘날의 모습으로 남았다. 이런 지배층의 관심으로 교토의 역사적 경관은 이후로도 보존될 수 있었고, 전쟁과 소란이 줄어든 뒤로부터는 더이상 파괴가 없는 시대로 진입했다. 이 말은 곧 아무리 힘이 센 권력을 가진 인물이 다시 나타났다 하더라도 그의 뜻에 따라 교토를 좌지우지할 수 있는 시대가 끝이 났다는 의미이기도 하다.

역사적 경관 보존의 또다른 기여자, 로마와 교토를 찾은 순례자들

나는 로마와 교토라는, 서양과 동양의 고도를 나란히 놓고 이 두 도시의 공통점을 찾아보고 있다. 지금까지 이 두 도시와 지배 세력의 관계 또는 정치적 상황에 따른 변화의 과정을 주로 살폈지만 그에 못지 않은 또 하나의 공통점을 언급하지 않을 수 없다. 바로 아주 오랜 시간 동안 매우 많은 순례자와 관광객들이 이곳을 찾았다는 점이다. 로마와 교토는 역사적으로도 그렇지만 특히 종교적인 문화유산이 많이 남아 있어 순례지로서의 의미가 매우 크다.

전 세계 기독교인들에게 로마는, 예루살렘만큼은 아니어도, 매우 뜻 깊은 성지다. 예수님의 제자 성베드로가 십자가형을 받은 곳도, 성바울이 참수형을 받은 곳도, 이들의 무덤이 있는 곳도 로마다. 또한 박해를 하던 곳도, 박해를 중지한 곳도, 기독교를 국교로 인정한 곳도 로마다. 말하자면 기독교인들에게는 까마득한 신앙의 선배들이 억압을 받던 상징적인 장소이며, 공식적인 종교로 인정을 한 곳이기도 하다.

교토는, 불교나 일본 고유 신앙인 신토의 성지는 아니지만, 수많은 순례자들이 찾는 도시 가운데 하나다. 한반도를 통해 불교가 일본에 전해졌을 당시만 해도 교토는 존재하지 않았다. 일본 불교의 첫발은 아스카飛鳥와 나라奈良에서 시작했다. 신토의 가장 중요한 의미를 담고 있는 신사로는 이세 신궁과 이즈모타이샤出雲大社를 꼽을 수 있다. 교토에는 대신 일본 자생 불교 종파의 중심 사찰들과 후시미이나리타이샤伏見稲荷大社 같은 의미 있는 신사가 있다. 이곳들을 참배하기 위해 교토를 찾는 이들은 전역에서 모여든다.

이처럼 종교적인 문화유산과 여전히 신앙인들의 거점이 되는 종교시설로 인해 순례자들에게 두 도시는 의미와 매력을 함께 갖춘 곳으로 꼽히고 있고, 어느덧 전통이 되어 오늘날까지도 그 순례의 행렬은 계속해서 이어지고 있다. 이렇게 사람들이 꾸준히 찾아오니, 이들을 맞기 위해서라도 종교 시설은 항상 그 모습을 그대로 유지할 필요가 있었고, 이들로 인해 시설의 보존 역시 크게 영향을 받았다. 이는 나아가 그 시설이 자리한 도시의 역사적 경관의 보존에도 영향을 미쳤다.

로마제국 시대 순례자들은 성베드로와 성바울의 무덤을 찾기 시작했다. 콘스탄티누스 1세는 이들의 무덤 위에 각각 대성전을 지었다. 그러자 성당을 찾는 순례자들이 더 늘었다. 이밖에도 뼈나 옷의 일부 등 성인들의 유해나 흔적, 관련 유물들을 보유한 교회들 역시 순례자들이 자주 찾는 곳이었다. 이런 유물들을 가까이에서 보고 만지면 하나님과 더 가까워진다고 믿는 순례자들이 세계 각지에서 모여들었다. 특히 예루살렘은 너무 멀어 가기가 어려웠던 유럽인들에게 로마는 매우 중요한 성지 순례지였다. 순례자를 위한 숙박 시설이 점점 들어섰고, 순례지 인근의 정비도 꾸준히 이어졌다. 단순한 유지 관리 차원으로 여길 수도 있지만, 이미 역사가 오래된 곳을 앞으로도 오래오래 지켜나가기 위한 보존 행위의 일환이기도 하다.

초기까지만 해도 순례자들의 순례 행위는 개인의 신앙고백 행위의 하나였고, 대체로 산발적으로 이루어졌다. 시간이 흐르면서 순례에도 누군가의 기획이 개입되었다. 1300년 교황 보니파키우스 8세Bonifacius PP. VIII, 1235?~1303는 신자들을 향해 희년을 선포하고, 성베드로와 성바울 무덤의 순례를 호소했다. 희년은 성경에 나오는 규정으로 안식년이 일곱 번 지난 50년마다 돌아온다. 희년의 선포로 그해 유럽 전역에서 약 20만 명의 순례자들이 로마를 찾아왔다. 이들은 빈손으로 오지 않았다. 정성껏 봉헌물을 바쳤을 뿐만 아니라 먹기도 하고 쉬기도 해야 했다. 교황은 이들에게 저렴한 가격으로 음식을 제공했다지만, 결국 큰 이익을 남겼다. 단순히 돈을 벌자고 이런 기획을 한 건 아니었다. 교황은 그 당시 세력을 확장하고 있던 프랑스 국왕 필리프 4세Philippe IV, 1285~1314와 갈등 중이었다. 그에게 자신의 힘을 과시하는 동시에 프랑스로부터 받고 있던 경제적 지원을 대체할 계획을 갖고 있었다.

희년 선포는 역사상 최초의 일이기도 했고, 워낙 갑자기 이루어진 일이라 도시를 정비할 시간이 충분하지는 않았다. 그럼에도 이 기획은 대단한 성공을 거뒀고, 워낙 많은 순례자들이 찾아오자 로마의 입장에서 이들은 매우 중요한 존재로 부상했다. 순례자들이 자주 찾는 곳이나 이들에게 의미가 있는 장소들마다 각별한 신경을 쓰기 시작했다.

한편, 점점 유명해진 로마에는 순례자만 찾아오는 게 아니었다. 다른 이유로 로마를 찾는 이들도 함께 늘어나면서 숙박 시설뿐만 아니라 다양한 유흥 시설들도 곳곳에 등장했다. 로마의 경제는 새로운 국면을 만난 셈이었다.

1450년 교황 니콜라우스 5세Nicolaus PP. V, 1397~1455 시절 치러진 희년에도 수많은 순례자들이 로마를 찾았다. 성베드로대성당으로 향하는 산탄젤로 다리가 몰려드는 인파로 인해 무너지는 사고가 일어났다. 이 사고로 약 200여 명이 세상을 떠났다. 그러자 니콜라우스 5세는 다리 입구의 상점을 모두 철거하고, 도로를 넓히는 공사를 단행했다. 이는 희년뿐만 아니라 순례자를 위해 로마의 도시 경관을 조성한 유의미한 전례로 남았다.

순례의 방식도 업데이트되었다. 1553년경 로마의 곳곳을 열심히 답사한 성 필리푸스 네리우스Philippus Nerius, 1515~1595는 로마의 일곱 개 성당을 돌아보는 순례길을 제안했다. 성베드로대성당에서 출발해서 로마 안의 다른 주요 성당 여섯 곳을 돌아보는 코스였다. 대부분 로마의 기독교 역사, 특히 초기 성인들과 관련이 깊은 곳들이었다. 이후 교황들마다 새로운 코스를 지시하곤 해서 방문 성당은 달라지곤 했지만, 로마의 성당을 돌아보는 순례길은 계속해서 이어졌다.

50년마다 한 번씩 치르는 희년과는 달리 이 순례길 프로그램은 매년 성 주간의 수요일마다 이루어져 자연스럽게 정기적으로 로마를 순례할 수 있도록 했고, 로마 안내서 출판에도 기여하기에 이른다. 당시 출간된 로마 안내서에는 순례길 코스에 포함한 일곱 개 성당 외에도 기독교 문화와 로마 시대 문화를 접할 수 있는 관련 유산에 대한 안내가 당연히 포함되었다. 그 가운데 1595년 출간된『영혼의 도시 로마의 훌륭한 것들』*Le cose Maravigliose dell'alma citta de Roma*은 대표적 사례로 꼽을 수 있다. 안내서에는 방문 대상지의 그림을 넣고, 그 밑에는 이탈리아어로 간단한 설명을 달았다. 로마 시대 문화유산을 포함한 것은 르네상스 시대 인본주의의 영향으로, 여행자를 위한 로마의 볼거리 목록화에 기여한 측면이 크다. 안내서에 실린 방문지 목록은 로마 시대 문화유산에 문화적 가치를 부여함으로써, 이후 18세기 유럽 전역에 번성한 그랜드 투어 코스는 물론 19세기 고고학 발굴과 복원 작업 대상지 선정에도 영향을 미쳤다.

일본에는 전통적으로 불교와 신토라는 두 개의 종교가 존재한다. 많은 일본인들은 두 개 중 어느 하나를 선택한다기보다 이들을 함께 섞어 신앙생활을 하고 있다. 때문에 이 두 개의 종교는 서로 밀접하게 영향을 주고 받고 있는데, 순례길 역시 어느 한쪽에 초점을 맞춘다고는 해도 각각의 의미 있는 장소들이 모두 포함되는 경우가 많다.

오늘날 교토에는 불교에서 중요한 사찰과 신토에서 중요한 신사가 비슷한 비중으로 남아 있지만, 8세기 교토를 처음 건립할 때만 해도 그렇지 않았다. 그 무렵 천황은 불교의 사찰이 교토 안에 힘을 갖는 것을 달가워하지 않았고, 이를 경계하여 중심지에는 단 세 곳만 허용했다. 가장 오래된 사찰은 그 시절 중심지 밖이었던 라쿠가이에 있으며 오늘날 교토역에 가까운 도지東寺만 남아 있다. 불교가 확산하면서 그 영향을 받아 오히려 더욱 체계적인 종교로 발달했다고 할 수 있는 신토는 자연과의 연관성이 깊어 주요 신사는 역시 라쿠가이 지역에 먼저 등장했다. 말하자면 사찰과 신사 모두 당시 교토 중심지 밖이 주요 거점이었던 셈이다. 시간이 흐르면서 중심지 안에도 점점 사찰과 신사가 생기긴 했지만, 보통은 규모도 작

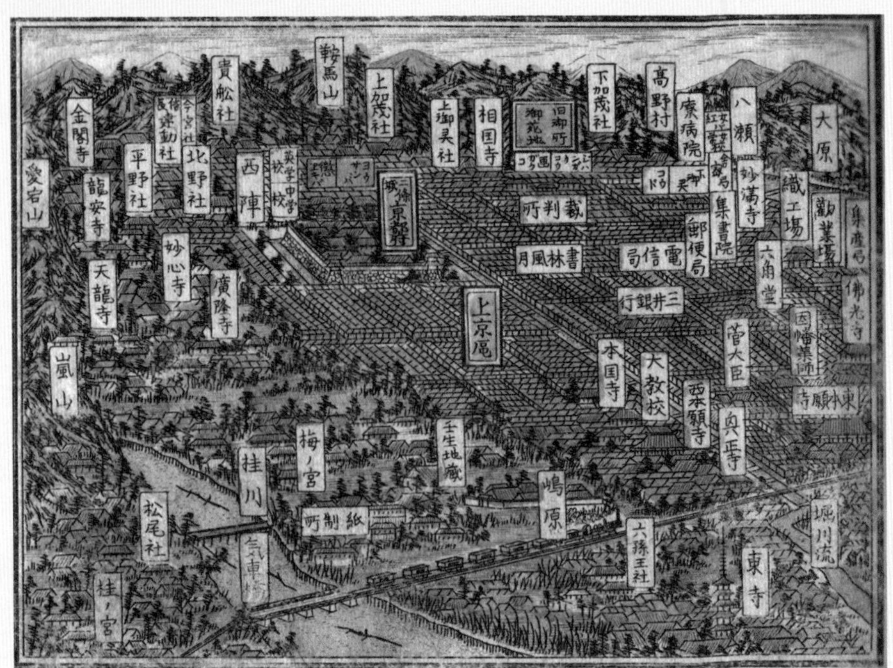

1883년 제작한 교토 관광지도.

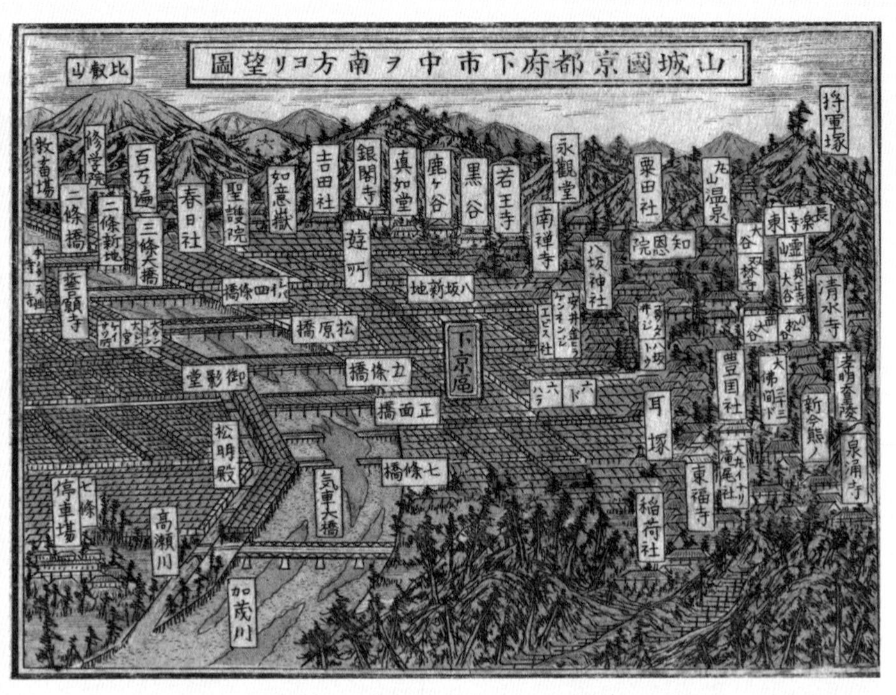

로마와 교토에서 역사를 기억하는 방법

오래된 도시에서 오래된 역사를 기억하는 방법은 오늘날의 모든 방법의 시작이었다. 도시를 찾아오는 이들에게 가볼 만한 곳을 소개하고, 그에 대해 안내하고, 도시에서 일어나는 일들을 그림 또는 글 그리고 책으로 기록하는 것. 로마와 교토에서는 몇백 년 전부터 이루어지던 일이다.

KURAMADERA TEMPLE
SANZEN-IN
鞍馬
八瀬
KAMIGAMO SHRINE
岩倉
山端
BOTANICAL GARDEN
SHUGAKUIN SUMMER PALACE
SHIMOGAMO SHRINE
御所
PREFECTURAL OFFICE
IMPERIAL PALACE
NIJO CASTLE
二條
NIJO STATION
MIBUDERA TEMPLE
丹波口
七條大宮

1930년대 제작한
교토 관광지도.

1859년 기온마쓰리가 한창인 교토 시조가와라마치 풍경. 리쓰메이칸 대학.

우타가와 히로시게가 1859년에 그린 기온 마쓰리 풍경.
일본 국립국회도서관.

로마의 주요 성당 일곱 곳 순례 조감도. 영국박물관.

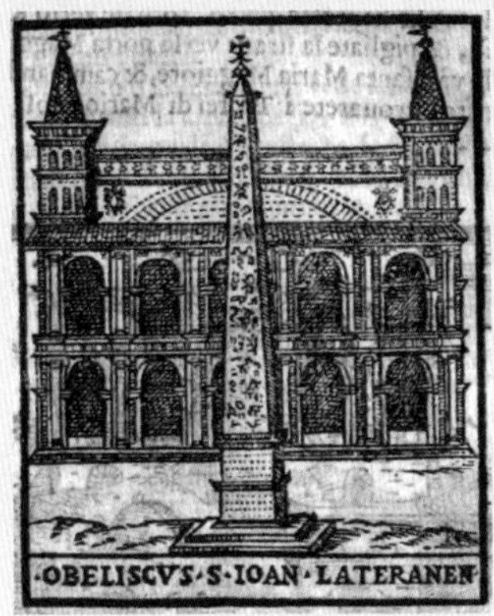

1595년 출간한 로마 안내서 『영혼의 도시 로마의 훌륭한 것들』 일부.

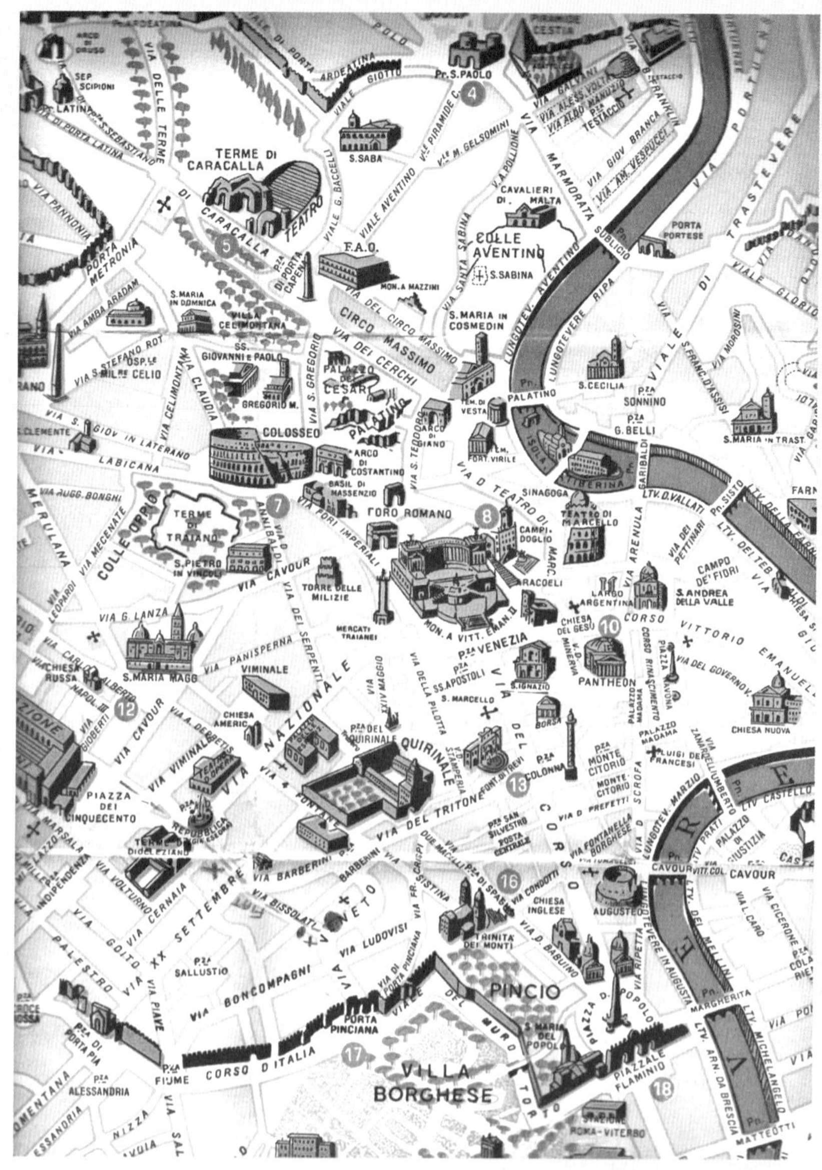

1960년대 로마 관광 지도.

은 편이었고 주로 서민들의 신앙생활을 위한 곳들 위주였다.

17세기 이후 일본은 비교적 평화로운 시대에 접어들었고, 교토 역시 도요토미 히데요시가 쌓은 토대 위에 또다른 의미로 성장하기 시작했다. 중심지가 확장되면서 외곽 역시 시가로 흡수되었다. 전통적인 순례 행렬, 그리고 869년 전염병으로 많은 사람들이 죽어가자 병과 악귀 퇴치를 기원하는 것으로 시작해 오늘날 일본 3대 축제 가운데 하나로 꼽히는 기온마쓰리祇園祭 같은 연례 행사 등으로 교토를 찾는 이들은 점점 더 늘어만 갔다. 그리고 이들을 위해 교토의 87 곳 명소를 담은 안내서 『교와라베』京童가 1658년에 출간되었다. 로마의 『영혼의 도시 로마의 훌륭한 것들』이 그랬듯이 이 책 역시 교토의 볼거리를 목록화함으로써 각 장소의 가치를 대중적으로 높였고, 보존의 명분에도 기여하는 역할을 톡톡히 해냈다.

에도 시대 늘어난 순례자들이 교토에서 주로 찾는 곳은 사찰보다는 신사 쪽이었다. 수많은 신사 가운데 오늘날 교토역 남쪽, 후시미 지역 산기슭에 자리를 잡은 후시미이나리타이샤의 인기가 가장 높았다. 일본의 사찰 순례길은 로마에서 일곱 곳의 교회를 하나의 코스로 연결한 것처럼 여러 사찰이 이어져 있지만, 신사의 경우는 조금 달랐다. 신사마다 섬기는 신이 다르기 때문에 여러 신사를 다니기보다 그때그때 원하는 바를 기원할 수 있는 신사를 중점적으로 찾는 이들이 많았다.

교토의 후시미이나리타이샤는 8세기 초에 창건이 된 곳으로, 일본 전역에 흩어져 있는 약 32만 곳 이나리계 신사의 본산이다. 쌀과 농업의 신인 이나리를 모시는 신사인데, 사업의 번창부터 가족의 안전, 심지어 교통 안전까지 관장한다고 알려져 대중들 사이에 큰 사랑을 받고 있다. 많은 사람들이 행운을 빌기 위해 이곳을 순례하는 꿈을 품고 있고, 순례자가 많을 때는 입구부터 인산인해인 경우도 많은데 이곳을 찾는 사람들이 얼마나 많았는지 헤이안 시대와 그 이후 고전문학 작품에도 여러 차례 언급이 되었을 정도다. 상업이 발달한 에도 시대 상인들이 신의 보호를 받기 위해 기증하기 시작했다는 약 1천 개의 주홍색 도오리가 이어진 길은 특히 유명하고, 이외에도 산속으로 올라가는 길에도 도오리가 계속해서 나온다.

도오리는 세상과 신이 있는 곳을 구분한다는 의미를 지녔는데, 순례자들은 도오리를 지나며 사업의 번창과 자신과 가족의 안녕을 빌곤 한다. 이러한 순례의 전통이 워낙 오래되었기 때문에 세월이 오래 흐른 오늘날에도 후시미이나리타이샤의 규모는 줄어들지 않았고, 내부의 여러 건물은 물론이고 이를 둘러싼 자연과 역사적 경관이 오래전 그 모습을 잘 간직하게 되었다.

우리는 흔히 순례길이라고 하면 프랑스에서 에스파냐를 지나는 산티아고 순례길을 떠올리지만, 일본에도 아주 오래전부터 순례길이 여럿 존재했다. 그 가운데 가장 오래된 것은 교토를 지나는 사이고쿠산주우산쇼西国三十三所 순례길이다. 11세기부터 시작, 15세기에 코스가 정착된 이 순례길은 관세음보살을 모시는 오늘날의 관서 지역 33곳에 세 곳의 '번외' 사찰을 포함해 총 36곳의 사찰을 연결한다. 사찰들의 종파는 다양한데, 그 가운데 관광객들도 많이 찾는 기요미즈데라를 포함, 여덟 곳이 교토 시에 있다.

순례자들은 주로 걸으면서 사찰들을 다니는데, 이런 순례가 대중화한 것은 전쟁이 없던 에도 시대였고, 순례자들이 늘어나자 해당 사찰 앞에는 자연스럽게 식당이나 가게, 숙박 시설 등이 들어서기 시작했다. 비록 상업적인 곳이긴 했지만, 사찰이나 순례 문화와 관계가 깊은 의미가 있다고 인정을 받아 오늘날까지도 보존이 되어 옛모습을 간직하고 있는 곳들도 많다. 앞서 언급한 기요미즈데라 주변의, 관광객들에게 인기를 끌고 있는 역사적 경관도 그런 사례 가운데 하나다.

교토에서는 로마처럼 옛 유물이 외부로 불법으로 유출되거나 건물이나 경관이 훼손되는 경우는 거의 없었다. 때문에 로마의 경우처럼 발굴 작업을 거쳐 복원한다기보다 메이지 유신 이후 격동의 시절을 보내면서 개발과 변화의 압력을 견디고 그 문화적 가치를 인정하는 것이 무엇보다 가장 중요한 보존의 첫걸음이었다.

때로는 같고 때로는 다른,
하나의 도시가 문화유산을 보존하는 이유와 목적

로마와 교토는 역사적이고 문화적인 유산이 가득한 관광지라는 공통점이 있다. 도시를 바라보는 관점에 따라 그 위상에는 차이가 있을 수 있지만 역사적인 볼거리가 많다는 점은 누구도 부인하기 어렵다. 19세기 이후 세계적인 패러다임을 전환시킨 산업혁명을 거치며 두 도시에도 불어닥친 개발의 압력을 이겨내고 오래전 문화유산을 계속해서 유지하고 잘 관리하고 있다는 점 또한 두 도시의 특징이라 할 수 있다. 나아가 그 보존의 방식이, 테마파크나 영화 세트장 같은 말끔하게 대상화된 것이 아닌, 오래되었지만 여전히 살아 있는 도시의 모습 안에 역사적이고 문화적인 가치를 중심으로 보존이 되고 있다는 점 또한 두 도시의 장점이다. 이 두 도시에서 수많은 문화유산과 역사적 경관이 오늘날까지 잘 보존될 수 있었던 데에는 종교적 배경을 빼놓고 말할 수 없다. 다시 말해 이 두 도시에서 우리가 떠올릴 만한 명소 가운데 종교와 관련 있는 곳들이 얼마나 되는지 생각해보면 답이 나온다.

상징적 문화유산을 간직했던 로마제국의 멸망 이후 가톨릭 교회가 로마 시대의 유산을 보존하는 한편 새로운 건물을 세우면서 로마의 역사적 경관을 보존하여 후대에 남겨주었다. 시간이 흐르면서 교회에서 세운 건물들 역시 보존의 대상이 되면서 로마는 로마제국과 기독교 문화유산이 풍부하게 남은 도시가 될 수 있었다. 교토에 자리를 잡은 수많은 사찰과 신사는 오랜 시간 천황, 권력자, 귀족, 상인, 서민 등 다양한 사회 계층의 지원을 통해 유지 관리되고 필요에 따라 복원의 과정을 거치며 비교적 잘 보존되어 오늘날 우리 앞에 남아 있다.

여기에서 우리가 기억해야 할 점은 하나의 도시가 문화유산, 나아가 역사적 경관을 보존하는 이유와 목적이다. 도시마다 지난 시대의 유산을 보존하고 유지 관리하는 이유와 목적이 있다. 때로는 같고 또 때로는 다르다. 로마와 교토의 경우 수 세대에 걸쳐 종교의 전통을 계승하고, 시민들의 신앙생활을 돕는 것이 유지 보존의 큰 동기였다. 다른 도시에서는 다른 이유로 문화유산을 보존하고 관리한다. 똑같이 종교적인 문화유산이 많은 도시라고 해도 모두 다 보존 및 유지 관리가 잘 된다고 할 수 없고, 또 어떤 도시는 종교와 전혀 관계 없는 이유로도 역사적 경관의 보존에 각별한 신경을 쓰기도 한다. 그 가운데 어떤 도시는 애국주의를 강조하기 위해, 도시를 통해 보여주고 싶은 자신들의 서사를 드러내기 위해 역사적 경관을 보존하려고 힘쓰기도 한다. 다음 장에서 다룰 두 도시가 바로 그런 곳들이다.

제2장 — 더욱 더 견고한 '우리'를 만들기 위한 애국주의 전시장

_미국 윌리엄즈버그와 일본 나라

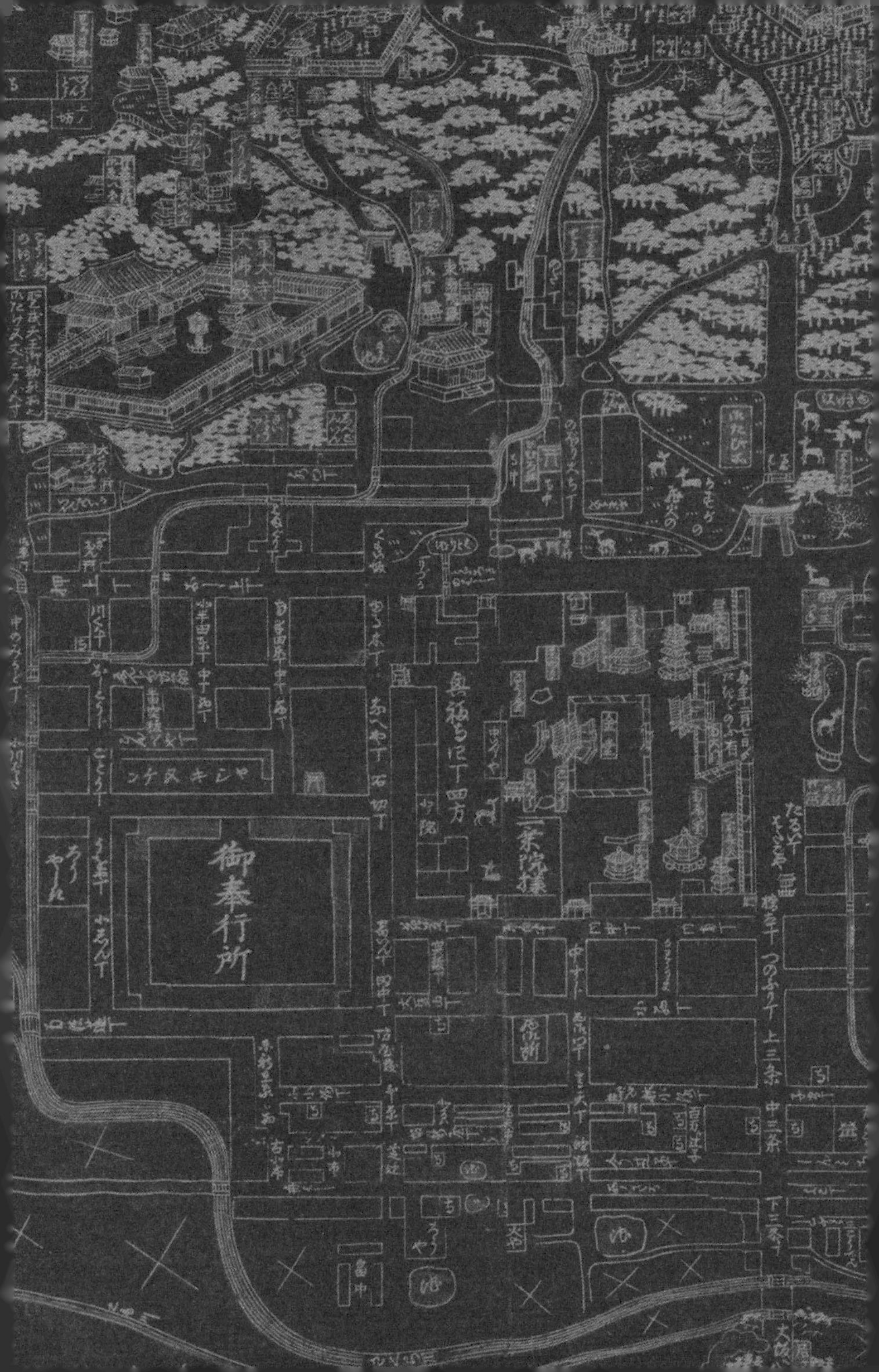

東大寺
大仏殿
御奉行所

미국 윌리엄즈버그와 일본의 나라, 더욱 더 견고한 '우리'를 만들기 위해, 도시는 어떻게 활용되는가

20세기 중반 유명 정치철학가 한나 아렌트는 1951년 출간한 『전체주의의 기원』 마지막 부분에서 나치즘과 스탈린주의를 다룬다. 국가나 민족의 기원 신화는 '우리'라는 정체성을 만드는 데 큰 역할을 한다. 히틀러나 스탈린 같은 인물들은 자신들이 지향하는 전체주의 체제를 확립하기 위해 이러한 '우리'라는 정체성을 적극 활용하고, 심지어 '우리'가 아닌, '우리' 밖의 사람들을 학살하는 명분으로까지 악용했다.

'우리'를 만들기 위해 기원 신화를 활용한 것은 이들 또는 전체주의에 경도된 국가들만이 아니다. 정도의 차이는 매우 크지만, 인류 역사 전체를 놓고 볼 때 크고 작은 왕국부터 공화국, 심지어 비교적 최근에 독립한 국가들도 바로 이런 '우리'를 만들기 위해 기원에 대한 신화를 적극 활용하는 예를 볼 수 있다. 이는 역사적 경관 보존의 사례와도 깊은 관계가 있다.

19세기 후반 이후 세계 곳곳에서 건국 관련 문화유산이 있는 도시와 마을은 중요한 보존 대상으로 여겨졌다. 이런 관심은 이른바 20세기 말까지 세계적인 유행으로 꾸준히 이어졌다. 건국 신화 또는 서사와 관련 있는 장소의 보존은 곧 그 신화의 보급과 전달을 위한 강력한 도구의 확보를 뜻했다. 20세기 이후 관광이 대중화되고 누구나 영상을 포함한 다양한 콘텐츠를 제작할 수 있게 되면서 이런 장소들의 보존은 더욱 가치 있고 의미 있는 일로 주목을 받았다.

일본의 고도 나라奈良와 영국 식민지 시기 마을 중 하나인 미국 윌리엄즈버그Williamsburg는 국가의 기원 신화와 이를 반영한 문화유산을 국가 또는 도시가 어떻게 보존해왔는지, 그 보존의 의미는 무엇인지를 보여주는 유의미한 사례라 할 수 있다.

교토와 오사카에서 그리 멀지 않은 나라는 710년부터 784년까지 일본의 수도였으며, 710년 중국의 장안을 모방한 바둑판으로 설계된 도시로서 일본 고대 국가의 번성기를 상징한다. 그 당시 일본에는 불교 문화가 매우 번성했음으로 나라에는 그때부터 이미 규모가 큰 사찰들이 많았다. 도다이지東大寺나 가스가타이샤春日大社 같은 유명한 종교적 문화유산이 즐비하다. 하지만, 천황이 머물렀던 도시이기는 해도 교토가 천 년 동안 천황의 도시였던 것에 비해 나라에 천황이 머문 건 74년에 불과했다. 교토는 수도의 자리를 도쿄에 내준 뒤에도 오사카와 더불어 3대 도시로 불리는 등 그 위상과 규모가 크게 흔들리지 않았지만, 나라의 경우 메이지 유신 당시 하나의 마을에 불과했다. 약 36만 7천여 명의 인구가 살고 있으며, 나라 현의 현청이 있기도 하고 관광지로 유명하기도 하지만, 외곽 지역은 오사카의 베드타운으로 성장해왔다.

일본은 6세기 중반 한국과 중국으로부터 불교를 비롯해 다방면으로 문화적 영향을 받고 있었다. 나라를 정도로 삼기 이전 이미 이 근방에는 다카마쓰高松 고분이나 호류지法隆寺·야쿠시지薬師寺 같은 중요한 사찰이 자리를 잡고 있기도 했다. 710년 나라를 수도로 세운 것은 국가로서의 권력이 형성되었음을 의미한다. 새로 건설한 수도 나라는 인구 수가 급증, 20만 명에 달할 만큼 일본 역사상 처음으로 규모를 갖춘 도시였다. 천황들의 지시로 일본사에 매우 의미있는 문헌인 『고지키』古事記, 『니혼쇼키』日本書紀, 그리고 『만요슈』万葉集 등이 출간된 것도 이 무렵이었다. 이후 불교의 정치적 개입을 막기 위해 784년 간무 천황이 교토에 가까운 나가오카쿄로 수도를 옮기면서 나라의 수도 시대는 끝이 났다. 불교의 사찰 등은 그대로 남았지만 천황이 떠난 궁궐은 폐허가 되다시피 했고, 권력이 떠난 도시의 인구는 급감했다. 10여 년이 지나 재난이 잦은 나가오카쿄를 떠나 교토로 수도를 옮긴 뒤 9세기부터는 교토 인근 히에이산比叡山에 있는 사찰의 힘이 커지면서 종교적인 영역에서조차 나라의 영향력은 한풀 꺾일 수밖에 없었다. 남아 있던 사찰과 신사, 특히 일본의 대표적인 명문가인 후지와라藤原 가문과 관계 있는 고후쿠지興福寺와 가스가타이샤의 위상은 여전히 높은 편이긴 했지만 그마저도 15세기부터 16세기까지 이어진 내전으로 큰 피해를 입어 예전 같지 않았다.

하지만 에도 시대에 들어서면서 나라는 도쿠가와 막부의 직할 지역으로 지정, 교토를 관리하는 부서에서 함께 관리했다. 그만큼 나라가 가진 문화적 가치를 염두에 뒀음을 알 수 있다. 비록 교토에 비해 도시의 위상은 낮아졌지만 평화로운 에도 시대에 접어들면서 나라를 찾는 순례자와 방문객들은 계속 이어졌고, 늘어나는 이들을 위한 마을이 이루어졌다. 오늘날 나라 공원 인근 나라마치ならまち가 그곳이다. 보존 대상 지구의 명칭은 히라가나로 표기하곤 한다.

메이지 유신은 일본 전역에 큰 변화를 가져왔다. 나라 역시 그 변화의 물결에서 비켜갈 수 없었다. 1868년 메이지 유신을 통해 새롭게 들어선 메이지 정부는 천황의 권력 확보를 위해 고유 종교인 신토를 종교적 버팀목으로 활용하려 했다. 그러자면 신토의 위상을 더욱 높일 필요가 있었다. 이는 또다른 한편으로 도쿠가와 막부와 가까웠던 불교계를 견제하기 위해서이기도 했다. 이를 위해 내린 것이 사찰과 신사의 분리 명령이었다. 그때까지만 해도 독립적인 체계를 갖추기보다 사찰 안에 함께 있던 신사들이 많았다. 메이지 정부의 분리 명령은 전국적인 반불교 열풍으로 이어져 수

많은 사찰들이 사라지고, 주요 사찰까지도 큰 피해를 입었다. 이른바 폐불훼석廃仏毀釈 대란이었다. 승려들 가운데는 신토의 신쇼쿠神職로 강제 전환을 당한 이들도 있었고, 사찰에서 간직하던 수많은 미술품도 훼손되었다. 메이지 정부가 이 정책을 완화한 것은 1873년에 이르러서였다. 그제야 비로소 사찰을 향한 파괴 행위가 잠잠해졌다.

주요 사찰이 많았던 나라의 피해는 막대했다. 오늘날 나라 공원 입구 근처의 땅을 대부분 소유했을 만큼 규모가 컸던 고후쿠지의 많은 건물이 피해를 입었다. 지금 남아 있는 건 일부에 불과하다. 그렇게 나라는 폐허가 되는 듯했다. 하지만 역사는 뜻밖의 지점에서 다른 이야기를 이어간다. 메이지 정부에게는 희망하는 '근대 국가'의 상징이자 일본이라는 국가 정체성을 드러내줄 무엇이 필요했다. 폐허가 되어 지난 역사 속으로 사라질 뻔했던 나라는 여기에 딱 맞는 이용 가치를 부여 받았다. 그때부터 나라의 시간은 이전과는 전혀 다른 방향으로 흘러가기 시작했다.

윌리엄즈버그는 미국의 수도였던 적은 없다. 미국이 영국의 지배를 받던 시절인 1632년 버지니아 주를 개척한 한 영국인이 세웠다. 버지니아 주의 주도는 원래 제임스타운이라는 곳이었는데, 홍수와 모기를 피해 내륙 고지대에 위치한 윌리엄즈버그로 주도를 옮기게 되었고, 그때부터 번성하기 시작했다. 이후 1776년 미국의 독립 후에도 버지니아 주의 주도로 남았다. 당시 인구는 1만 5천 명 남짓이었다.

영국의 지배를 받을 당시 미국의 도시들은 오늘날에 비해 대부분 그 규모가 작았다. 하지만 윌리엄즈버그는 작아도 너무 작았다. 오늘날의 대도시인 보스턴, 뉴욕, 필라델피아는 물론이고 심지어 같은 남부의 사우

1844년 제작한 나라 지도.

더욱 더 견고한 '우리'를 만들기 위해, 도시는 어떻게 활용되는가

'우리'를 만들기 위한 기원 신화 활용은 역사적 경관 보존과 깊은 관계가 있다. 일본의 나라와 영국 식민지 시기 마을 중 하나인 미국 윌리엄즈버그는 국가의 기원 신화와 이를 반영한 문화유산을 국가 또는 도시가 어떻게 보존해왔는지를 잘 보여준다.

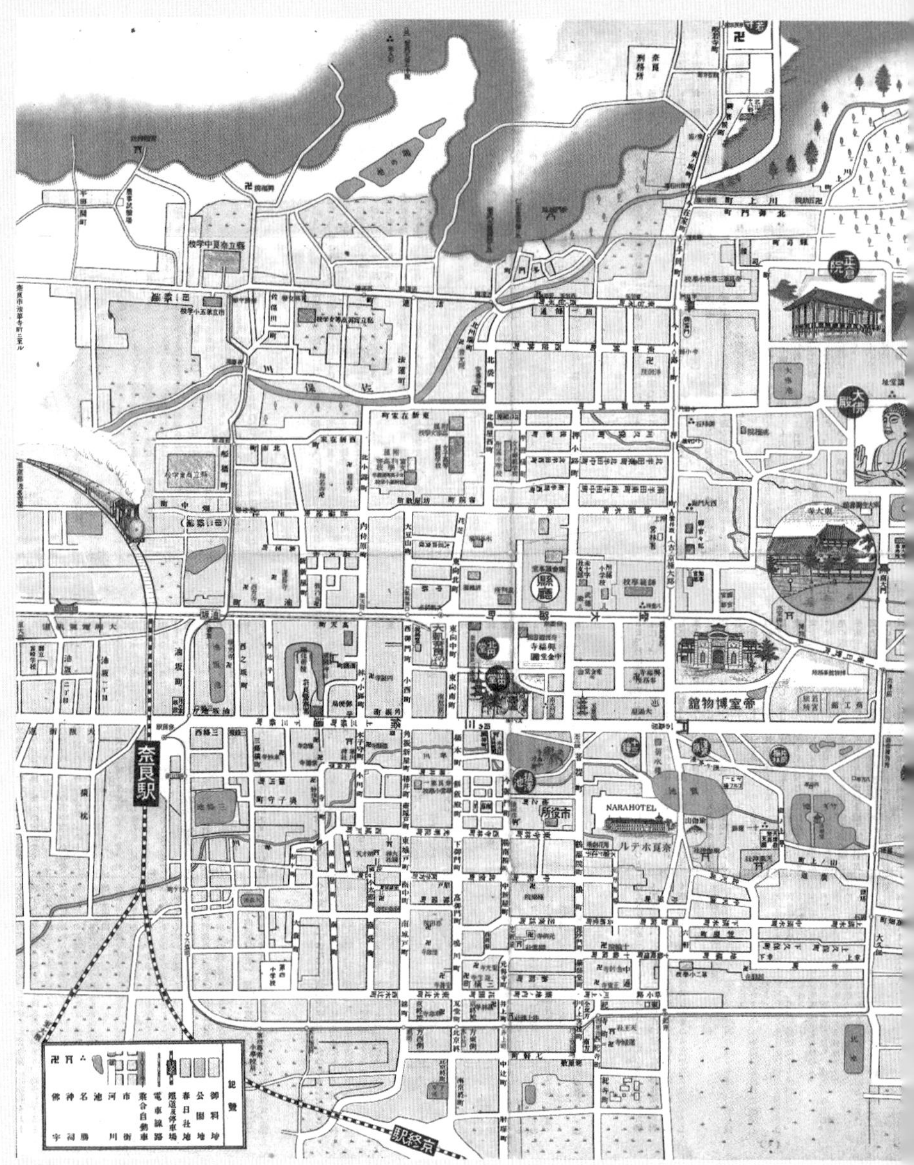

1941년 제작한 나라 관광 지도.

1930년대 영문으로 제작한
나라 관광 안내서.

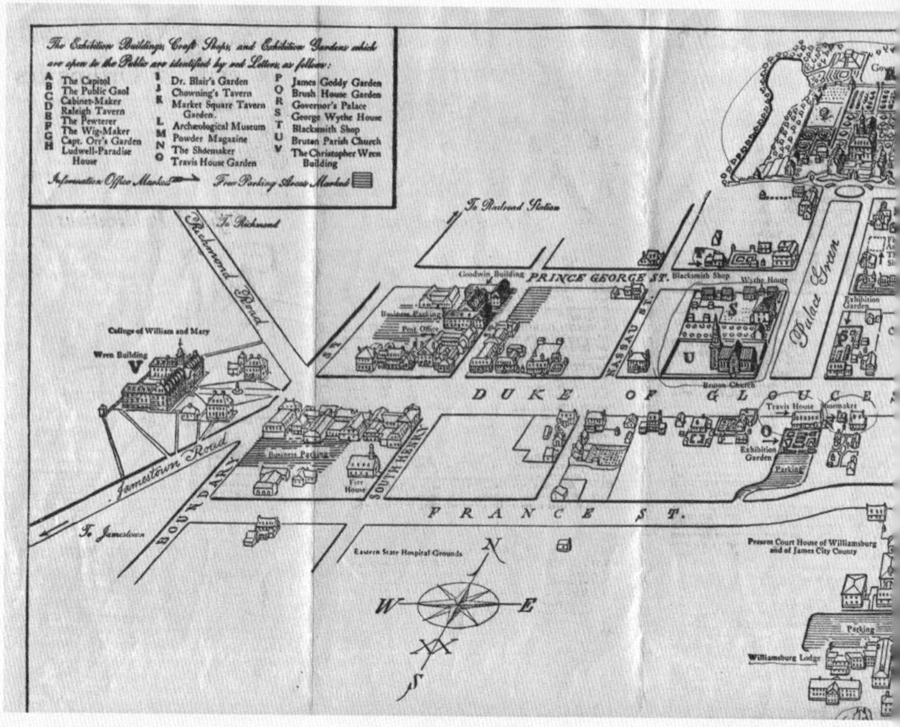

1949년 제작한 윌리엄즈버그 안내 지도.

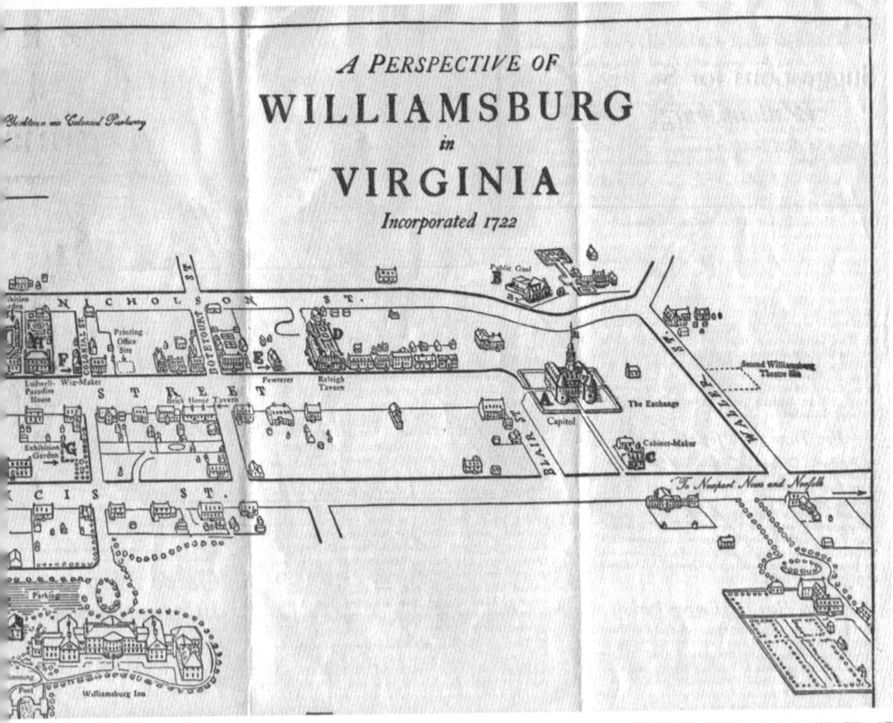

A PERSPECTIVE OF
WILLIAMSBURG
in
VIRGINIA
Incorporated 1722

1949년 제작한
윌리엄즈버그 공식 안내서.

스케롤라이나 주 찰스턴보다도 작았으며, 강으로부터도 한참 떨어져 있어 도시 안에 항구도 없었다. 이는 도시의 성장에 큰 걸림돌이었다. 이 점은 나라 역시 마찬가지였다. 18세기로 접어들 무렵 영국의 식민지들마다 본국을 본격적으로 모방하기 시작했고, 이로 인해 독자적인 사회 인프라가 갖춰지기 시작했다. 대학교나 병원 등을 비롯한 여러 기관도 설립되었다. 윌리엄즈버그 역시 마찬가지였다. 1636년 미국에서 가장 오래된 대학인 하버드 대학교가 보스턴에 세워진 뒤 두 번째로 오래된 대학인 윌리엄앤드메리 대학이 윌리엄즈버그에 세워졌고, 1773년에는 이스턴 주립병원이 들어섰다. 도시의 인구는 계속 늘어났다. 선주민을 쫓아내면서까지 땅을 개척했고, 덩달아 경제도 성장했다.

18세기 중반 무렵부터 미국 곳곳에서 영국 통치에 대한 반발이 본격화하면서 독립운동이 벌어졌고, 식민지 가운데 인구가 제일 많았던 버지니아의 주도 윌리엄즈버그 역시 이 열풍에 휩싸였다. 그리고 뜻밖의 상황에 맞닥뜨리게 되었다. 독립전쟁의 와중에 주도 자리를 내놓게 된 것이다. 1780년, 당시 주지사였던 토머스 제퍼슨이 안전을 이유로 한참 더 내륙인 리치먼드로 주도를 옮긴 것이다. 이로 인해 윌리엄즈버그는 눈에 띄게 쇠퇴하기 시작했다. 대학과 병원은 남았지만, 산업 도시로서의 기능도 약한데다 항구도 없던 윌리엄즈버그로서는 경제적 기반을 새롭게 마련할 계기가 거의 없었다. 19세기 이후 새로운 건물들이 들어서면서 예전 건물들은 방치되거나 훼손되기 일쑤였다. 윌리엄즈버그의 18세기 풍경은 역사 속으로 사라져가고 있었다.

1715년에 지어진 브루톤 성공회 성당Bruton Parish Church 역시 사라질 풍경 중 하나였다. 그런데 뜻밖에 성당의 낙후된 모습을 안타깝게 여긴 윌리엄 아처 루더포드 굿윈William Archer Rutherfoord Goodwin, 주로 W. A. R. Goodwin, 1869~1939 신부가 1903년 성당 복원을 위한 모금 활동을 통해 마련한 기금으로 1907년 공사를 마무리했다. 성당의 복원이 비교적 성공적으로 이루어지자 윌리엄즈버그의 또다른 건물들의 보존에 대한 관심이 잠깐 일기도 했다. 하지만 굿윈 신부가 얼마 지나지 않은 1909년 뉴욕 주 로체스터 시의 성당으로 발령을 받아 떠나면서 관심은 다시 사그라들었다.

꺼진 듯했던 복원의 불씨가 다시 피어오른 것은 1923년의 일이었다. 굿윈 신부가 윌리엄앤드메리 대학의 성경 문학과 종교학 교수로 부임해오면서 다시 브루톤 성당으로 돌아온 것이다. 그는 자신이 떠나 있는 동안 성당 상태가 다시 악화된 것을 안타깝게 여겨 다시 한 번 보존 운동에 나섰다. 그는 모금을 위해 다양한 계층의 사람들을 접촉했고, 1926년 존 D. 록펠러 주니어John D Rockefeller Jr., 1874~1960와 그의 부인 애비 올드리치 록펠러Abby Aldrich Rockefeller, 1874~1948와 연이 닿았다. 록펠러 가문의 지원을 받게 되면서 복원은 급물살을 타게 되었다. 그는 처음에는 자신의 이름으로 집과 땅을 확보했지만 1928년 보존 사업 계획을 공식 발표함으로써 마을 사업으로 전환, 주민들의 협력을 이끌어냈다.

초기에는 브루톤 성당 인근 주택과 대학 건물을 중심으로 건물 한 채씩을 보존해나갔지만, 록펠러 가문의 지원이 커지면서 그 대상을 마을 전체로 확대해나갔다. 수많은 건물들의 보존 및 복원 작업이 이루어졌다. 그 결과 19세기에 지은 건물과 18세기 건물 가운데 특히 훼손이 심한 곳은 철거하고, 비교적 상황이 나은 88채의 오래된 건물을 보수했고, 약 50 여 채 건물을 18세기 양식으로 복원했다. 제2차 세계대전을 치르면서 작업이 중단되기도 했지만, 이후로도 꾸준히 이어져 윌리엄즈버그는 '살아 있는 역사 박물관'이라는 유명세를 얻기에 이르렀다. 하지만 넘치는 것은 모자란 것만 못한 탓인지, 너무 매끈하게 복원이 되는 바람에 20세기 말에 와서는 오히려 보존으로 역사를 왜곡했다는 비판의 대상이 되기도 했다.

복원과 보존을 통해 드러내려 했던 것, 그리고 이 두 도시를 연결하는 공통점

일본에는 기원 신화가 존재한다. 일본의 고문헌 『고지키』와 『니혼쇼키』에 따르면 태양신 아마테라스 오미카미天照大御神의 손자 니니기노 미코토瓊瓊杵尊가 하늘에서 내려와 오늘날의 규슈 다카치호高千穂 지역에 궁궐을 지었고 이것이 천황제의 뿌리였다. 이후 기원전 711년에 태어난 니니기노의 증손자 진무神武가 기원전 660년 최초의 천황이 되었고 그는 기원전 585년까지 살았다고 전해진다.

천황제는 국가의 기원부터 존속해온 제도로, 일본의 정체성을 이루는 매우 중요한 기둥이다. 오늘날 천황의 권력은 제한적이긴 하지만, 예나 지금이나 상징성만큼은 막강하다. 일본을 유럽식 근대 국가로 만들겠다고 다짐한 메이지 정부는 천황 중심 제국을 만들기 위해 기원 신화를 적극 활용했다. 즉, 일본이라는 국가의 출발이 천황으로부터 시작되었기 때문에 이를 계승한 메이지 천황의 상징성은 그만큼 강력한 명분을 획득할 수 있었다. 나아가 그러한 상징성의 활용은 이전 권력이라 할 수 있는 도쿠가와 막부의 정통성을 격하하는 데 유용했다. 천황을 중심으로 삼았던 메이지 정부는 1945년 패전으로 막을 내렸고, 새로 들어선 민주 국가에서 천황의 위상은 사뭇 약해졌지만 천황이 갖는 상징성은 여전히 남아 있고, 저변에 깊이 깔려 사회 전반에 은근하고도 뿌리깊은 영향을 미치고 있다.

미국에는 신화랄 것까지는 없지만 강력한 건국 서사가 있다. 국가의 기원과 관련한 서사는 역대 수많은 정치인들의 연설을 통해 널리 알려져왔고 미국의 대표적 명절이라 할 수 있는 추수감사절을 통해 전승되어오고 있다. 자유와 기회를 원했던 영국인과 유럽인들이 자신들이 살던 대륙을 떠나 새로운 땅을 찾아 개척했다는 것이 미국 건국 서사의 출발이다. 이들 가운데는 억압을 피해 종교의 자유를 찾으려는 사람도 있었고, 삶의 근거지를 새롭게 마련하려는 사람도 있었다. 이들은 새로운 대륙을 개척하면서 선주민을 약탈하고 노예 제도를 도입했다. 하지만 건국 서사를 언급하는 이들의 연설과 전승 문화 속에서 이런 부정적인 면은 대부분 가려지거나 없던 일처럼 취급되기 일쑤다. 이 서사 안에서 개척자들이 추구했던 자유는 미국 민주주의의 기원을 설명하기 위한 명분으로 활용된다. 자유를 보장하고 민주주의를 이루기 위해 반드시 거쳐야 하는 과정이 있었으니 바로 혁명이었다. 혁명에 성공하여 마침내 새로 만든 나라의 핵심은 다음과 같은 에이브러햄 링컨 대통령의 메시지였다.

"인류 최후 최선의 희망."the last best hope of earth.

이는 곧 강력한 애국주의의 핵심으로 부상했다. 나아가 건국 서사에 담긴, 건국의 가치가 마치 어느 곳에서나 통하는 보편성을 가지고 있는 것처럼도 여겨졌다. 그러나 20세기 말에 이르러, 미국이 그토록 자랑스러워하는 건국의 가치는, 대외적으로 제국주의 행위의 명분으로 활용되었다는 비판에 직면하기도 했다.

그런데, 일본의 국가 기원 신화와 미국의 건국 서사는 나라와 윌리엄즈버그와 각각 어떻게 연결이 가능한 걸까. 일본 국가 기원 신화에는 나라가 없다. 최초의 천황 진무의 무덤은 나라에서 남쪽으로 더 내려간, 오늘날 가시하라橿原 신궁 근처에 있다. 이후 전설적인 존재로 기록된 천황이나 역사적으로 확인이 가능한 천황들의 무덤들도 나라 인근에 있을 뿐이다. 일본 국가의 근간을 이루었다고 할 만한 시점에도 나라는 거의 언급되지 않는다. 불교 문화가 처음 일본으로 들어와 발달한 곳은 아스카 지역이며, 일본의 국가 형성을 촉진한 쇼토쿠 태자聖徳太子, 574~622가 활약한 것도, 645년 일본 고대 정치 사상의 대개혁이자 당나라 행정 구조를 모방한 다이카 개신大化の改新이 공표된 것도 역시 나라 이전의 일이었다. 그런데 메이지 정부는 나라를 어떻게 기원 신화와 연관 지어, 상징성을 부여했을까.

오늘날 아스카 지역을 가보면 조금 이해가 된다. 이곳에 가면 여러 문화유산을 비롯해 불교 문화와 관련한 유적을 많이 접할 수는 있지만, 대체로 넓은 지역에 분산이 되어 편리하게 접근하기가 어렵다. 또한 눈에 띌 정도의 사찰이 많이 없는 데다 천황들의 무덤은 일본 궁내청의 엄격한 관리로 일반에 공개하기 어렵다. 교토의 오래된 궁궐이나 별장 등이 사전 신청을 통해 관람할 수 있는 것과는 차이가 있다. 이런 조건은 아무래도 일본 고대사를 한눈에 보여주거나 전시하기에 적합하지 않다. 이른바 역사 테마파크를 만들기 어렵다는 의미다. 이에 비해 나라는 비교적 크지 않은 도시 안에 다양한 문화유산이 밀집되어 있어 누구나 쉽게 곳곳을 둘러볼 수 있다. 바로 이런 점에서 나라의 활용 가치가 빛을 발했다. 굳이 비교하자면 교토는 인구가 많고 산업이 발달한 대도시인 데다 나라보다 늦게 건설한 곳이라 도시의 위상이 사뭇 달랐다. 아울러 천황이 1천 년 이상 살긴 했지만,

상당 기간 권력을 장악한 것은 무사 계층이었으니 메이지 유신의 이데올로기와는 어울리지 않는 측면이 있었다. 말하자면 교토는 나라와는 다른 상징성을 갖고 있었던 셈이다.

단지 도시가 작고 문화유산이 밀집되어 있다는 단순한 이유만 있는 건 아니다. 나라가 일본 기원 신화를 효과적으로 전시하는, 역사 테마파크로서 적합한 또다른 이유가 있었다. 메이지 유신 이데올로기 주요 핵심 가운데 하나는 탈아입구脫亞入歐였다. 아시아를 벗어나 유럽으로 들어가겠다는 의미다. 메이지 정부에서 표방했던 친황제, 즉 천황 중심주의는 어쩌면 유럽 제국주의 이미지를 얻기 위한 도구였는지도 모른다. 메이지 정부는 19세기 후반 영국이나 프랑스 같은 유럽의 제국주의 국가를 선망했다.

이 무렵 영국과 프랑스는 유럽 문명의 기원인 그리스·로마 시대의 유물을 전시하는 박물관과 미술관을 통해 자신들의 국가 정체성을 강조하고 과시했다. 여기에 자국의 역사와 문화를 드러내는 온갖 예술품을 화려하게 전시했다. 나아가 도시 곳곳의 역사적 경관을 보존 복원하여 내놓는 데도 열심이었다. 당시 영국이나 프랑스 제국을 선망하거나 따르고 싶어하던 수많은 나라들마다 런던 영국박물관과 프랑스 루브르 박물관을 벤치마킹했고, 메이지 정부도 예외가 아니었다. 어떻게든 그와 비슷한 형태로 고대 문화유산의 전시 공간을 갖추기를 원했다. 즉, 이들에게 강한 근대 국가는 곧 제국을 의미했으며, 제국은 문화적인 힘도 갖춰야 하는 것이었다. 그것을 상징하는 것은 고대 문화유산의 보존과 전시였다. 이런 일련의 행위는 곧 고대 문명의 상징성을 이용해 제국주의를 정당화하는 것이었다.

그런데 여기에서 의아한 점이 눈에 띈다. 나라의 주요 사찰은 대개 중국과 한국에서 건너온 불교 문화의 유산이다. 나라 시대의 천황은 도시 계획부터 한자까지 당나라의 문화와 문물을 폭넓게 받아들였다. 즉, 일본의 자생적인 문화유산이라기보다 외부에서 유입된 것들이 대부분이라는 의미다. 그런데도 메이지 정부가 일본이라는 국가 정체성을 드러내는 도시로 나라를 부각시킨 이유는 뭘까. 일본 역사상 외국의 문물을 적극적으로 받아들인 시대가 언제인지를 알면 답이 나온다. 바로 나라 시대와 메이지 시대였다. 이러한 사실은 얼핏 보기에는 천황제를 중심으로 하는 국가 기원 신화와 충돌하는 것처럼 여겨지지만 그게 그렇지가 않다. 메이지 정부가 이루려 했던 근대 국가 이데올로기를 떠올려보면 이해가 쉽다.

나라 시대의 서사는 천황을 중심으로 국가를 정비하면서 새롭고 강한 국가를 만들기 위해 자국보다 커다란 문명인 중국의 문물을 받아들였다. 그렇게 흡수한 중국 문명은 일본에 맞게 새로운 방식으로 발전했다. 게다가 폐불훼석 대란 이후 안정을 되찾은 뒤 나라의 주요 사찰은, 메이지 정부가 보기에 중국에서 건너온 불교 문화의 산물이 아닌, 천황의 권력이 강력했던 시대의 상징은 물론 코즈모폴리턴 시대의 상징이었다. 즉 메이지 정부의 눈으로 볼 때 나라는 일본의 국가 기원 신화를 강화할 뿐만 아니라 메이지라는 근대 국가의 이데올로기도 드러낼 수 있는 곳이었다.

미국 건국 서사의 가장 강한 상징은 종교의 자유를 찾아 1620년 메이플라워 호를 타고 미 대륙으로 건너온 청교도들이다. 그뒤를 이어 17세기부터 18세기 초에 이르기까지, 버지니아와 플리머스를 시작으로 북미 동해안을 따라 13개의 영국 식민지가 속속 건설되었다. 오늘날 이 지역들을 가보면 이런 서사를 드러내는 역사적 경관들이 잘 보존, 전시되어 있다.

처음부터 그랬던 건 아니다. 독립혁명 이후 미국 건국 직후만 해도 이런 역사적 경관을 보존해야 한다는 의식은 물론 관심조차 가진 곳들이 거의 없었다. 관심을 갖기 시작한 것은 1876년 건국 100주년 행사를 앞둔 때였다. 그리고 얼마 지나지 않은 19세기 말 영국발 산업혁명으로 인한 개발의 압력이 거세지면서 보존에 대한 관심이 점차 확산되었다.

마침 그때, 누군가 짜맞추기라도 한 것처럼 윌리엄즈버그의 오래된 성당 복원이 시작되었다. 버지니아 주의 주도 자리를 리치몬드에 내준 뒤 별다른 반등의 계기를 갖지 못한 윌리엄즈버그는 1900년 무렵 눈에 띌 것 없는 작은 마을이었지만, 조금만 시간을 거슬러올라가 독립혁명을 막 시작할 무렵만 해도 버지니아의 주도였다. 식민지 시기를 끝내고 자유를 쟁취하고 민주주의를 이룩하려는 시대적 서사를 드러내기에 잘 어울리는 곳이었다. 자유와 독립을 숭고한 가치로 내세웠던 미국은 20세기를 관통하면서 강대국, 그리고 다시 초강대국으로 국제 무대에 존재감을 드러내는 것을 넘어 패권 국가로 나아가고 있었다. 미국 건국 서사의 주요 키워드인 자유와 민주주의는 초강대국이 장악한 패권의 이데올로기로 변질했다. 미국은 이를 감추지 않았고 오히려 '아메리카니즘' 이데올로기를 강화하고 드러내려 했다. 그런 면에서 윌리엄즈버그는 이용 가치가 매우 높은 도시였다. 그리고 이러한 의미 부여가 이 지역 보존 사업의 원동력이 되었다. 크게 놓고 보자면 일본의 메이지 정부가 나라를 통해 구축하려고 했던 바로 그 상징성의 부여가 미국 윌리엄즈버그에서도 동일하게 작동한 것이다.

한걸음 더 들어가면 더 보이는 것들, 애국주의는 역사를 어떻게 활용하는가, 그것은 어떻게 구현되는가

흥미로운 점은 더 있다. 미국 건국 서사 안에서 대외적으로 유럽 국가는 '낡은 국가'old country로 치부된다. 하지만 실상은 조금 달랐다. 미국은 여러 면에서 유럽을 지속적으로 벤치마킹했다. 예를 들어 박물관·미술관·도서관 등은 주로 영국과 프랑스를 따라 하고, 공교육과 대학 교육 과정은 주로 오늘날의 독일인 프로이센을 참조했다. 과학과 의료 분야 역시 유럽을 따라가기 위해 늘 애를 썼다. 겉으로는 낡았다고 무시하는 듯했으나 실상은 따라잡기에 바쁜 형국이었다. 그렇다 보니 유럽을 향한 미국의 감정은 매우 오랜 시간 우월감과 열등감 사이에서 널을 뛰었다.

1890년경 GDP가 가장 높은 나라로 부상하고, 제1차 세계대전이 끝난 1920년 명실상부 강대국으로 떠오른 뒤 가까스로 유럽에 대한 열등감을 떨친 미국은 이제 유럽을 노골적으로 무시하는 태도를 취했다. 이런 변화는 공교롭게도 윌리엄즈버그 보존 사업의 방향에도 영향을 미쳤다. 건물과 마을에 대한 순수한 애정에서 소박하게 출발했던 1900년대 초 굿윈 신부의 성당 복원 노력과는 달리 1920~30년대 존 D. 록펠러 주니어가 관심을 갖고 지원을 하면서 복원 사업은 전국적으로 알려지기 시작했다. 그러면서 마치 무슨 '국가적' 사업처럼 여겨지게 되었고 실제로 그렇게 되었다. 여기에 작동한 것이 건국 서사였다.

존 D. 록펠러 주니어는 무슨 까닭으로 윌리엄즈버그에 관심을 가진 걸까. 그는 그곳에 살지도 않았고, 특별한 인연이랄 것도 없었다. 1874년생인 그는 존 D. 록펠러의 외아들로, 성장하면서 부친의 사업을 이어받았고 주로 뉴욕에서 활동했다. 1911년 존 D. 록펠러가 설립한 석유 회사 스탠더드 오일이 43개 회사로 분산되자 록펠러 집안은 박애 사업에 몰두했다. 존 D. 록펠러 주니어가 성장하고 성인으로서 활동할 무렵 미국은 강대국으로 세계의 패권을 손에 쥐기 시작했다. 그런 조국에 대한 자부심과 애국주의로 충만했던 그는 제1차 세계대전 이후 국제연맹을 지원하면서 자연스럽게 미국 부유층에서도 '국제파'에 속하게 되었고, 1920년대부터는 해외 박애 사업에도 지원을 시작했다. 1923년 프랑스 여행 중 우연히 훼손된 문화유산을 접한 뒤 이를 안타깝게 여겨 베르사유 궁과 랭스 대성당의 복원과 보수를 위한 지원금을 보낸 것을 계기로 문화유산과 역사적 경관 보존에 대한 관심을 갖게 되었고, 마침 그 무렵 굿윈 신부를 만나 윌리엄즈버그의 오래된 성당의 복원 사업과 인연이 닿았다.

그의 문화유산 보존 및 복원 지원은 얼핏 대자산가의 특별한 과외 활동으로 여길 수도 있다. 하지만, 프랑스의 오래된 궁전과 대성당 수리에 지원금을 보내면서 개인적으로는 미국에도 그런 문화유산을 만들어두고 싶다는 마음을 품었던 것일 수도 있다. 게다가 미국 건국 시기의 모습을 간직한 윌리엄즈버그의 보존 및 복원 사업에 지원하는 것이니 더더욱 그의 지향과 잘 맞는 일이었다고도 볼 수 있지 않을까.

일본 나라의 보존 및 복원은 크게 사찰을 보존하고 나라 공원을 조성하는 방식으로 진행되었다. 1871년 착수한 나라 보존의 첫걸음은 폐불훼석 대란으로 인한 문화재 파괴 현황 조사로부터 시작했다. 앞에서 이야기한, 메이지 유신 직후 단행된 폐불훼석 대란으로 대규모 사찰이었던 고후쿠지興福寺의 담장이 사라지고 부속 건물들은 대부분 남아나질 못했을 만큼 피해는 심각했다. 현황 조사를 통해 파괴의 범위와 실상을 파악한 뒤 1874년 폐불훼석을 저지한 뒤, 1888년에는 천황실 안에 미술공예품의 보존과 관리를 담당하는 부서를 설립했다. 일본 미술사에 큰 영향을 미친 오카쿠라 덴신岡倉天心, 1863~1913 본명은 오카쿠라 가쿠조岡倉覚三과 어니스트 페

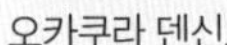

오카쿠라 덴신.

어니스트 페놀로사.

세키노 다다시.

굿윈 신부와 존 D. 록펠러 주니어.

도시를 통해 '우리'를 만들기 위해 발벗고 나선 사람들, 그들에게 선택된 유산들

일본 메이지 정부는 서구 문명을 적극적으로 받아들임으로써 근대 국가로의 도약을 꿈꿨다. 그들은 나라를 통해 다른 문화를 받아들였던 경험을 환기하고 새로운 문명을 전시하길 바랐다. 이를 위해 때로 전통 건물을 복원하기도 하고, 유럽식 건물로 박물관을 지어 방문객들이 보존된 문화유산을 가까이에서 볼 수 있게 했다.

미국 윌리엄즈버그에서는 복원을 통해 훼손이나 철거를 막고 싶어 했지만 한편으로 후대 사람들이 아름다웠던 18세기의 모습을 느끼기를 희망했다. 유럽에서 메이플라워 호를 타고 자유를 찾아 떠나온 그때 그 시절을 기억하길 원했다. 모든 복원의 기준점은 당연히 18세기여야 했다.

19세기 이탈리아 사진작가 아돌프 파사리가 촬영한 나라 공원의 사슴. 메이지 정부는 가스가타이샤가 모셨다는, 사슴을 타고 나라에 온 신에 대한 전설을 활용하여 나라 공원에 사슴을 풀어놓았다.

『니혼쇼키』 사본 일부.

1644년 최초의 『고지키』 목판본 일부. 고쿠가쿠인 대학.

1941년경 제작한 윌리엄즈버그의 브루톤 성공회 성당(왼쪽)과 의사당 전경을 담은 엽서.

1770년대 중반 윌리엄즈버그의 브루톤 성공회 성당을 그린 그림.

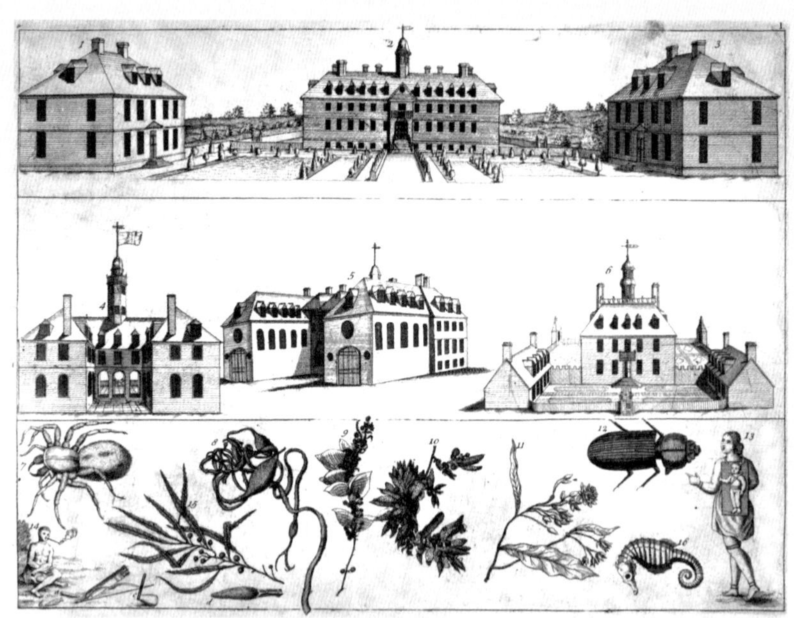

18세기 중반 윌리엄즈버그의 주요 건축물들. 20세기 복원 당시 참고 자료 가운데 하나다.

1859년경 윌리엄즈버그의 윌리엄앤드메리대학의 렌 빌딩.

놀로사Ernest Francisco Fenollosa, 1853~1908가 이곳에서 일했다. 초기까지만 해도 건축물은 그 대상이 아니었다. 1897년에 이르러서야 사찰과 신사를 보호하는 '고사사古社寺 보존법'을 도입했다. 이 법은 오늘날 일본 문화재 보호법의 뿌리로 여겨지고 있다. 미국 보스턴 출신으로 1878년부터 1886년까지 도쿄제국대학 철학 교수로 있던 어니스트 페놀로사는 오카쿠라 덴신과 함께 오늘날 도쿄예술대학의 전신인 도쿄미술학교 설립에 참여하다가 1890년 고향으로 돌아갔다. 일본의 문화유산 보존에 기여하기도 했으나, 자신이 수집한 문화재를 미국으로 가져간 것을 두고 훗날 비판을 받기도 한 인물이다.

1872년 도쿄 간에이지寬永寺 부지에 우에노 공원이 조성되면서 일본의 첫 번째 근대식 박물관이 들어섰다. 이를 시발점으로 공원에서 문화유산을 전시하는 개념이 점차 확산되었다. 그러고 얼마 지나지 않은 1880년대 무렵 나라에서도 고후쿠지 부지를 공원으로 조성하기 시작했고, 1889년에는 도다이지와 가스가타이샤를 편입하여 오늘날의 나라 공원이 완성되었다. 같은 해 천황실은 가타야마 도쿠마片山東熊, 1854~1917의 설계로 나라 공원 안에 제국나라박물관을 세우기로 하고 곧 공사에 착수, 1895년 개관했다. 현재 국립 나라박물관이다. 일본의 두 번째 박물관으로, 심지어 제국교토박물관보다 2년 먼저 개관을 한 것이다. 나라 공원의 주요 위치에 들어선 제국나라박물관은 주변과 전혀 어울리지 않는 프랑스식 건물로 지어졌다. 불교와 불교 미술품에 어울리지 않는, 서양식 박물관 같은 건물을 세운 것은 다분히 의도적이었다. 나라 공원과 이곳의 문화유산을 근대국가의 서사에 포함시키려는 것이 메이지 정부의 의도였으며 프랑스식 건물은 이런 지배자의 의도를 상징적으로 담아냈다.

한편 박물관 부속 기관 불교미술자료연구센터는 1902년 지어진 나라 현 물산진열소 건물 안에 두었는데, 이 건물은 박물관과는 전혀 다른 일본 고대 건축에서 가져온 모티프와 서양 건축의 혼합 양식으로 지어졌다. 세키노 다다시關野貞, 1868~1935가 설계한 건물로, 그가 설계한 두 개의 건물 중 유일하게 남아 있는 것이기도 하다. 세키노 다다시는 문화재 보존 분야에서 크게 활약했던 인물로 나라의 문화재 조사에서도 중요한 역할을 맡았다. 훗날 조선의 문화재 조사를 맡기도 했던 그는 모두 15권으로 이루어진 자료집 『조선고적도보』朝鮮古蹟図譜를 1916년부터 1935년까지 단계적으로 출간해서 유명세를 더 얻기도 했다.

20세기에 들어서면서 나라는 마치 도시 전체가 강력한 천황제 시대의 역사를 보여주는 전시장이 된 듯했다. 나라 공원을 걷고 사찰을 구경하던 사람들은 자연스럽게 유럽식 건물로 들어가 그 안에 보존된 문화유산을 가까이에서 볼 수 있었다. 찾는 사람이 많아지면서 나라 공원 바로 옆에는 나라 호텔과 에도산 료칸 같은 숙박 시설도 들어섰고, 1890년과 1914년에는 기차역도 신설되었다. 관광객들은 더 쉽게 이곳을 찾을 수 있게 되었고, 메이지 정부는 자국의 고대사를 미화하는 한편으로 건축물을 통해 메이지 정부의 근대화 정신을 드러냄으로써 고대와 현재의 위대함을 강조하는 공간으로 도시 전체를 마음껏 활용했다.

고대 문화 전시장으로서의 상징성은 계속 추가되었다. 메이지 정부는 가스가타이샤가 모셨다는, 사슴을 타고 나라에 온 신에 대한 전설을 활용하여 나라 공원에 사슴을 풀어놓았다. 오늘날 공원을 찾는 사람들이 건네는 먹을 것을 흔연히 받아먹는 사슴은 원래 신에 대한 전설을 환기하는 상징물이었다. 하지만 제2차 세계대전 이후 고대사의 상징성을 축소하고, 신토의 영향을 약화시키려는 기조의 변화에 따라 오늘날 사슴은 신의 상징이라기보다 천연기념물로 보호 받는 대상으로 그 위상이 달라져 있다.

그렇다고 해서 나라가 갖는 상징성이 줄어든 것은 아니다. 여전히 일본 안에서 나라는 아테네나 로마처럼 위대한 고대 문화의 전시장이라는 서사적 장치로 유효하다. 제2차 세계대전 이후 중산층이 늘어나고 학생들의 수학여행이 보편화하면서 나라는 교토와 함께 나란히 인기 많은 곳으로 꼽혔으며, 나라 공원 안의 고후쿠지·도다이지·가스가타이샤는 나라를 찾는 이들에게 여전히 필수 코스로 알려져 있다.

교토에서와 마찬가지로 에도 시대 수많은 순례자가 나라를 찾았고, 오늘날의 나라 공원 인근으로 상인들이 중심이 된 마을이 형성되었다. 순례자들의 숙박 시설이 늘어나면서 인접 지역 상업의 중심지가 되기도 했다. 나라마치라고 부르는 이 근방은 그러니까 어디까지나 에도 시대의 산물이다. 오래된 상가 건물은, 이전에 지어진 것들도 있긴 하지만, 대부분 19세기에 지어졌다. 나라를 통해 부각하려 했던 고대 문화 서사와 직접적인 관련이 없다는 이유로 꽤 오랜 시간 이 일대는 나라 보존 사업의 대상에서 눈길을 끌지 못했고, 중요도에서도 외면 받기 일쑤였다.

1970년대로 접어들면서 전국적으로 개발의 압력이 커지자 역사적 경관이 점차 훼손될 위기에 처하게 되었다. 그 무렵 비슷한 문제로 고민하고 있던 교토와 더불어 일본 전역의 오래된 도시 안의 역사적 경관 보존에 대한 관심이 확산되었다. 이미 1960년대 미국과 유럽을 중심으로 역사적 경관의 보존이 사회적 이슈로 떠오르기도 했던 터라 일본도 자연스럽게 그 영향을 받았다고 할 수 있다. 오랜 시간 외면 받던 나라마치 역시 보존 대상으로 떠오르기 시작했다.

주목할 부분이 있다면, 나라마치의 보존이 전문가나 관료의 판단이 아닌 시민들의 요구로부터 시작했다는 점이다. 1984년 나라 시민들은 (사)나라마치 마을 만들기 센터를 설립, 시와의 협력을 통해 보존과 도시재생 활동을 추진했다. 1990년 나라 시는 경관 관리에 대한 조례를 제정하고, 2014년에는 대상 지역을 확대했다. 그 결실 가운데 하나가 나라시역사보존관이다. 오래된 상가 주택 한 채를 복원한 뒤 시에서 운영하고 있는데, 나라에 살던 평범한 사람들의 다양한 자료를 보존하고, 그들의 역사를 전시하기도 한다. 여기에 그치지 않고 주변의 상가 주택들을 적극적으로 활용해 카페, 갤러리, 라이프 스타일 편집매장으로 재탄생시키고 있다. 어디에서나 고질적인 상업 젠트리피케이션이 우려스럽긴 하지만 이미 인구가 줄어들고 있던 상황이라 부정적인 측면보다는 쇠퇴하고 쇠락하는 지역의 도시 재생을 촉진하는 긍정적인 효과가 크다고 할 수 있다.

오래된 옛것의 전시장으로 알려지긴 했지만 그렇다고 나라가 옛것만 있는 도시는 아니다. 20세기 말에 사라진 문화유산을 재건축하는 사업도 활발하게 진행 중이다. 이는 일본이 경제대국으로 급부상한 것을 상징하는 동시에 일본인의 정체성을 강조하며 나라의 위상을 드러내려는 의지의 표현으로 볼 수 있다. 나라 시대의 수도였던 헤이조쿄의 헤이조궁平城宮 유적지 발굴 및 복원 사업도 그 한 예이다. 1889년 세키노 다다시가 위치를 발견한 뒤 20세기 전반에 걸쳐 발굴 사업이 이루어졌다. 1952년 대상 지역을 확대하면서 세키노가 추정한 위치가 정확하지 않다는 게 밝혀지기도 했지만, 국가 차원에서 대규모 발굴을 진행하면서 1970년 말에는 일부 건물을 재건축하는 동시에 구역 정비 계획을 도입, 사업을 이어갔다. 1998년에는 궁궐 가장 남쪽에 있는 주작문朱雀門과 동원東院 정원을, 2010년에는 궁궐의 핵심인 대극전大極殿을, 2022년에는 대극문大極門을 복원했다.

복원은 궁궐에만 국한된 게 아니었다. 나라 공원 입구 고후쿠지의 중금당中金堂도 2018년 나라 시대 모습으로 재건축되었다. 1717년 화재로 불에 탄 것을 1819년 주민들이 힘을 모아 작은 규모인 가당仮堂으로나마 복원을 했으나 원래 모습으로 복원하기를 바라는 염원이 이어져 2000년대 노후된 가당을 철거한 뒤 복원 사업을 시작했다.

헤이조궁과 중금당 복원 및 재건축의 배경은 서로 다르지만, 두 곳 모두 위대한 시대로 여기고 있는 나라 시대 모습을 복원했다는 공통점은 분명하다. 이처럼 새로 지은 건물들의 경우 대개 말끔하고 화려한 경우가 많은데, 이를 두고 오래된 건물과 분위기가 다르다는 비판이 제기되기도 한다. 하지만 새로 지은 건물과 오래된 건물의 차이를 꼭 충돌한다고 여겨야 할까. 그 자체로 역사의 또다른 층을 드러내는 게 아닐까. 있는 그대로의 여건을 받아들이고, 역사 테마파크로서의 의미를 부여하되 이를 통해 진정성을 강조하는 편이 훨씬 나은 선택은 아닐까. 문화재 복원의 현장에서 단골로 등장하는 옛것과 새것의 차이를 둘러싼 논쟁은 이제 더이상 보고 싶지가 않다. 그러느라 정작 더 중요한 걸 놓치고 있는 게 아닌가, 하는 생각이 들어서다.

애국심 고취를 위해 테마파크가 된 도시들, 오늘날 우리에게 애국주의란 무엇인가를 되묻다

윌리엄즈버그의 보존 및 복원은 처음에는 훼손 및 철거에 대한 우려로부터 출발했다. 그렇지만 아무런 의도가 없었다고 보기는 어렵다. 애초에 윌리엄즈버그 보존 및 복원의 필요성을 대내외적으로 알린 굿윈 신부 역시 비록 소박하게 시작하긴 했으나 그에게도 의도는 없지 않았다. 굿윈 신부 역시 이 지역의 18세기 모습을 그대로 되살려냄으로써 후대 사람들이 그 시대를 느낄 수 있기를 바랐다. 이를 통해 미국의 건국 시대에 대한 이해를 높일 수 있을 거라 여겼다.

굿윈을 포함해 당시 많은 사람들은 산업혁명·도시화·이민자의 급증으로 인해 미국 사회가 많은 변화를 겪고 있으며, 민주주의 정신 또한 약해졌다고 판단했다. 이들은 18세기 미국을 제대로 경험하게 해줄 필요가 있다고 여겼고, 보존 및 복원의 대상은 다른 시대가 섞이지 않은 온전히 18세기에 집중해야 한다고 생각했다. 미국 건국 서사를 되살려 이른바 황금 시대 전시장으로 만들겠다는 의도도 뚜렷했다. 따라서 여기에 19세기 건물이 섞이는 건 안 될 말이었다. 극단적으로는 윌리엄즈버그 전체를 18세기 버지니아 주도 시절의 영화 세트장처럼 만들 필요가 있었다. 존 D. 록펠러 주니어 역시 당시 미국 사회의 변화를 걱정하는 이들 가운데 한 사람이었고, 게다가 부친의 사업이 산업혁명을 촉진시켜 옛것이 사라지는 데 일조했다는 부채감을 갖기도 했다. 그는 그에 대한 책임감으로 문화 사업을 중심으로 한 박애 활동에 열중했으며, 프랑스 베르사유 궁 복원과 보수에 지원금을 보낸 경험을 통해 윌리엄즈버그를 아름답고 말끔한, 18세기 테마파크 이미지로 만들어야 한다는 의지가 강했다. 미국 민속미술로부터 현대미술까지 관심이 많았던 그의 부인 애비 올드리치 록펠러 역시 이 사업에 관심이 많았으며, 누구 못지 않게 '아름다운' 윌리엄즈버그를 꿈꾸었다.

이런 꿈과 의도를 가진 이들이 주축이 되었으니 윌리엄즈 '보존 및 복원' 사업은 19세기 건물의 철거와 18세기 건물에서 이후 증축된 부분을 떼어내는 것이 우선순위였다. 문제는 당시 남아 있는 건물 대다수가 19세

복원, 복구, 신축 등을 통해 오늘날 우리에게 남은 이 도시의 기억

복원의 대상으로 선정된 역사적 경관들에 대해 '그때'는 논란도 많았다. 그러나 이미 그때로부터 오랜 시간이 지난 오늘날에는 그 자체가 새로운 역사가 되어 보존해야 할 대상으로 거듭났다. 그러나 이 모습을 지키려 했던 이들이 바라던 대로, 여전히 역사 테마파크로서, '자랑스러운' 옛날을 기억하고 견고한 '우리'를 만들고 있는지는 모를 일이다.

고후쿠지의 중금당.
(출처. Nagoya taro, CC BY-SA 4.0, 위키미디어 경유)

나라 호텔.

나라 공원의 국립 나라박물관.

헤이조궁.
(출처. Tsuyoshi chiba, CC BY-SA 4.0, 위키미디어 경유)

나라 공원 안의 나라물산진열소.

도다이지.
(출처. 663highland, CC BY-SA 2.5, 위키미디어 경유)

브루톤 성공회 성당.
(출처. Michael Kotrady, CC BY-SA 3.0, 위키미디어 경유)

식민지 의회 의사당.
(출처. Martin Kraft, CC BY-SA 3.0, 위키미디어 경유)

윌리엄앤드메리대학의 렌 빌딩.
(출처. MiguelYerena, CC BY-SA 4.0, 위키미디어 경유)

기에 지어진 것이고, 정작 18세기 모습을 간직한 건물이 얼마 없다는 점이었다. 윌리엄즈버그의 18세기 모습을 되살리기 위해서 아이러니하게도 살려둘 만한 건물이 별로 없었다. 19세기 건물들을 대부분 철거한 뒤 그나마 남아 있는 건물들도 신축에 가깝게 다시 지어야 했다. 보존 및 복원을 위해 있던 걸 없애고 원하는 모습으로 새로 지어야 하는 형국이 된 셈이다. 이런 모순에도 불구하고 방향을 바꿀 리 없었다. 오늘날 보존 및 복원에서 중요하게 여기는 진정성의 원칙과는 거리가 멀었지만 그 당시만 해도 진정성보다는 '그때 그 시절'로 보존 및 복원하는 열정이 무엇보다 중요한 가치로 여겨졌다. 1920년대 말 본격적으로 시작한 보존 및 복원 사업은 1930년대 가장 활발하게 진행되었다.

윌리엄즈버그를 18세기 모습으로 보존 및 복원하기 위해 관계자들은 영국으로 건너가 옛 자료를 열심히 찾았고, 이를 참고해 공사를 진행했다. 오늘날이야 이런 과정이 당연하지만 그때만 해도 연구 및 조사를 통해 보존 및 복원을 진행하는 일은 일반적이지 않았다. 그저 주변에 있는 건물을 참고하거나 심지어는 목수의 개인적인 의견과 즉흥적인 판단으로 공사가 이루어지는 경우도 많았다. 그런 면에서 보자면 대상 건물 관련 사항은 물론 역사적인 자료 조사 등을 통해 정확한 보존 및 복원을 추구했던 윌리엄즈버그의 시도는 높이 살 만한 것으로 이는 훗날에도 유의미한 사례로 남았다.

그렇다고 해서 완벽한 보존 및 복원이 이루어졌다고 할 수는 없었다. 관련 기록이 아예 없는 경우도 많았고, 남아 있는 건물을 최대한 활용하려고 했으나 적합하지 않아 포기해야 하는 경우도 있었다. 식민지 시기 지어진 의사당Capitol도 그런 예 가운데 하나다. 최초의 의사당이 1747년

불에 탄 뒤 1753년 두 번째 의사당이 완공되었다. 1780년 주도의 이전 이후 이 건물은 다양한 목적으로 사용되다가 1832년 화재로 전소했다. 오랜 시간이 흐른 뒤인 1930년대 윌리엄즈버그 보존 및 복원 사업 대상 건물의 하나로 선정되어 남아 있는 옛 기록을 참고하여 다시 지어지긴 했지만, 결과는 썩 좋지 않았다. 18세기 건축 양식과 다른 부분에 대한 지적이 이어졌고, 지나치게 너무 말끔하다는 비판도 제기되었다. 하지만 이미 복원이 된 지 거의 90여 년의 시간이 흐른 뒤인 오늘날에는 느낌이 사뭇 다르다. 말끔했다는 그 건물에도 세월이 쌓여 제법 고색창연한 옛날 건물의 분위기가 물씬 담겨 있고, 오늘날 복원할 때 중요하게 여기는 진정성이라고 하는 것이 조금은 배어 있는 것처럼도 보인다.

윌리엄즈버그 보존 및 복원에서 진정성을 따지자면 정작 더 근본적인 문제가 있다. 18세기 윌리엄즈버그에 살던 사람들의 절반은 흑인 노예였다. 백인들 역시 부유층보다는 가난한 노동자들이 더 많았다. 북부 보스턴이나 뉴욕 또는 필라델피아와 달리 중산층 상인 계급이 거의 없었다. 버지니아의 주도로서 정부 기관도 있고 대학도 있었으니 부유층이 물론 모여 살긴 했지만, 그들의 풍요로운 생활을 지원하는 노예와 노동자들이 훨씬 더 많았다. 부유층들 역시 사업이나 무역 종사자들보다는 대규모 농장주들이 대부분이었다.

굿윈 신부와 존 D. 록펠러 주니어가 꿈꿨던 윌리엄즈버그의 모습은 그게 아니었다. 노예와 노동자들은 배제한, 부유층들이 모여 사는 '아름다운' 마을이었다. 의도적이고 직접적이며 노골적인 인종차별이라고 할 수는 없지만, 그렇다고 인종차별이 아닌 것도 아니다. 그 당시 미국 사회를 지배하던, 무의식적이고 구조적인 인종차별 의식이 철저히 반영된 결과였다. 굿윈 신부와 존 D. 록펠러 주니어 말고도 복원 사업을 지원한 이들 가운데는 '아메리카 연합국의 딸'United Daughters of the Confederacy 같은 단체도 포함되었다. 이들은 남북전쟁 이후 결성된 남부 군인들의 여성 후손 단체로, 말하자면 부유층 백인들이 모인 단체였다. 윌리엄즈버그 보존 및 복원 사업은 출발선부터 부르주아적 성격을 지니고 있던 셈이다.

1970년대 들어서면서 자구책이 마련되기도 했다. 도시를 설명하는 전시 및 해설 등에 노예와 흑인의 역사가 제대로 다루어지지 않고 있음을 인정했고, 이를 위한 보완에 나선 것이다. 노예와 흑인의 역사 이외에도 여성 · 선주민 · 이민자의 역사까지도 포함하여 미국 사회를 구성하는 다양함을 반영하기 위해 노력했다. 하지만, 주로 영국에서 바다를 건너와 선주민들의 땅을 점령했으며, 아프리카 출신 노예들을 부렸던 정착민 식민지주의가 윌리엄즈버그라는 도시 공간에 배어 있다 보니 그러한 노력의 성실함 또는 진실성을 있는 그대로 받아들이기에는 한계가 있다.

이런 한계에도 불구하고, 2010년 이후 전 세계적으로 민주주의가 후퇴하고 있고, 미국 안에서도 오늘날의 민주주의가 건강하지 않다는 논의가 이루어지고 있는 현실 속에서 미국 독립혁명 시대를 상징하고 이를 전시하고 있는 윌리엄즈버그의 의미는 쉽사리 축소되거나 사라질 것 같지는 않아보인다.

나라와 윌리엄즈버그의 복원 과정을 되짚어보면 수도, 국가, 테마파크라는 세 가지 키워드가 떠오른다. 두 도시 모두 수도가 된 뒤 번영의 시대로 진입했다. 천황이 바뀔 때마다 궁궐을 옮기던 시대를 지나 710년 일본 최초의 정도가 된 나라는 대륙의 문화와 문물을 적극적으로 받아들여

번영의 시기를 구가했다. 식민지 버지니아 주의 주도로서 윌리엄즈버그 역시 크게 발전했고, 본국인 영국과 치열한 갈등이 전개되던 시기 매우 중요한 도시로 부상했다. 이후 정치 권력을 쥔 지배 세력들이 떠난 뒤 쇠퇴하기 시작했으나 나라에는 주요 사찰과 신사들이, 윌리엄즈버그에는 대학이 남아 있어 그 명맥을 유지할 수 있었고, 19세기 후반 각각 국가 기원 신화와 건국 서사의 상징이 필요한 이들의 정치적 목적을 위해 호출되면서 다시 한 번 관심을 받기에 이른다.

메이지 정부는 유럽의 제국처럼 천황을 국가의 상징으로 활용하기 위해, 천황의 권력이 강했던 나라 시대를 황금기로 의미를 부여하고 이를 전면에 내세우려 했다. 19세기 말 산업혁명·도시화·이민자 급증 등으로 급격하게 변화하는 미국 사회를 지켜보던 이들은 미국 독립혁명 시대를 황금기로 의미를 부여하고, 이를 통해 아메리카니즘을 강화하기 위한 장치로 윌리엄즈버그를 소환했다.

이러한 국가 기원 신화와 건국 서사의 상징 효과를 극대화하기를 원했던 이들이 선택한 방식은 테마파크였다. 즉, 외부에서 이곳을 찾는 이들에게 황금기 문화유산을 효과적으로 전시하기 위해 도시 전체를 대중 관광 목적지로 조성한 것이다. 이런 목표에 동의한 국가·지자체·민간 단체·지역 상인들은 서로의 필요에 의해 적극적으로 협력함으로써 볼거리가 많은 관광지를 만드는 데 성공했고, 오늘날까지 이를 유지하고 있다. 두 도시 모두 각각 일본과 미국에서 '우리'를 이루거나 또는 강화하는 과정에서 재탄생한 셈이며, 이를 주도한 이들은 이곳을 찾는 이들로 하여금 강력한 애국심을 갖게 하려 했다.

그러나 오늘날 과연 이 도시들은 그런 의도에 적합한 역할을 하고 있을까. 일본은 제2차 세계대전의 패전으로, 미국은 정착민 식민주의에 대한 재해석으로 이 두 도시의 의미는 사뭇 달라졌다. 오늘날 이 도시들을 찾는 이들 가운데 이곳을 통해 '우리'가 되고 나아가 애국심을 '고취당하는' 이들이 과연 얼마나 될까. 그보다는 역사를 모티프로 삼은 '아름다운' 테마파크로서의 의미가 더 크지 않을까. 제2차 세계대전 이후 중산층 중심의 소비 사회로 변하면서 나라와 윌리엄즈버그에서 전시 중인 역사적 경관과 소통하는 것은, 누군가의 의도대로 흘러가는 대신, 어디까지나 소비자의 선택사항이 되었다. 어디를 가나 과잉 관광, 체험, 스토리텔링이 넘치는 이 시대에 나라와 윌리엄즈버그는 역설적으로 기능한다. 그렇게 보자면 애국심을 드러내거나 고취하기 위한 역사 보존 및 복원의 산물이었던 이 도시들은 누군가가 그렇게 강조하려 애쓴 애국주의가 대체 무엇인지를 묻고 다시 생각할 수 있는 전시장이 된 셈이다. 그런 그들에게 어쩌면 고맙다고 해야 하는 건 아닐까.

제3장 —— ‘나의 살던 고향’을 아름답게! 단, ‘우리’에게 아름다운 것만

_미국 찰스턴·뉴올리언스·샌안토니오

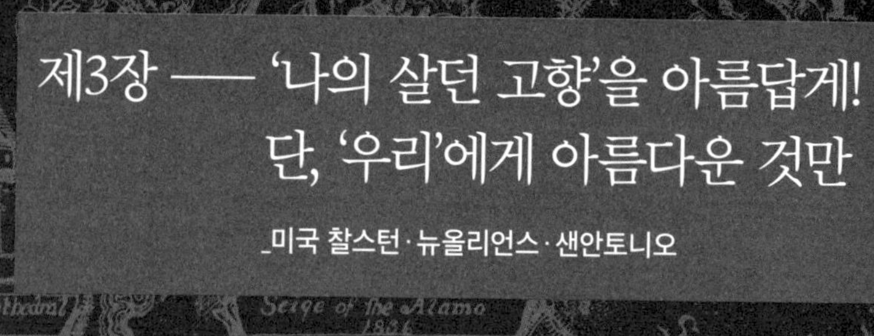

ARROYO MARTINEZ
San Pedro Springs
San Fernando Cathedral
1738
1824
Seige of the Alamo
1836
ARROYO
Moses Austin
1820
SALADO
SAN PEDRO
Conception 1731
Sam Houston
1833
RIO SAN ANTONIO
San José 1720
San Juan de Capistrano
1731
ARROYO SALADO
De La Espada 1730
THE VILLA
Together
including
de Valero,
years of its
Fathers and
Majesty,
momentous

애향심으로 똘똘 뭉쳐 만들어낸 도시 보존의 행위, 보이는 것과 보이지 않는 것 사이의 그 무엇

1989년 가을, 동독 전역으로 반정부 시위가 이어지더니 급기야 11월 9일 베를린 장벽이 무너졌다. 곧바로 독일의 통일 가능성이 회자되었고, 1년이 채 되지 않은 1990년 10월 3일, 마침내 분단 독일은 하나가 되었다. 45년 만의 일이었다. 한국은 제2차 세계대전으로 인한 유일한 분단국으로 남게 되었고, 한동안 한반도 통일에 관한 전망이 뜨겁게 다뤄지기도 했다.

독일 통일은 비교적 평화적으로 이루어졌다. 역사적으로 보면 매우 드문 사례다. 일반적으로는 전쟁을 치른 뒤 승자에게 유리한 조건으로 이루어진다. 미국 역시 그랬다. 1860년 말 미국 연방에서 이탈한 남부의 몇 개 주가 모여 1861년 아메리카 연합국을 세웠다. 이들의 독립을 인정하지 않았던 에이브러햄 링컨의 지휘 아래 남북전쟁이 벌어졌고, 1865년 그의 승리로 전쟁은 끝났고, 아메리카 연합국은 사라졌다. 그러나 전쟁이 끝난 뒤에도 그로 인한 상흔은 미국 사회에 지속적으로 영향을 미쳤다. 무력으로 통일을 이룬 결과였다.

남북전쟁은 미국 도시의 역사적 경관에도 영향을 미쳤다. 전쟁이 끝난 뒤 미국 북부는 공업화와 도시화가 빠르게 이루어졌다. 전쟁에서 패배한 남부는 그렇지 못했다. 북부와 남부의 경제적 격차는 갈수록 벌어졌다. 흑인에 대한 인종차별이 여전하고, 이민자에 대해 배타적이었던 남부의 사회적 발전은 더디기만 했다. 여러 이유가 작동했겠지만, 남부에 사는 거의 모든 이들은 미국 안에서 소외감을 느꼈다. 백인들은 백인들대로 전쟁에서 진 탓에 미국 사회의 주류를 차지하지 못했다는 분노가 내면에 자리를 잡았고, 흑인들은 제도적인 인종차별로 인한 억압을 받아야 했다. 지속되는 경제 침체와 깊은 소외감 속에서 남부에 사는 부유층 백인들 사이에는 미국에 대한 애국심보다 고향을 향한 애향심이 훨씬 더 강력하게 형성되었다. 그렇다 보니 20세기에 접어들면서 자신들이 터를 잡고 살아온 고향의 역사와 그런 역사의 흔적에 대한 깊은 관심이 생긴 것은 어쩌면 자연스러운 수순이었을지도 모르겠다.

사우스캐롤라이나 주 찰스턴, 루이지애나 주 뉴올리언스, 텍사스 주 샌안토니오는 그런 관심이 반영된 대표적인 사례다. 세 도시의 특징은 제각각이고, 역사적 경관 보존의 과정도 다르지만, 셋 다 이곳 사람들의 애향심에서 출발했다는 공통점이 있다. 애향심이라는 키워드로 이들 도시의 보존 행위를 들여다보면 대략 몇 가지의 일관된 방향을 발견할 수 있다.

> 첫째, 지역 역사의 상징으로 삼기 위해 주요 건물과 도시의 역사적 경관 보존을 위해 노력했다는 점.
> 둘째, 20세기 전반 자동차 보급으로 인해 변하는 도시 경관에 대한 반감과 우려로 19세기 모습을 그대로 유지하기 위해 노력했다는 점.
> 셋째, 보존 대상 지역에 새로운 인구와 산업의 유입을 유도함으로써 관광 산업을 촉진하기 위해 노력했다는 점.

결과적으로 이들 세 도시의 이런 노력은 미국에서 최초로 역사적 경관 보존을 위한 법적 토대를 마련하는 데 기여했고, 제2차 세계대전 이후 미국 전역으로 확산한 역사적 경관 보존 활동에도 큰 도움을 주었다.

미국 찰스턴 · 뉴올리언스 · 샌안토니오 살던 옛 주민들의 애향심, 그들이 선택한 '나의 살던 고향'은

사우스캐롤라이나 주 찰스턴은 1670년 버뮤다와 바베이도스에서 건너온 영국인들이 설립한 마을에서 출발, 1690년에는 영국 북미 식민지 가운데 다섯 번째 큰 마을로 꼽힐 정도로 성장하더니 18세기에 들어와서는 아프리카 노예 거래를 통해 부유한 도시가 되었다. 미국 아프리카 노예의 50퍼센트는 찰스턴을 통해 들어왔다는 말이 있을 정도였다. 미국 독립전쟁 당시 네 번째로 큰 도시이자 주요 항구 도시였기 때문에 전투가 벌어지기도 했다. 1783년 전쟁이 끝난 뒤에는 산업혁명이 가속화된 영국과 미국 뉴잉글랜드 지역에서 면의 수요가 급증, 항구를 통한 수출량이 크게 늘기도 했다. 이후 1861년의 남북전쟁 무렵까지 미국 도시 가운데 노예 인구가 50퍼센트를 차지하는 유일한 도시이기도 했던 찰스턴은 약 90여 개의 상류층 가문이 지배 권력을 차지하고 있었고, 이들은 거의 다 노예를 소유하고 있었다. 서민층인 백인과 노예가 아닌 '자유의 몸'을 가진 흑인 인구는 상대적으로 소수였다. 즉, 매우 엄격한 계급이 존재하는 도시였다.

남북전쟁의 패배로 기나긴 침체에 빠진 찰스턴은 1920년대 들어서면서 상류층 백인 가문의 후손들이 중심이 되어 역사적 경관 보존 활동을 시작했고, 이를 통한 관광 산업을 육성했다. 비교적 일찌감치 시작한 보존 활동을 통해 1980년대부터 역사적 경관 지역의 젠트리피케이션이 본격화되었고, 이로 인한 부동산 가격 상승으로 원래 이곳에 살던 흑인 인구는 줄어들고, 대신 다른 지역에서 온 부유한 백인 인구가 늘었다. 2020년 현재 찰스턴의 인구는 15만 명, 교외 지역까지 포함하면 약 80만 명에 이른다.

1872년 당시 사우스캐롤라이나 주 찰스턴 조감도. 미국 국회도서관.

PRESIDENT
KING
SOUTH CAROLINA RAIL ROAD
MEETING
NORTH EASTERN RAIL ROAD
TY OF
TON
REFERENCES
47 Centenary church
48 Grace Church
49 Catholic Church
50 Methodist
51 Globe St church
52 Porter's Church
53 German Catholic
54 Central Church
55 St Stephens Chapel
56 Catholic Chapel
57 Zion's Church
58 African M.E.
59 Bethel Church
60 Flynn's Church
61 St Luke's Church
62 St John's Chapel
63 St Paul Church
64 St Patrick's Church
65 Morris St Baptist
66 Chapel
67 Chapel
68 Citadel Square Baptist Church
69 Bethel Ch. (Colored)
Halls
70 South Carolina Hall
71 Hibernian Hall
72 German F.E. Hall
73 Market Hall
74 Military Hall
75 Masonic Hall
76 Odd Fellows Hall
77 Freundschafts Bund Hall
Rail Roads
78 South Carolina R.Rd
79 North Eastern R.Rd
80 Savannah R.Rd
Miscellaneous
81 Opera House
82 Chamber of Commerce
83 Board of Trade
84 Gas Works
Hebrew Orphan Asylum
Telegraphs
86 Western Union Telegraph Co
Southern & Atlantic Co
Hotels
87 Charleston Hotel
88 Mills House
89 Pavillion Hotel
90 Waverly House
CITY HALL
Entered according to Act of Congress in the year 1872, by
in the Office of the Librarian of Congress at Washington.

루이지애나 주 뉴올리언스는 프랑스령으로 1718년 설립되었다. 영국, 에스파냐, 포르투갈과 함께 아메리카 대륙을 침략한 제국 중 하나였던 프랑스는 오늘날 캐나다의 퀘벡 지역을 중심으로 오대호를 포함한 여러 강을 따라 세력을 확장했다. 미시시피 강의 입구에 위치, 전략적으로 중요했던 뉴올리언스는 프랑스의 지원, 그리고 아프리카와 카리브 제도에서 끌려온 노예로 인해 발전했다. 유럽의 7년 전쟁을 끝낸 파리조약으로 생긴지 얼마 지나지 않아 프랑스에서 곧 에스파냐로 넘어가긴 했지만 이미 세력이 쇠퇴한 에스파냐는 이 작은 마을에 신경을 쓸 여력이 거의 없었다. 그 덕분에 제국의 별다른 간섭 없이 뉴올리언스는 알아서 상업 도시로 계속 발전해 나갔다. 1800년 프랑스와 에스파냐의 협약 결과 다시 또 프랑스로 넘어갔지만, 1803년 나폴레옹이 미국에 프랑스의 북미 식민지를 매각함으로써 미국의 영토가 되었다.

이후 미국 다른 지역 상인들이 서서히 유입되었고, 1791년 노예 폭동에서 비롯한 독립전쟁을 피해 아이티를 떠나온 백인 상류층과 그들의 노예가 뉴올리언스에 정착했다. 뒤이어 진행된 미국의 서부 개척으로 뉴올리언스 인구는 급성장을 시작, 1840년에는 미국에서 세 번째로 큰 도시로 꼽히게 되었다. 남북전쟁으로 인한 피해는 다른 남부 도시에 비해 적은 편이긴 했지만, 전쟁이 끝난 뒤 19세기 말부터 북쪽을 중심으로 산업화와 이루어지고 철도와 도로망 역시 발전하면서 뉴올리언스는 점차 쇠퇴하기 시작했다.

역사적 경관 보존 활동을 시작한 것은 찰스턴과 마찬가지로 1920년대부터였다. 뉴올리언스에서 주목한 시대는 프랑스 식민지 시절이었다. 그 시대 경관을 보존하고 복원하면서 '이국적' 분위기를 적극적으로 활용함으로써 관광 산업을 육성했다. 하지만 여전히 인종차별이 심하기도 하고, 산업의 다양화 역시 이루어지기 어려운 도시 구조이기도 하다. 2005년 허리케인 카트리나로 인해 시가의 80퍼센트가 침수되면서 인구 급감을 겪기도 했다. 인종차별과 빈부 격차 문제 해결이 과제로 남아 있는 이 도시의 2020년 현재 인구는 카트리나 이전보다 10만 명이 여전히 더 적은 38만 3천 명 남짓이고, 외곽을 포함하면 127만 명으로 조금씩 회복세를 보이고 있긴 하다.

1718년 설립된 텍사스 주 샌안토니오는 프랑스와 영국이 아닌 에스파냐령으로 출발했다. 앞서 살펴본 찰스턴이나 뉴올리언스와 달리 샌안토니오는 내륙에 있는 데다 도시로서의 개발이 아닌 가톨릭 전파를 위한 전도소로 시작하긴 했지만, 새로운 땅에 지배국의 세력을 확장하기 위해 설립된 것은 마찬가지였다. 에스파냐는 정책적으로 카나리아 제도에서 이곳으로 사람들을 이주시켰고, 그로부터 점차 발전한 샌안토니오는 텍사스 지역의 주요 도시가 되었다.

19세기 초 나폴레옹으로 인해 에스파냐가 자주권을 상실하면서 멕시코의 독립운동이 가속화되었고, 1821년 마침내 멕시코가 독립하면서 샌안토니오로 이주해온 이들이 많아졌으며, 마침 서부 개척 중이던 미국에서도 이주자들이 유입되었다. 이로써 1830년대 무렵 샌안토니오는 에스파냐어와 영어가 공존하는 혼합도시가 되었는데, 미국 이주자들 가운데는 멕시코에서 벗어나려는 이들이 많았다. 결국 1835년 텍사스 독립 전쟁이 벌어졌고, 샌안토니오에서 유명한 알라모 전도소The Alamo, 원래 에스파냐어 명칭은Misión San Antonio of Valero 전투도 이 무렵 벌어졌다. 전쟁에서 독립군

THE WORLD'S INDUSTRIAL AND COTTON CENTENNIAL EXPOSITION.
MAIN BUILDING. GOVERNMENT BLDG.
HORTICULTURAL BLDG. ART GALLERY.
FACTORY AND MILLS.
Bayou Metairie
Mississippi Valley R.R.
Bayou Poydras
St. Alphonsus Church.
Church, St. Mary's Assumption.
St. Johns Ch.
Temple Sinai.
Annunciation Square.
Lee Monument.
West End.
THE CITY O
AND THE MISSISSIPPI RIV
NEW YORK

1885년 당시 루이지애나 주 뉴올리언스 조감도. 미국 국회도서관.

Cotton Exchange
uare.
Jesuit Ch. and College.
St. Charles Hotel
Christ Church.
Pickwick Club.
Bayou St. John
Canal St.
Congo Sq.
Post Office and Custom Ho.
Spanish Fort
Opera House.
Hotel Royal
Depot, Louisville & Nashville RR.
Sugar Exchange.
Sugar and Cotton Sheds
French Cathedral
Jackson Square
LEVEE.
French Market
ALGIERS
U.S. Mint
Morgan Ferry
EW ORLEANS.
PONTCHARTRAIN IN DISTANCE.
S. 115 NASSAU ST.

ALAMO PLAZA
TRAVIS PLAZA
PUBLIC SQUARE
HOUSTON ST.
SECOND ST.
THIRD ST.
THIRD AVE.
FOURTH AVE.
FIFTH AVE.
AVENUE C
REFERENCES:
URSULINE CONVENT
ST. FERNANDO CHURCH
ST. MARY'S
ST. JOSEPH'S
FIRST PRESBYTERIAN
EPISCOPAL
BAPTIST
METHODIST
GERMAN
COLORED
POLISH
CHURCHES
HALL OF THE ALAMO LITERARY SOCIETY
GERMAN & ENGLISH PUBLIC SCHOOL
FLORA. ST.
PUBLIC SCHOOL FOR COLORED
THE ALAMO
CASINO
MENGER'S HOTEL
COURT HOUSE
COUNTY JAIL
BIRD'S EYE VIEW OF THE CITY OF
SAN ANTONI
BEXAR COUNTY TEXAS.

1873년 당시 텍사스 주 샌안토니오 조감도.

은 패했지만, 결과적으로 1836년 독립에 성공했다.

멕시코 문화가 강한 샌안토니오는 새로 세운 나라의 수도가 되지 못했다. 새로 세운 나라의 정부 안에는 독립 국가를 지속하자는 주장과 미국에 편입하자는 주장이 맞붙었다. 심한 갈등 끝에 결국 1845년 말 미국에 편입되었고, 이로써 명실상부 미국의 영토가 되었다. 늦은 감이 없지는 않았지만 미국 주요 도시 가운데 마지막으로 1877년 샌안토니오에 철도가 연결되었다. 당연히 개발 압력이 도시에 불어닥쳤다. 그러면서 찰스턴과 뉴올리언스처럼 도시에 남아 있는 전도소 등 오래된 건물을 중심으로 역사적 경관 보존 운동이 펼쳐지기 시작했다.

제2차 세계대전 이후 텍사스는 계속 호황이었다. 이민자들이 늘어나면서 샌안토니오의 인구도 많이 늘었다. 오늘날 이곳 인구 구성의 64퍼센트는 히스패닉계로, 시내 어디를 가나 영어와 에스파냐어가 함께 들린다. 2020년 현재 인구는 143만 4천 명, 교외를 포함하면 260만 명에 달한다.

찰스턴과 뉴올리언스 그리고 샌안토니오의 역사를 간략히 살펴보았다. 이들 세 도시 모두 1920년대 역사적 경관의 보존 움직임을 시작했다. 흥미롭게도 윌리엄즈버그와 비슷한 시기다. 1920년대 나타난 미국 여러 도시의 역사적 경관 보존에 대한 동시다발적인 관심을 이해하려면 먼저 그 시대의 사회적 배경을 알아둘 필요가 있다. 미국은 19세기 말부터 산업혁명과 대량 이민으로 인한 급격한 변화를 겪고 있었다. 그런 상태로 1917년 제1차 세계대전에 참여했고, 같은 시기인 1918년부터 1920년까지 팬데믹과 러시아의 공산 혁명을 겪어야 했다. 1920년에는 심각한 불경기이기도 했다. 1922년 팬데믹과 불경기에서 비교적 빨리 회복이 되긴 했지만, 미국은 고립주의에 빠졌고 이민자 수도 급감했다. 1920년대 불경기를 극복하면서 맞이한 호황, 고립주의라는 배경의 작동으로 역사적 경관을 보존할 수 있는 경제적 토대를 확보한 상태에서 국가와 지역의 역사에 대한 관심이 확산되기에 이른다. 특히 제도적 인종차별이 남아 있던 남부 지역에서는 남북전쟁에 대한 기억은 점점 사라지고, 그 대신 전쟁 이전 '옛날'을 그리워하는 낭만주의가 힘을 얻고 있었다.

세 도시가 비슷한 시기 역사적 경관을 보존하려는 움직임을 보이긴 했지만, 대상은 조금 달랐다. 뉴올리언스와 샌안토니오에서 가장 먼저 주목한 것은 종교 시설이었다. 종교 관련 유적이 역사적 경관 보존의 씨앗이 되었다.

뉴올리언스에서는 1720년 세워진 세인트루이스 성당이 첫 번째 대상이 되었다. 세인트루이스 성당은 오늘날 프렌치쿼터French Quarter, 프랑스어로 Vieux Carré라고 부르는, 원래 1718년 설계한 시가에 상징적으로 들어서 있던 곳으로, 20세기 초에 들어서면서 이미 위험할 정도로 노화된 상태였다. 1918년 담배 산업으로 부자가 된 상인의 힘으로 성당 수리 자금을 마련했고, 이 공사를 성공적으로 마치자 지역의 다른 오래된 건물들 역시 관심을 받게 되었다.

샌안토니오에서는 마을이 설립될 때부터 있던 전도소를 대상으로 정했다. 18세기부터 그 자리에 있던 전도소 성당과 주변 건물들이 많이 무너지고 훼손되어 자칫 사라질 위기에 처하자 이를 두고 볼 수 없었다. 특히 알라모 전도소는 텍사스 독립전쟁 당시 중요한 장소였던 터라 그 상징성 때문에라도 보존에 대한 관심을 갖지 않을 수 없었다. 뉴올리언스와 샌안토니오에서 보존 운동의 첫 시작점에서 종교 시설을 대상으로 삼긴 했지만 역사적 경관 보존에 관한 인식의 토대는 이미 충분히 형성되어 있었다고 해도 과언이 아니다. 찰스턴의 사례는 그런 상황을 잘 보여주고 있다.

찰스턴은 뉴올리언스나 샌안토니오와 달리 종교 시설이 아닌 역사적 경관을 보존하려는 것에서 논의를 시작했다. 폐쇄적인 보수성을 가진 데다가 점점 상업화되어가는 사회에 대한 반감, 점점 그 흔적조차 사라져 가는 듯한 19세기 사회에 대한 낭만적 이미지를 향한 그리움이 백인 부유층 사이에서 퍼져나갔다. 도시의 규모로만 보면 찰스턴은 다른 두 도시보다 훨씬 작았고 침체는 가장 심했다. 이민자와 외지인들이 계속 유입되면서 뉴올리언스와 샌안토니오 인구는 증가세였지만, 찰스턴의 인구는 거의 늘지 않았다.

남북전쟁을 바라보는 시각에도 차이가 좀 있었다. 전쟁 당시 찰스턴의 백인 상류층은 노예제와 그에 따른 특권을 지키기 위해 남부의 독립을 강하게 지지했다. 전쟁 초기 첫 번째 전투가 일어난 곳도 찰스턴이었다. 패전으로 인해 세 도시 가운데 위상이 상대적으로 가장 많이 떨어진 곳도 찰스턴이었다. 따라서 찰스턴의 백인 부유층 사이에 '옛날'에 대한 향수와 낭만주의가 강력하게 형성되었다. 노예 사회인 '옛날' 남부에 대한 그리움은 뿌리 깊은 백인 우월주의를 반영한 것으로, 과거 엄격한 계급 사회였기에 이런 분위기는 더욱 심했다.

백인 부유층 여성들이 발벗고 나선 동네 경관 지키기, 오래된 집 한 채가 '역사 보존 지구' 지정으로 이어지다

집은 그 자체로 생활사를 생생하게 반영한다. 따라서 주택은 역사 보존에서 매우 유의미하다. 역사적 인물이 살던 집은 더 그렇다. 이른바 위인들이 살던 집을 보존하려는 움직임은 1850년대 미국 초대 대통령 조지 워싱턴이 살았던 마운트 버넌이라는 저택을 통해 본격적인 첫 걸음을 내딛었다.

찰스턴에는 지역 안에서 꽤 유명한 이들의 오래된 집이 몇 채 남아 있었다. 역사적 경관 보존에 대한 논의가 시작되면서 이 오래된 집들이 밀집한 지역에 대한 관심이 커지기 시작했다. 이러한 관심은 1920년대 위대한 '옛날'을 보여주기 위해서는 경관 전체를 보존할 필요가 있다는 주장으로 이어졌다. 이 지역의 오래된 집들은 찰스턴의 더운 여름을 버티기 위해 베란다로 바람이 쉽게 통하는 공간을 만든, 독특한 형태를 지녔다.

윌리엄즈버그의 경우 18세기 분위기를 도시에 남기기를 원했지만, 이를 위해 선택한 방법은 남아 있는 19세기 건물을 철거하고, 대신 18세기의 형태적 특징을 되살린 건물을 새로 짓는 것이었다. 하지만 찰스턴은 신축이 아닌 남아 있는 오래된 집을 있는 그대로 되살리는 쪽을 선택했다. 1931년 미국 도시 가운데 최초로 '역사 보존 지구'historic district를 지정한 것도 오래된 집들의 철거 가능성을 낮추기 위해서였다. 주택 한 채가 아닌 오래된 집들이 밀집해 있는 지역 전체를 대상으로 삼았다는 것이 주목할 부분이다. 이로 인해 이 구역 안에 있는 건물을 철거하려면 시의 허락을 받아야 했다. 이 당시만 해도 개인 행위에 대한 정부의 규제가 약했던 시절이라 상당한 용기가 필요한 법이었다. 그전까지는 존 D. 록펠러 주니어 같은 자산가가 특정 지역의 부동산을 매입, 소유주 자격으로 보존을 추진하는 것 외에 다른 방법이 없었다. 록펠러 같은 자산가를 만나는 일은 매우 드문 기회였을 테니 절대로 현실적인 대안이 될 수 없었다.

찰스턴에서 일어난, 역사적 경관 보존 활동의 원동력은 록펠러 같

영국인들이 만든 뒤 노예 거래로 부유한 도시가 된 찰스턴, 우리에게 남은 이 도시의 기억

폐쇄적인 보수성을 가진 데다가 점점 상업화되어가는 사회에 대한 반감, 점점 그 흔적조차 사라져가는 듯한 19세기 사회에 대한 낭만적 이미지를 향한 그리움이 찰스턴의 백인 부유층 사이에서 퍼져나갔다. '옛날'에 대한 향수와 낭만주의가 가장 강했던 만큼 복원의 방향도 그때 그 시절을 되살리는 쪽으로 나아갔다.

1930년대 찰스턴 안내서에 실린 지도. 오래된 집들이 따로 표시되어 있다.

1930년대 찰스턴 안내서 표지.

1944년 찰스턴의 오래된 집 조사 보고서.

1937년 찰스턴의 프랭클린 스트리트의 오래된 집. 미국 국회도서관.

찰스턴의 역사적 경관 보존 사업의 상징적 장소 무지개길Rainbow Row.

은 자산가가 아닌 이 지역에 살고 있던 부유층 백인 여성들로부터 비롯했다. 1920년 찰스턴의 부유층 여성 몇몇이 뜻을 모아 '오래된 집 지키기 모임'Society for the Preservation of Old Dwellings을 결성했다. 이들은 먼저 찰스턴 안에 남아 있는, 18~19세기 초에 지은 집들을 조사했고, 그 가운데 상류층 가문의 저택이나 남부 문화와 관련 있는 인물의 역사가 담긴 집에 특별한 의미를 부여했다. 이 모임을 이끈 것은 상류층 백인 가문의 후손이었던 수잔 프링글 프로스트Susan Pringle Frost, 1873~1960로, 부동산 업자였던 그녀는 1910년 여성 투표권 운동에 참여한 이력을 가지고 있었다.

1900년부터 미국 내의 여성 투표권 운동이 활발해지면서 많은 부유층 여성들이 처음으로 사회 운동에 참여하기 시작, 1920년 헌법 개정을 통해 투표권을 쟁취했다. 1920년대 본격화한 사회에 대한 관심은 역사적 경관 보존을 포함, 다양한 분야에 영향을 미쳤다.

1920년 개인 부동산 사무실을 연 프로스트는 오래된 집을 사서 수리한 뒤 다시 파는 형태로 찰스턴의 역사적 경관 보존에 기여했지만 사업을 하면서 얻은 빚으로 어려움을 겪곤 했다. 그녀를 주축으로 한 '오래된 집 지키기 모임'은 역사적 경관 보존을 위한 모금 운동을 펼치는 한편으로 시 당국에 이를 위한 지원을 호소하기도 했다.

1920년대 말부터 양상은 조금 달라졌다. 역사적 경관 보존으로 인해 얻을 수 있는 경제적 이익의 가능성이 높아지자 활동의 중심은 남성 비중이 압도적으로 높은 시 당국과 지역 건축계가 차지했다. 그럼에도 프로스트와 부유층 여성들의 활동은 멈추지 않고 계속 이어졌다.

뉴올리언스 프렌치쿼터는 규모로만 보자면 찰스턴의 첫 사례보다 크긴 하지만 서로 비슷한 점이 많다. 뉴올리언스가 미국에 편입되면서 프렌치쿼터 옆에 새로운 상업 지역이 형성되었고, 그로 인해 프렌치쿼터는 관심 밖으로 밀려났다. 아이러니하게도 그 덕분에 오래된, 그래서 독특한 옛 건물들이 그대로 남아 있었다. 찰스턴보다 규모가 큰 도시였던 만큼 개발 압력도 훨씬 강했고, 철거 위기도 있었지만 1937년 '역사 보존 지구'로 지정을 받아 위험을 피했다. 미국에서는 두 번째로 지정된 셈인데 찰스턴보다 뒤늦게 지정된 데는 이유가 있었다. 뉴올리언스의 백인 부유층들이 일찌감치 이 지역을 떠났기 때문에 그 위상이 썩 높지 않았기 때문이었다. 또한 뉴올리언스 부유층 백인 사회는 크게 둘로 나뉘어 있기도 했다. 프랑스어를 주로 사용하는, 식민시 시기에 그 뿌리를 둔 이들이 한쪽에 있다면 또 다른 한쪽에는 19세기 미국으로 편입된 뒤 형성된, 영어를 주로 사용하는 이들이 있었다. 이들은 같은 도시에 살긴 했지만, 뉴올리언스의 역사를 바라보는 인식에는 차이가 있었다. 경제적 패권은 영어를 주로 사용하는 이들이 쥐고 있었고, 당연히 프랑스 문화와 그 시대 분위기를 간직하고 있는 프렌치쿼터에 대한 이들의 평가는 썩 높지 않았다. 그런 이들이 적극적으로 이 구역의 역사적 경관 보존 활동에 나설 이유가 없었기 때문에 찰스턴보다 한발 늦었다고 볼 수 있다.

프렌치쿼터 역사적 경관 보존 활동은 어떻게 시작된 걸까. 찰스턴처럼 역시 부유층 여성들의 힘이 컸다. 앞서 이야기했듯 1918년까지 세인트루이스 성당은 비교적 잘 남아 있는 상태였다. 1920년대 들어서면서 부유층 여성 엘리자베스 웨르라인Elizabeth Werlein, 1883~1946이 프렌치쿼터의 역사적 경관 보존을 위해 발벗고 나섰다. 미시간 출신이었던 그는 음악 사업으로 돈을 번 남편과 함께 뉴올리언스에 살게 되면서 적극적인 사회 활

프랑스령으로 시작되어 미국의 땅이 된, 뉴올리언스

뉴올리언스의 첫 번째 보존 대상은 오늘날 프렌치쿼터라고 부르는 시가지의 세인트루이스 성당이었다. 성당 복원에 성공한 뒤 다른 오래된 건물들 역시 관심을 받게 되면서 이 지역의 복원이 본격화되었다.

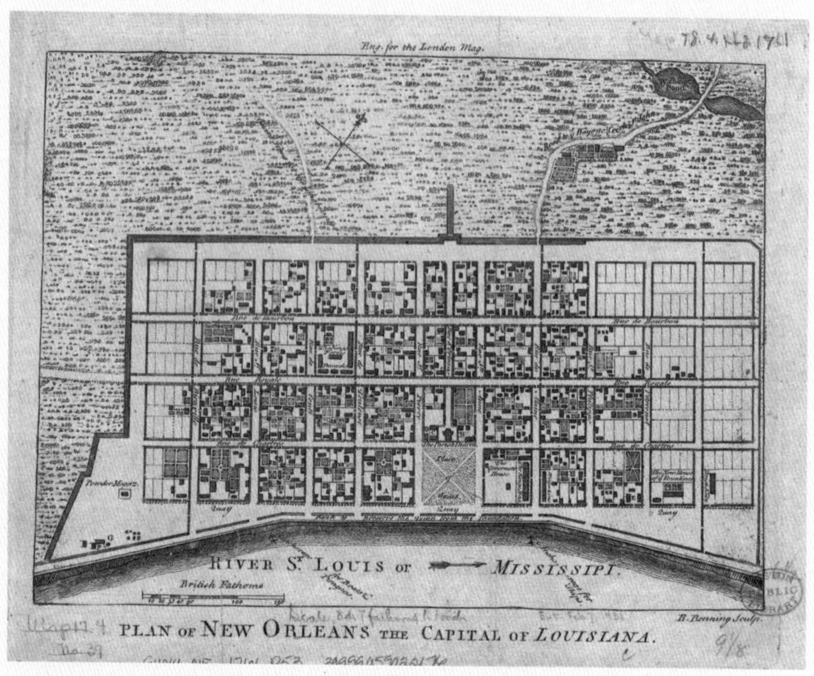

1761년 뉴올리언스 도시 계획도.

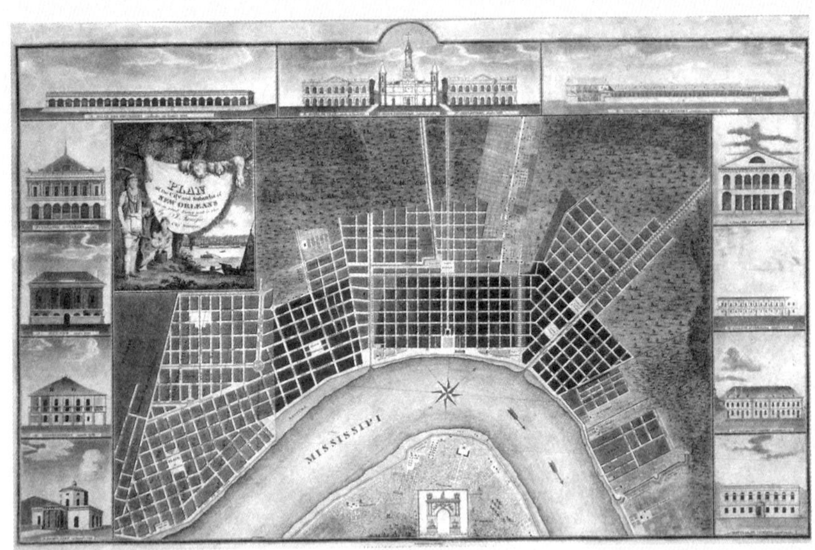

1825년 뉴올리언스 지도. 가운데 부분이 프렌치쿼터 지역임.

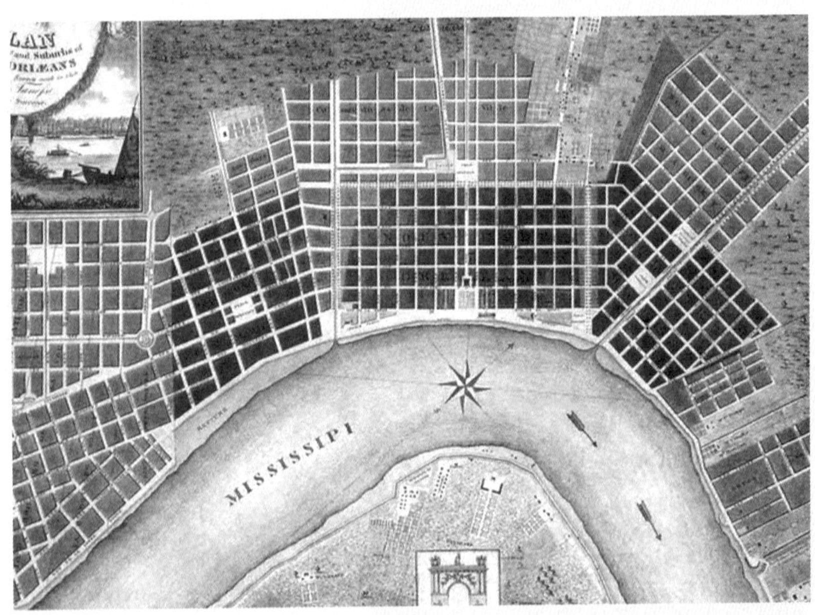

1916년 뉴올리언스 프렌치쿼터 보존
공사 시작 전 모습.

1933년 뉴올리언스 거리의
오래된 건물. 미국 국회도서관.

1940년대 뉴올리언스
프렌치쿼터 엽서.

OLD ABSINTHE HOUSE, 234 BOURBON STREET

NAPOLEON BONAPARTE HOUSE, 502 CHARTRES STREET

ROYAL STREET

1940년대 뉴올리언스 관광 안내서 본문.

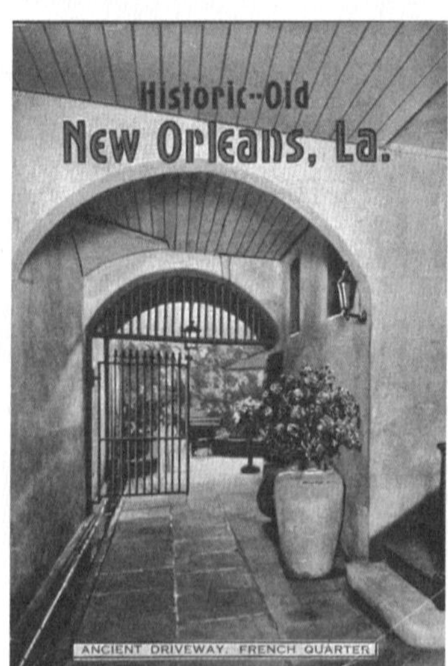

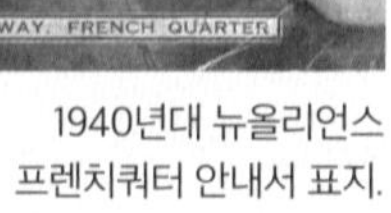

1940년대 뉴올리언스
프렌치쿼터 안내서 표지.

Day by day in a devious way,
A sure and malicious intrusion
Is blighting the life of the Vieux Carre
By masters of delusion.

Apartment houses and plush motels
Have infringed on residence zoning,
And the planned Expressway - ELEVATED
Has right-thinking citizens groaning.

A comprehensive study plan
Has never yet been made;
How can one know the traffic needs
When they've never been surveyed?

The Moses Plan of twenty years,
Outmoded and passe,
Will NEVER do, so we look to YOU
To save the Vieux Carre.

Ask for a
COMPREHENSIVE REGIONAL TRAFFIC PLAN

Louisiana Council for the Vieux Carré
Martha G. Robinson, President

1960년대 뉴올리언스 프렌치쿼터 앞
고속도로 건설 반대 운동 홍보물.

동에 나섰고, 여성의 투표권 운동에도 참여했다. 그는 이미 1910년 프렌츠 쿼터 건물의 독특한 연철 난간에 대한 책자를 쓴다거나 건물들이 철거되거나 교체되는 걸 막기 위한 역사적 경관 보존 운동을 펼치기도 했다. 1920년대 문화예술인들이 프렌치쿼터에 이사를 오면서 논의를 본격화했고 웨르라인은 이 활동을 다방면으로 지원했다. 1924년에는 프렌치쿼터에 '르 프티 살롱'Le Petit Salon이라는 부유층 여성 클럽을 설립했는데, 역사적 경관 보존을 위한 로비를 이어가는 것은 물론 1930년에는 프렌치쿼터 부동산 소유자 협회를 설립, 역사적 경관 보존을 위한 주민들의 목소리를 높였다. 이런 노력은 제2차 세계대전 이후에도 계속 이어졌다.

샌안토니오는 인구 증가가 비교적 더뎌 찰스턴과 뉴올리언스에 비해 1920년대 오래된 주택가의 규모는 그리 크지 않았다. 다만 주요 전도소 주변과 상업 지역 주요 건물을 둘러싼 역사적 경관을 중심으로 보존에 관한 논의가 시작되었다. 이곳 역시 부유층 여성들이 먼저 나섰다. 1924년의 일이었다. 화가인 에밀리 에드워즈Emily Edwards, 1888~1980와 레나 매버리크 그린Rena Maverick Green, 1874~1962이 도로를 넓히기 위한 오래된 상가 건물의 철거에 반대하고 나선 것이 시작이었다. 시카고 예술대학 출신이기도 한 에밀리 에드워즈는 샌안토니오에서 활동하면서 미술 공부를 위해 멕시코 시티를 자주 찾았고, 그곳에서 유명한 작가 디에고 리베라Diego Rivera, 1888~1957와 친분을 쌓기도 했던 인물이었다. 다른 한 명인 레나 매버리크 그린은 여성 투표 운동에 참여하는 등 적극적인 성향으로, 부유층 가운데서도 코즈모폴리턴에 속했다. 이들은 다른 부유층 지인들과 함께 '샌안토니오 보존회'Conservation Society of San Antonio를 만들어 본격적인 행동에 나섰다.

이들의 노력에도 불구하고 상가 철거는 끝내 막을 수 없었다. 그러자 '샌안토니오 보존회'는 시 당국에 보존의 중요성을 계속 호소하는 한편 연방 정부와의 협력을 이끌어냈다. 이들은 1935년 대공황의 와중에 서민 일자리를 만들기 위해 설립한 공공사업진흥국Works Progress Administration과의 협력을 통해 1939년 알라모 전도소 인근 오래된 집 몇 채를 보존하는 데 성공했고, 이곳은 민속 공예품 전시장과 교육 시설로 활용되기에 이른다. 그뒤로도 '샌안토니오 보존회'의 노력은 계속 이어졌다.

샌안토니오에서 '역사 보존 지구' 지정이 이루어진 건 찰스턴과 뉴올리언스에 비해 거의 40여 년 뒤인 1972년의 일이었다. 텍사스 주로서는 19세기 형성된 주택가를 최초의 '역사 보존 지구'로 지정한 것인데, 이 땅은 주택가로 개발하기 전에는 알라모 전도소의 농장이었다.

주유소 설치 · 고속도로 건설에 반대하고 나선 이들, 그들이 지켜낸 도시마다의 역사적 경관들

20세기 초 미국 도시는 자동차의 보급으로 인해 커다란 변화가 일어났다. 특히 1920년대에 자동차 보급의 속도가 빨라지면서 도로를 더 넓혀야 했고, 곳곳에 주유소를 세워야 했다. 도로와 가까운 시가지일수록 하루가 멀다 하고 철거가 이루어졌다. 오래된 시가지의 역사적 의미는 아랑곳하지 않고 철거하기 바빴던 것이 그 당시의 분위기였다.

주유소는 이전에 존재하지 않던 것이라 20세기 '모던'의 상징으로 받아들여지기도 했다. '모던'을 좋아하는 이들도 있긴 했지만 모두 다 그런 건 아니었다. 앞서 살핀 윌리엄즈버그에서는 오래된 마을에 주유소가 들어설 수도 있다는 사실에 반감을 가진 주민들이 존 D. 록펠러 주니어의 지

에스파냐령으로 출발한 이주자들의 도시, 샌안토니오

샌안토니오에서는 마을이 설립될 때부터 있던 전도소가 우선이었다. 18세기부터 있던 전도소 성당과 주변 건물들이 무너지고 훼손되어 자칫 사라질 위기에 처하자 이를 두고 볼 수 없었다.

1854년 샌안토니오 알라모 전도소 앞을 그린 드로잉. 샌안토니오 DRT 도서관.

1900년 샌안토니오 알라모 전도소를 그린 엽서.

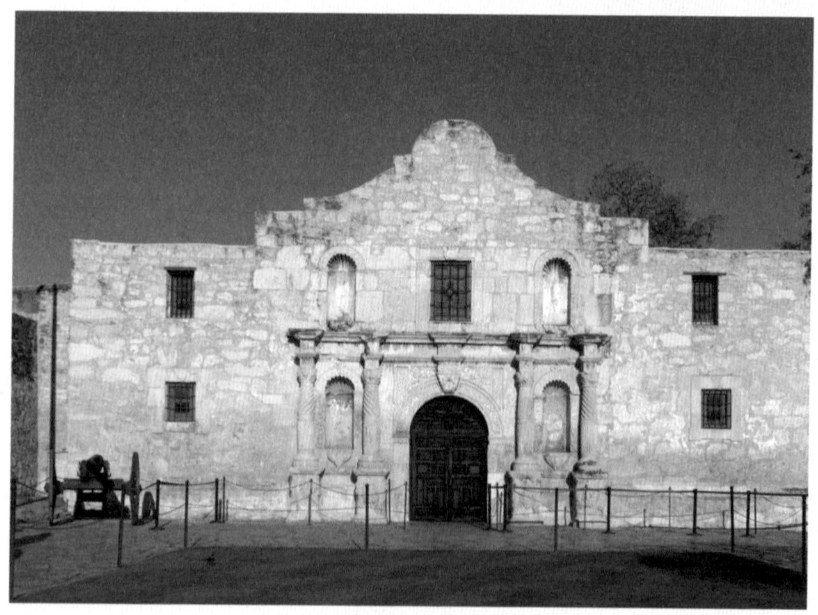

샌안토니오 알라모 전도소 복원 후의 모습. 미국 국회도서관.

1898년 보존 공사를
시작하기 전 샌안토니오
한 전도소 모습.

1902년 복원 공사가 한창인
샌안토니오 알라모 국립 은행.
외관을 철거하는 대신 뒤로 옮겨
모양을 보존했다.

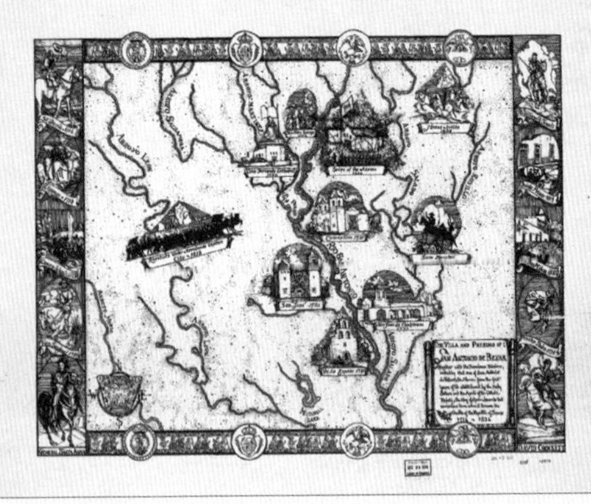

1935년 샌안토니오
5개 전도소 지도.

1907년 무렵
정비하기 전의
샌안토니오 강을
그린 그림.

1930~1945년
샌안토니오 강변을
그린 엽서.
보스턴 공공 도서관.

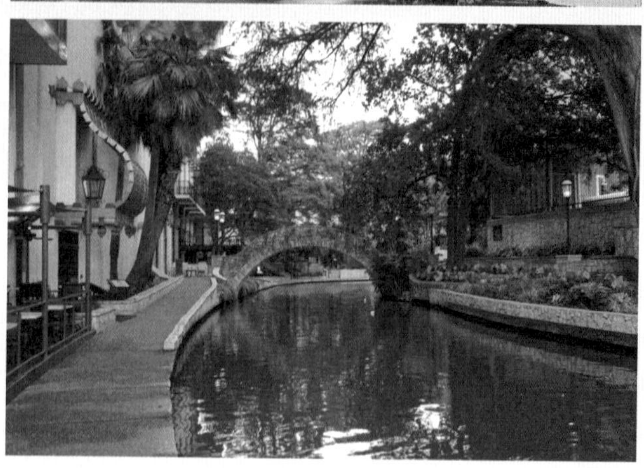

2017년
샌안토니오 리버워크
모습.

원을 반기기도 했다.

주유소에 대한 반감은 찰스턴에서도 나타났다. 남북전쟁 이후에도 찰스턴에서는 엄격한 계급 사회가 계속 유지되고 있었고, 그 꼭대기를 차지한 가문들의 위세는 20세기에도 여전했다. 이들은 전통을 지켜나가는 것을 무엇보다 중시했고, 산업화로 인한 사회적 변화를 반기지 않았다. 그런 그들은 '모던'의 상징, 주유소를 좋아하지 않았다. 전통적인 19세기의 도시 경관에 주유소는 '모던 오염'으로 취급되었고, 때문에 어떻게 해서든 주유소가 들어서는 걸 막아야 했다. 하지만 개인의 재산권 행사를 무조건 막을 수 없었고, 따라서 주유소를 못 짓게 하는 건 어려웠다. 그래서 찾은 방법이 아예 통째로 한 지역을 '역사 보존 지구'로 지정하는 것이었다. 합법적으로 주유소가 들어서는 걸 막을 수 있는 방법을 찾은 것이다. 찰스턴 '역사 보존 지구' 지정의 명분이 이로써 마련되었다.

자동차 보급이 한창 증가하고 있을 무렵, 샌안토니오의 인구도 증가세를 보이고 있었다. 도시 역시 그에 따라 커지고 있었다. 그러자 역사 지구에서도 도로 확장 사업이 이어졌다. 찰스턴의 주유소보다 훨씬 큰 규모의 공사였고, 역사적 경관의 훼손 역시 심각했다. 지금도 그렇지만 도로를 넓히려면 인접해 있는 양쪽 가운데 한쪽이라도 다 밀어야 하는데, 샌안토니오에서는 대부분 양쪽 모두에 있던 건물을 싹 다 철거하는 쪽을 택했다. 철거를 한 뒤 도로를 넓히고 그 인접 거리에는 새로운 건물을 올렸다. 이전에 비해 더 높고 더 큰 건물들이 들어섰다. 이를 위해 도로변보다 더 넓게 철거하고 다시 더 깊게 땅을 파헤쳐야 했다. 그렇다 보니 샌안토니오의 역사적 경관 보존은 '역사 보존 지구' 지정보다는 오래된 건물을 중심으로 이루어지는 한계를 보이게 되었다.

샌안토니오 도심의 변화는 그게 다가 아니었다. 이번에는 시내를 관통하여 흐르는 샌안토니오 강이 대상이었다. 1930년대의 일이었다. 자주 홍수가 일어나는 통에 강의 흐름을 옮긴 뒤 그 자리에 도로를 만들 계획을 추진했다. 오래된 상가들을 다 철거하면서 이루어진 도로 확장에 반대했던 '샌안토니오 보존회'가 이번에도 나섰다. 1933년 취임한 프랭클린 루스벨트 대통령은 공공사업진흥국을 만들어 미 전역에 걸쳐 수많은 공적 사업을 진행했다. '샌안토니오 보존회'의 반대로 샌안토니오 강을 옮겨 도로를 확장하는 계획이 철회되자, 애초에 원인이 되었던 홍수 문제 해결을 공공사업진흥국에서 맡게 되었다. 1939년부터 시작한 이 정비 작업의 설계는 1920년대 중반 뉴올리언스에서 일하면서 보존 활동을 잘 이해하게 된 건축가 로버트 H. H. 허그맨Robert H.H. Hugman, 1902~1980이 맡았다. 그는 강의 흐름이 이미 보존이 이루어진 알라모 전도소 근처로 흐르고 있다는 점에 착안해, 관광객을 끌어올 수 있도록 강 양쪽에 산책이 가능한 리버워크River Walk를 두었다.

초기에는 원하는 그림이 만들어지지 않았다. 1940~50년대까지 이 지역의 관광은 활성화되지 않았고, 도심이 공동화되면서 오히려 이 근처는 우범 지역으로 전락하기도 했다. 가까스로 빛을 보게 된 것은 1968년 무렵이었다. 샌안토니오 국제박람회'HemisFair '68를 준비하면서 리버워크에 호텔과 식당 그리고 상점이 들어서기 시작했고, 조금 늦긴 했지만 비로소 많은 사람들이 찾아오게 되었다. 강 양쪽에 인도를 두어 누구나 편하게 걸을 수 있도록 만든 리버워크는 그뒤로도 계속 연장, 오늘날에는 강을 따라 모든 전도소를 둘러볼 수 있게 연결했다. 역사적 경관을 보존했다고 할 수는 없지만, 역사 지구에 자동차가 없는 산책길을 만들어 사람을 끌어들이고 있다는 의미 있는 사례로서, 오래된 도심을 활성화할 수 있는 가능성을 품고 있는 곳이기도 하다.

뉴올리언스 프렌치쿼터 역시 1920년대 자동차 증가의 영향으로부터 자유로울 수는 없었다. 하지만 이미 슬럼화가 꽤 진척이 되었고, 상업 중심지도 아니었던 이곳에는 자동차를 가질 만한 여유 있는 주민이 그리 많지 않아 직접적인 영향이 크지는 않았다. 상업 중심지가 그리 멀리 있지 않아, 개발 압력은 주로 그쪽을 향했고 역시 이쪽으로는 그리 거센 압력이 가해지지 않았다.

자동차와 관련하여 뜨거운 논쟁이 시작된 건 제2차 세계대전이 끝난 뒤인 1946년의 일이었다. 전쟁 이후 미국은 도시를 연결하는 고속도로 건설과 함께 도시 계획에도 관심을 갖기 시작했고, 각 도시의 슬럼 지역 재개발을 과제로 내세웠다. 뉴올리언스도 예외일 수 없었다. 당시 미국 남부는 북부에 비해 경제적으로나 사회적으로 낙후되어 있었던 데다 뉴욕이나 시카고 같은 북부 도시에서 도입한 도시 계획은 매우 선진적인 인상을 풍겼음으로, 뉴올리언스 역시 그렇게 되기를 원했다. 1946년 뉴욕의 도시 계획으로 유명한 로버트 모제스Robert Moses, 1888~1981가 루이지애나 주의 의뢰를 받아 뉴올리언스에 고속도로를 건설하겠다는 계획을 발표했다. 미시시피 강변에 고속도로를 만들자는 제안을 들고 나온 그의 계획대로라면 새로 들어설 고속도로는 프렌치쿼터와 강 사이를 지나갈 것이었다. 소음과 공해 문제도 심각했지만, 역사 시구와 강을 나누는 것을 전제로 하는 이 계획은 역사적인 경관을 몽땅 훼손하겠다는 의미이기도 했다.

고속도로 계획이 발표되자 예전부터 프렌치쿼터 보존을 위해 노력했던 이들은 당장 반대의 목소리를 내기 시작했다. 비록 초기 이 지역 보존에 앞장선 에리자베스 웨르라인은 1946년에 세상을 떠나고 없었지만, 프렌치쿼터 경관 보존 사업을 이어오면서 이 지역을 아끼고 보존을 중요하게 여기는 주민들이 그 사이 훨씬 더 늘어나 있었다.

시 당국은 물론 상업 중심지의 건물주와 사무실을 가진 회사들은 고속도로 건설 계획에 지속적인 관심을 보였고, 1958년 마침내 본격적인 사업 추진을 시작했다. 하지만 순조롭게 진행을 하지는 못했다. 1960년대 중반, 상류층 백인 남성 변호사 윌리엄 보라William Borah, 1937~2017가 또다른 변호사 친구와 함께 반대 운동을 적극적으로 펼쳤다. 두 사람 모두 이 지역에서 유서 깊은 부유층 가문 출신으로, 사회적으로 매우 넓은 인맥을 동원할 수 있었고, 뉴올리언스를 넘어 전국적으로 반대에 동참해줄 것을 호소했다. 심지어 그들은 1960년대 후반, 워싱턴 D.C.에 머물면서 고속도로 건설 예산을 편성하는 미국 의회에 호소를 했고, 그런 그들의 호소로 마침내 1969년 당시 교통부장관이 나서서 고속도로 건설 계획을 철회했다. 윌리엄 보라가 의회에까지 나가 호소할 수 있었던 것은 1960년대 역사적 경관 보존을 지지하는 여론이 전국적으로 확산되면서 1966년 연방 역사보존법National Historic Preservation Act이 도입되었기 때문이기도 하다.

고속도로 건설 계획 철회라면 이미 유명한 사례를 우리는 알고 있다. 역시 1960년대의 일이다. 배경은 뉴욕이다. 그리니치빌리지를 관통하여 고속도로를 건설하려는 계획에 반대하여 마침내 철회를 이끈 인물, 제인 제이콥스Jane Jacobs, 1916~2006는 어쩌면 도시의 역사적 경관 보존과 관련하여 가장 유명한 이름이 아닐까. 그를 중심으로 뭉친 인근 주민들과 뉴욕 시민들의 거센 반대로 고속도로 계획은 백지화되었다. 그런 그에 대한 경

백인 부유층 여성들, 동네의 역사적 경관을 지키려 발벗고 나서다

찰스턴, 뉴올리언스, 샌안토니오에서 일어난 보존 활동은 부유층 백인 여성들로부터 비롯했다. 찰스턴에서는 1920년 부유층 여성 몇몇이 '오래된 집 지키기 모임'을 결성했는데, 이 모임을 이끈 이는 부동산 업자였던 수잔 프링글 프로스트였다. 뉴올리언스에서도 비슷한 시기 부유한 집안의 여성 엘리자베스 웨르라인이 프렌치 쿼터 보존을 위해 발벗고 나섰다. 그녀 역시 1924년 결성한 '르 프티트 살롱'을 통해 부유층 여성들의 참여를 이끌었다. 샌안토니오에서는 1924년 에밀리 에드워즈와 레나 매버리크 그린이 나섰다. 이들은 다른 부유층 지인들과 함께 '샌안토니오 보존회'를 만들어 본격적인 행동에 나섰다.

수잔 프링글 프로스트.

1915년경 여성 참정권 운동에 참여한 다른 여성들과 함께 한 수잔 프링글 프로스트.

수잔 프링글 프로스트의 생애를 다룬 책.

엘리자베스 웨르라인.

'르 프티트 살롱' 동료들과 함께 한 엘리자베스 웨르라인.

'샌안토니오 보존회' 역대 회장들과 함께 한
에밀리 에드워즈(가운데).

1940년 '샌안토니오 보존회' 회원들과 모리 매버릭 시장.

의를 표하기 위해 오늘날 세계의 많은 도시에서는 매년 5월 첫째 주말 '제인스 워크'Jane's Walk라는 행사를 치른다. 도시, 특히 그 가운데 역사적인 경관을 아끼는 사람들이 각자 살고 있는 도시 곳곳을 걸으며 관련 주제를 놓고 함께 토론하는 행사다.

제이콥스의 노력은 물론 존경할 만큼 매우 훌륭하다. 하지만 그는 뉴욕이라는 큰 무대에서 활동하고, 이 분야의 명저로 알려진 『미국 대도시의 죽음과 삶』*The Death and Life of American Cities*이라는 책을 펴냄으로써 이미 그 활동에 대한 평가를 충분히 받았다고 할 수 있다. 이에 비해, 뉴욕의 제인 제이콥스보다 전에, 더 선도적으로 고속도로 건설을 반대했던 뉴올리언스의 윌리엄 보라의 이름을 기억하는 이들은 그리 많지 않다. 이제라도 그의 이름을 기억하는 건 어떨까. 그가 펼친 운동의 반대편에 서 있던 인물이 뉴욕의 도시 계획을 세운 이력으로 자신만만했던 로버트 모제스였다는 것 또한 눈여겨볼 지점이 아닐 수 없다.

제이콥스와 보라는 도시의 역사와 지역의 생태를 아꼈다는 점, 이를 위해 고속도로 건설을 반대했다는 공통점을 지녔지만, 두 사람 사이에는 매우 의미 있는 차이도 존재한다. 제이콥스는 뉴욕이라는 고향보다 본인이 살고 있는 동네에 대한 애정이 큰 편이었다. 실제로 그는 베트남 전쟁을 피하기 위해 캐나다로 도망친 아들을 좇아 미국을 떠났다. 이에 비해 보라는 프렌치쿼터뿐만 아니라, 미국 역사에서 비록 주류는 아니지만, 뉴올리언스 지역에 대한 애향심이 매우 강했다. 그는 실제로 죽을 때까지 뉴올리언스에 남았고 오늘날 뉴올리언스의 위대한 인물 중 한 사람으로 꼽히고 있다.

목소리조차 내지 못했던 또다른 존재들, 말없이 사라진 그들은 어디에

미국 남부 도시 찰스턴, 뉴올리언스, 샌안토니오는 과거 모두 흑인을 노예로 허용했다. 심지어 노예제를 유지하기 위해 이들이 속한 사우스캐롤라이나, 루이지애나, 텍사스 주는 남북전쟁 당시 북부에 맞서 치열한 전쟁을 치르기도 했다. 전쟁이 끝난 뒤 노예제 철폐로 흑인들은 제도적으로 해방이 되었지만 전쟁에 진 패전 세력들은 여전히 흑인들을 억압했다. 이에 맞서 1950년대부터 시작한 흑인 민권 운동Civil Rights Movement이 남부 전역으로 확산, 마침내 1960년대 중반 인종차별은 법으로 금지되었다. 여기까지 오는 데 전쟁 이후 백 년이 걸렸다. 긴 세월이었다. 세 도시의 역사적 경관 보존 활동은 매우 앞장선 것이었지만, 인종차별이 합법이었던 시대에 시작한 그 활동은 보존의 내용이나 성격에도 영향을 미칠 수밖에 없었고, 이는 그후에 이루어진 다른 도시의 역사적 경관 보존 사업에도 일정하게 영향을 미쳤다.

앞서 이야기했듯 찰스턴과 뉴올리언스는 출발부터 흑인 인구가 많았다. 항구를 낀 이 두 도시로 아프리카와 카리브 제도에서 수많은 노예들이 유입되었고, 도시 안에는 노예시장도 있었다. 이 두 도시에서는 인종이 아닌 사회적 계층으로 사는 지역을 구분했다. 찰스턴보다 문화적 다양성이 더 컸던 뉴올리언스는 노예가 아닌 '자유 흑인'과 이민자 등 여러 문화권 출신들이 모여 사는 지역도 있었다.

남북전쟁 이후 1865년 노예제가 사라지자 남부 지역 도시들의 분위기는 순식간에 달라졌다. 1870년대 중반에 접어들자 아예 인종차별을 합법화했고, 백인과 흑인은 다른 지역에 살게 되었다. 같은 도시에 살지만 서로 다른 도시에 사는 셈이었다. 강자였던 백인들에 비해 흑인들이 사는 지역은 매우 열악했고, 학교를 비롯한 공적 인프라에 대한 투자 역시 백인들이 사는 지역과 비교할 수 없는 수준이었다. 이런 제도적인 차별이 존재하는 사회에서 흑인들 대부분은 빈민으로 살 수밖에 없었고, 개인의 발전을 위해 무언가 노력한다는 일은 거의 불가능에 가까웠다. 매우 부당하고 폭력적인 시대였다. 결과적으로 흑인들이 사는 지역은 빈민촌으로 방치되거나 전락할 수밖에 없었다.

미국 역사적 경관 보존 과정을 이야기하다보면 슬럼이라는 키워드가 자주 등장한다. 여지없이 흑인들이 모여 사는 지역을 가리킨다. 또한 역사 지구가 슬럼화되어 보존 사업을 통해 재생시켜야 한다고 하는 주장은 대개 흑인들을 살던 곳에서 쫓아낸 뒤 그곳에 백인들을 새로 유입시키자는 제안이다. 찰스턴도 그랬다. 앞서 언급했던 역사적 경관 보존 활동의 밑바탕에는 지난 시절에 대한 향수, 지역에 대한 자부심, 주유소에 대한 반감만이 아니라 그곳에 살고 있던 흑인들을 쫓아내고 백인들이 살 수 있는 지역을 넓히려는 목적도 깔려 있었다. 1920년대 이 지역의 역사적 경관 보존에 앞장 섰던 수잔 프링글 프로스트는 부동산 사업을 통해 흑인들이 살던 집을 사들인 뒤 다시 백인들에게 판매함으로써 이 지역의 인구 교체를 촉진했다. 이렇게 흑인들을 쫓아내고 들어와 살게 된 백인들은 이후 역사적 경관 보존 사업을 통해 기대할 수 있는 관광 사업에 활용할 부지를 확보하게 되는 셈이었다. 이로써 이 지역의 흑인 인구는 20세기 초중반까지는 약 40퍼센트를 유지했지만, 1990년대부터 크게 줄어, 2020년 현재 22퍼센트에 불과하다.

뉴올리언스에서 가장 오래된 지역인 프렌치쿼터에 살던 프랑스 식민지 시기 후손들은 19세기에 이미 다른 지역으로 대부분 이동, 이 지역은 20세기 초부터 슬럼이 되었다. 흑인들이 약 40퍼센트를 차지했고, 나머지는 백인 빈민층들이 살았다. 유흥 업소도 꽤 많아 상업 지역 비중이 높았다. 시 당국에서는 프렌치쿼터를 전면 철거하는 방안에 대해 검토했지만, 결과적으로 보존하는 쪽을 선택했다. 보존을 통해 흑인을 포함해 이곳에 살던 사람들을 전부 교체하고, 유흥 업소도 폐쇄시켜 전체적으로 '말끔하게' 정비된 역사 지구로 만들 계획을 가졌다.

문인, 예술인, 지역의 산업가 그리고 시 당국까지 앞장서서 프렌치쿼터의 오래된 집들을 보존해야 한다고 목소리를 높이긴 했지만, 그 보존의 의미와 방법에 대해서는 서로 품고 있는 생각들이 매우 달랐다. 그렇게 서로 다른 생각들 가운데, 정작 이곳에 살던 흑인이나 백인 빈민의 입장을 대변하는 이들은 존재하지 않았고, 당사자들의 목소리는 당연히 들리지 않았다.

샌안토니오의 상황은 찰스턴이나 뉴올리언스와는 달랐다. 샌안토니오의 뿌리는 에스파냐와 멕시코에 있었고 1877년까지 철도조차 연결되지 않은 고립된 도시였다.

샌안토니오가 속한 텍사스 주에도 노예제가 있긴 했지만, 찰스턴과 뉴올리언스처럼 항구를 끼고 있지도 않아, 노예의 노동으로 얻은 농산물을 수출할 데도 없었기 때문에 많은 노예를 둘 필요가 없었다. 원래 살고 있던 에스파냐인들과 멕시코인들 그리고 뒤에 들어오기 시작한 백인계 미국인들이 주로 살았고, 다른 두 도시에 비해 흑인 노예는 상대적으로 적었으며 흑인 인구 역시 많지 않았다.

도시 안에 빈민들이 모여 사는 슬럼이 있기도 했고, 그 일부는 역사 지구 안에 있기도 했지만 도시가 커지면서 오래된 지역들은 이미 상업 지역으로 바뀌어서 새삼스럽게 쫓아낼 이유도 없었다. 또한 샌안토니오에서 20세기 초에 이루어진 역사적 경관 보존을 둘러싼 인식은 에스파냐와 멕시코 시대와 깊은 관련이 있었기 때문에 주변 주택가에 대한 관심은 크지 않았다. 남북전쟁의 문턱에 다다른 1860년 찰스턴 인구가 4만 500명, 뉴올리언스 인구가 16만 8,675명인데 비해 샌안토니오 인구는 8,235명이었다. 이처럼 인구 수가 현저히 적은 탓에 보존할 만한 18~19세기 초반 주택이 거의 없었다는 것도 다른 두 도시와의 차이라면 차이일 수 있다.

이 세 도시에서 이루어진 역사적 경관 보존의 역사를 시대로 구분하면 크게 다음과 같다.

1. 1920~1930년대

역사적 경관 보존의 초기 시대로, 시민의 공감대와 법적 절차를 거치면서 구체적인 대상을 중심으로 사업이 이루어졌다. 제2차 세계대전을 치르는 동안 전쟁에 몰두하느라 잠시 중단되기도 했다.

2. 1940년대 말~1990년대

역사적 경관 보존 사업을 진행한 도시들마다 유명한 관광지로 부상했다.

3. 2000년대~오늘날

과잉 관광과 젠트리피케이션 문제가 대두되면서 역사적 경관 보존 사업의 부작용에 대한 논의가 뜨거워졌다.

어느덧 세 도시에서 역사적 경관 보존을 시작한 지 거의 100년이 되어간다. 이 지역들은 약 50여 년 동안 역사 테마파크 역할로 관광객을 끌어들였고, 지역 자부심의 상징이 되었다. 많은 관광객들로 인해 지역 상권은 활기를 띄었고, 이들 세 도시의 원도심은 미국 다른 도시들에 비해서 비교적 좋은 상태를 유지했다. 20세기 후반 수많은 미국 도시의 원도심들마다 심각한 공동화 현상을 보인 것과는 달리 이 세 도시는 비교적 건재했고, 이는 보존 사업과 이후 유지 관리를 잘해온 덕분이다.

관광객들이 계속 늘어나긴 했지만 도시마다 주민과 관광객들 사이에는 묘한 균형이 이루어진 것도 특징 가운데 하나다. 그게 가능했던 것은 이들 도시의 부동산 가격이 대체로 다른 도시의 중산층들의 구매 가격과 비교할 때 썩 비싸지 않았기 때문이기도 하다. 다시 말해 다른 곳에 비해 부동산 폭등 같은 부작용이 없었기에 중산층으로 살던 이들이 이 지역에 꾸준히 살아갈 수 있는 기반이 마련되었다는 의미다. 여기에 지역마다 목적과 명분의 차이는 있었을지언정 오래된 집에 사는 것을 선호하고 아끼는 이들이 많았던 것도 중요한 배경 가운데 하나로 꼽을 수 있다. 다시 말해 이 시기는 역사적 경관 보존의 황금기였고, 이는 1960년대 초 제인 제이콥스가 정리한 역사적 경관 보존 이론에 영향을 미쳤다.

그러나 역사에서 영원한 황금기는 존재하지 않는다. 2000년대 이후 세 도시의 부동산 가격이 급등했다. 특히 찰스턴과 뉴올리언스 프렌치 쿼터 가격이 심상치않았다. 관광객들이 늘어나자 주민들의 편의를 위한 근린 상업 시설들이 점차 사라졌다. 그 자리에는 관광객들을 위한 가게들이 들어섰다. 2010년 이후 SNS의 발달, 에어비앤비 확산 등으로 상주 주민들이 줄어들었고, 이로 인해 지역 공동체 역시 약화되었다. 이런 현상은 이들 세 도시만의 문제가 아니었다. 미국 전역이 그랬고, 역사적 경관으로 유명한 전 세계 수많은 도시들에서도 비슷한 현상이 이어졌다. 다만, 워낙 오래전 역사 보존 지구 지정이 이루어진 덕분에 기나긴 황금기를 누려온 세 도시가 관광객만을 상대하는 테마파크로 변질되어가는 것에 대한 실망감은 유난히 컸다. 물론 관광객이 줄어들지는 않았다. 2020년 전 세계를 강타한 코로나19팬데믹으로 한때 줄어들기도 했지만, 2022년 상황이 나아지면서 수많은 관광객들의 발걸음이 다시 이곳으로 향하고 있다.

2020년 코로나19팬데믹 당시 뉴올리언스 시장은 프렌치쿼터의 상권을 살리기 위한 고육지책으로 도로를 자동차가 아닌 사람들만 다니는 보행자용으로 변경, 사회적 거리를 확보하겠다는 계획을 발표했다. 그러자 이 지역의 주민들은 집앞까지 관광객이 몰려올 거라며, 생활의 불편을 이유로 반대 운동을 펼쳤고, 결국 계획은 무산되었다. 1960년대 고속도로를 반대할 때는 자동차가 집앞을 다니게 해서는 안 된다고 했지만, 2020년대에 와서는 그와 정반대로 자동차가 다니는 것이 동네를 보호하는 데 도움이 된다고 여기는 양상이 펼쳐진 셈이다.

한편으로, 관광객들이 계속해서 모여들고, 이들을 위한 상권이 계속해서 늘어난다면, 찰스턴이나 프렌치쿼터에 살 수 있는 사람이 얼마나 될 것인가 하는 우려의 목소리도 점점 높아지고 있다. 과연 누구를 위한 보존인가를 두고 더욱 더 뜨거운 논쟁이 펼쳐질 날이 머지 않아 보인다.

미국 역사의 주류를 이루는 서사를 간단하게 정리하면, 미국은 영국 식민지에서 독립한 뒤 비인간적인 남부를 전쟁으로 개혁했으며, 19세기 후반부터 강대국으로 부상해 20세기 후반 초강대국이 되었다고 요약할 수 있다. 찰스턴·뉴올리언스·샌안토니오는 그 서사의 전면에 등장하지 않는, 변방의 도시들이다. 이들 세 도시는 아메리카 대륙을 식민지화했던 제국주의 국가, 즉 영국·프랑스·에스파냐가 각각 설립한 도시들로, 찰스턴과 뉴올리언스는 남북전쟁 이후 긴 침체에 빠졌고 샌안토니오는 오랫동안 고립되는 바람에 성장이 늦었다.

20세기 초 미국 사회가 빠른 속도로 변화하자, 이 도시들이 가진 오랜 역사와 그 자취를 통해 이곳만의 새로운 자부심을 부각시키려는 운동이 공교롭게도 부유층 여성들로부터 시작되었다. 이런 움직임이, 여성 투표권 운동에 참여했던 부유층 여성 중심으로 시작된 것은 단지 우연이 아니다. 무엇보다 부유층 여성들에게 내재화된 보수성이야말로 '옛날'을 아름답게 여기게 하는 동력이었다. 중심이 아닌 변방이라는 영향도 없지 않았다. 역사 지구에 남아 있는 오래된 건물은 '아름다웠던 옛날'의 흔적이었으며, 그들이 주목한 대상 가운데는 특히 주택이 많았다. 도시화하는 미국에서 집은 곧 여성의 공간으로 변했고, 커지는 개발 압력 속에 부유층 여성들의 눈에 마침 오래된 집이 관심의 대상으로 떠올랐다. 여기에다가 여성 투표권 운동에 참여함으로써 자신들이 힘을 합쳐 펼친 집 밖에서의 활동을 통한 사회 변화를 성취한 이들은 그 경험을 토대 삼아 역사적 경관 보존 운동을 시작할 용기와 자신감을 가질 수 있었다. 이렇게 보자면 이 세 도시에서 이루어진 역사적 경관 보존 운동은 20세기 내내 이어진 여성 운동의 일부로도 볼 수 있는 건 아닐까.

세 도시에서의 역사적 경관 보존 운동은 부유층 여성으로부터 시작했지만, 1930년대부터는 여성의 참여가 거의 없는, 남성이 대부분인 지역 정치인·건축가·건설 업체 등이 주축을 이룬다. 보존을 위한 법이 만들어지면서 이를 위한 공적 예산도 집행하기 시작했다. 1940년대 제2차 세계대전과 그 직후의 경제적 어려움으로 인해 미 전역에 걸쳐 보존 활동은 잠시 중단되기도 했지만, 1950년대 이후로 보스턴·필라델피아·프로비던스와 같은 북부의 오래된 도시에서 이 세 도시를 모델로 삼은 보존 운동이 다시 시작되었다. 그러자 변방에 머문 자신들이 주류에 영향을 미쳤다는 것에 자부심을 느낀 찰스턴, 뉴올리언스, 샌안토니오는 자신들이 이룬 보존의 성과를 대외적으로 더욱 더 자랑스럽게 알리기도 했다. 그렇지만 그들이 자랑스럽게 자신들의 성과를 만방에 알리는 것과는 별개로 우리는 그 과정 중에 살던 곳에서 쫓겨나야 했던 흑인들을 잊지 않아야 한다. 흑인들을 쫓아내고 의도적으로 백인들을 그곳에 유입시킨 이들의 어두운 역사를 되새겨야 한다. 사람이 모여 사는 도시에 갈등이 없을 수는 없다. 각 도시마다 그 갈등을 해결하는 그곳만의 독특한 지점이나 그곳만의 생태가 존재한다. 그런 자연스러운 과정을 무시하고 누군가 의도적으로 도시의 생태를 바꾸려는 시도는 필연적으로 승자와 패자를 만들어낸다. 역사적 경관 보존 역시 예외가 아니다. 노예제가 존재했던 남부의 이 세 도시는 부유층 백인들이, 자신들의 역사를 중심으로, 그런 역사의 틀 안에서, 오로지 백인들을 위한 보존 활동을 전개했다. 이것이 이 당시 이루어진 역사적 경관 보존이 가지고 있는 보수성이자 한계이며, 이는 비단 이 세 도시에만 해당하는 내용도 아니다. 그렇다면 역사적 경관 보존 사업을 해온 모든 도시가 다 이런 한계를 갖는 건까. 그렇지 않다. 한결 더욱 이상적이고 진보적인 역사적 경관 보존의 사례도 찾을 수 있다. 같은 시기 다른 도시에서 이루어진 조금은 다른 역사적 경관 보존의 현장을 우리는 다음 장에서 만나게 될 것이다.

제4장 ── 오래된 도시의 흔적으로 남은 사회적 저항

_미국 뉴욕과 독일 베를린

다양한 사회적 저항은 오래된 도시에서

어떤 흔적을 남기고 그것들은 또 어떻게 보존, 기억되어 왔을까

21세기에 접어든 지도 어느덧 20여 년이 되었다. 종종 한국과 인연을 처음 맺은 1980년대를 떠올린다. 젊은 학생들이 주축이 되어 군사 독재를 타도하고 새로운 자유 민주 국가를 이룩하겠다는 의지가 불타오르던 때였다. 그때 그들의 의지와 열정은 매우 아름다웠다. 내가 태어난 앤아버는 대학 도시로, 1960년대 베트남 전쟁 반대 학생 운동의 중심지였다. 너무 어려 그때의 기억이 거의 없긴 하지만 그 도시에서 성장하면서 그 시대의 그늘 아래 살아서인지 1980년대 한국에서 펼쳐진 학생 운동은 친숙했고, 저절로 응원하는 마음이 일었다.

오늘날, 새롭고 아름다운 세상을 만들어보겠다던 학생 운동을, 그 시절 젊은이들의 단순한 이상주의로 여기는 이들도 있긴 하지만 역사적으로 보면 1980년대 한국, 1960년대 미국만이 아니라 20세기 후반 여러 나라에서 자주 볼 수 있던 모습이었다. 1968년만 해도 프랑스, 독일, 일본 등에서도 학생 운동이 매우 활발했다. 샤를 드 골 대통령을 자리에서 내려오게 한 프랑스 '68운동'을 비롯해 수많은 대학 캠퍼스의 문을 닫게 한 '대학 분쟁' 등을 대표적 사례로 꼽을 수 있겠다.

역사를 자세히 들여다보면, 학생 운동만 있었던 건 아니다. 사회 곳곳에서 매우 다양한 운동이 펼쳐졌다. 어떤 건 주목을 많이 받았고, 또 어떤 건 관심 밖에 있었다. 집단의 권리와 개인의 자유가 맞물리기도 했고, 환경과 생태 운동이 때로는 함께 또 때로는 따로 진행되기도 했다. 이 모든 걸 한마디로 표현하자면 사회적 저항이라고 할 수 있겠다.

그렇다면 역사 속에 실재했던 다양한 사회적 저항은 오래된 도시에서 어떤 흔적을 남기고 그것들은 또 어떻게 보존, 기억되어왔을까. 우리는 지금까지 종교·애국주의·애향심 등을 중심으로 역사적 경관이 보존되어온 과정을 살폈는데, 이를 보수적인 키워드라고 한다면 사회적 저항은 상대적으로 진보적인 성격이 강하다. 즉, 사회에 대한 비판적 태도에서 표출된, 변화를 요구하는 성격이 강하다는 의미다. 사회에 대한 비판적 태도라고 했지만 이는 곧 주류 사회 보수성으로부터 해방을 촉구하는 성격을 띄기도 한다. 그렇다 보니 보존의 과정에서도 이런 모습이 드러난다. 그 가운데서 주로 문화예술인, 사회 운동가, 성소수자, 이민자 등이 특정한 지역에 모여 새로운 공동체를 만들면서 해당 지역의 난개발을 막는 동시에 새로운 '대안적' 가치를 부여함으로써 보존에 직간접적인 도움을 준 사례들이 눈에 띄었다. 다시 말해 주류 사회에 저항하면서 동시에 새로운 공동체를 만들어나감으로써 보존 활동을 한 사례들인데 그 가운데 뉴욕과 베를린이 있다.

뉴욕과 베를린, 격동의 시대를 거쳐
변화무쌍한 시대를 겪은 이 도시가 쌓아온 시간들

뉴욕은 제1장에서 살핀 로마만큼 유명하지만, 대부분 관광객들이 찾는 곳은 맨해튼이다. 워낙 큰 도시라 뉴욕에는 맨해튼 외에도 잘 알려지지 않은 지역이 많다. 뉴욕은 1785년부터 1790년까지 미국의 수도이긴 했지만, 그 이후로 정치의 중심지인 적은 거의 없었다. 대신 상업과 문화 도시로 발달, 미국이 20세기에 강대국에 이어 초강대국으로 부상하면서 뉴욕은 한때 세계에서 가장 인구가 많은 도시로 꼽혔고, 오늘날 런던과 나란히 세계에서 가장 영향력이 큰 도시로 꼽힌다. 시내 인구만 해도 2020년 현재 880만 명, 주변 지역을 포함하면 2,350만 명에 달하는, 세계 10위의 광역 도시다. 1624년 만들어질 때부터 다양한 인종이 함께 살기 시작한 데다 오늘날까지도 이민자를 계속 받아들이고 있어, 2020년 현재 전체 인구 가운데 36퍼센트가 이민자다. 세계 금융 중심지이자 여러 분야에 엄청난 영향력을 가진 곳인 동시에 늘 새로움을 추구하고 있어 항상 변화하는 도시다.

베를린은 뉴욕과 달리 정치 권력을 중심으로 발달했다. 유럽의 주요 도시들과 달리 도시에 항구가 없어 대외 사업 비중이 적었다. 1417년 브란덴부르크 변경백국Mark Brandenburg/Markgrafschaft Brandenburg 수도가 된 뒤 발전했으니, 로마는 물론 런던이나 파리보다도 역사가 짧다. 1701년 브란덴부르크 변경백국이 프로이센 왕국으로 확장하면서 발전을 거듭하더니 1871년 오토 폰 비스마르크가 주도하여 설립한 독일제국 수도로서 바야흐로 유럽 강대국 수도 중 하나가 되었다. 인구 증가세 역시 폭발하여 런던과 파리에 이어 세 번째로 큰 도시로 부상했다. 제1차 세계대전에 패배한 뒤 혁명을 통해 들어선 바이마르 공화국은 수도를 바이마르로 옮겼고, 수도의 자리를 내주긴 했지만 문화 기반이 튼튼한 베를린은 자유로운 시대를 맞아 문화 예술이 활발한 도시가 되었다. 그러나 이런 때는 오래 가지 못했다. 바이마르 공화국의 불안한 경제 상황을 틈타 아돌프 히틀러가 득세를 하더니, 어수선한 상황을 이용해 전체주의 국가를 만들어버렸다. 그가 만든 나치 시대에 베를린은 다시 수도가 되었다. 유대인을 비롯해 수많은 소수자들이 억압, 나아가 끔찍한 학살을 당했고, 전쟁으로 인한 폭격으로 시가지 곳곳이 폐허가 되는 등 도시는 어떤 면으로든 생기를 잃었다.

1873년 뉴욕 맨해튼. 미국 국회도서관.

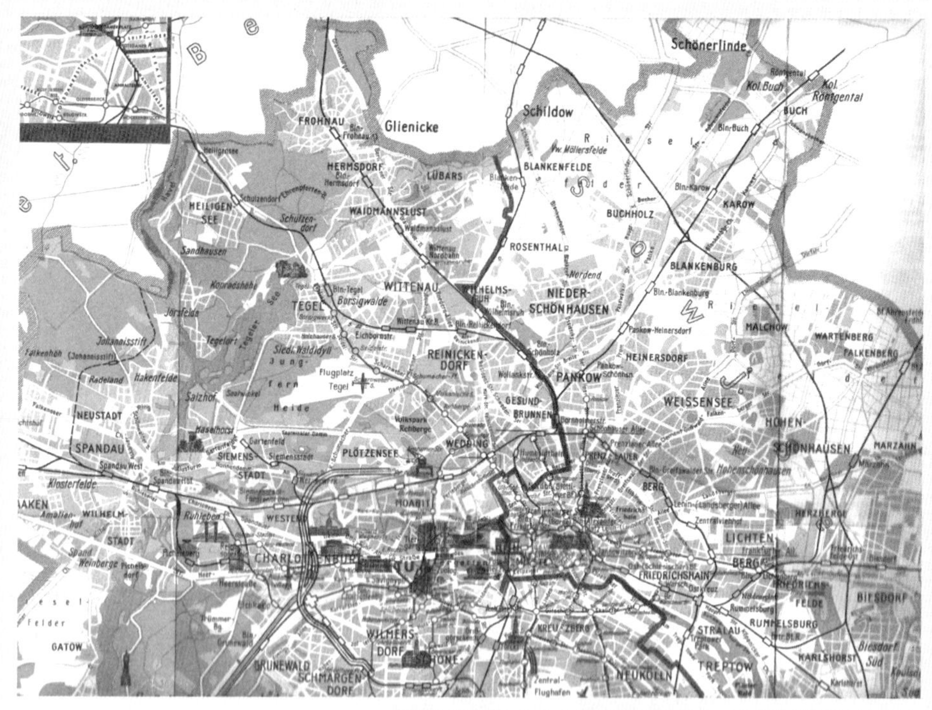

제2차 세계대전 이후 승전국에 의해 나뉜 1960년대 베를린 지도.

뉴욕과 베를린, 변화무쌍한 시대를 겪은 이 도시가 쌓아온 시간들

1785년부터 약 5년 동안 미국의 수도이긴 했으나 그 이후로 뉴욕이 정치의 중심인 적은 없었다. 대신 상업과 문화 도시로 발달, 미국이 20세기에 강대국에 이어 초강대국으로 부상하면서 뉴욕은 한때 세계에서 가장 인구가 많은 도시로 꼽혔고, 오늘날 런던과 나란히 세계에서 가장 영향력이 큰 도시로 꼽힌다.

그에 비해 베를린은 정치 권력을 중심으로 발달했다. 1417년 브란덴부르크 변경백국 시대 이후 프로이센 왕국을 거쳐 바이마르 공화국 시대 문화 예술이 활발한 도시로 꼽히기도 했다. 나치 시대 이후 냉전을 지나 독일 통일에 이르기까지 베를린의 시간은 숨가쁘게 전개되었다.

패전 후 전쟁에서 승리한 미국, 영국, 프랑스, 소련 등 연합국끼리 베를린을 나눠 점령하면서 이 도시의 새로운 역사가 시작되었다. 말하자면 우리가 여기서 이야기하고 있는 보존의 역사를 제대로 이해하려면 전쟁 전후, 그리고 이후 이어지는 냉전 시대의 역사를 알아둘 필요가 있다.

전쟁 직후 냉전기에 들어선 미국과 소련은 한반도에서처럼 독일에서도 자신들의 점령지에서 각각 국가를 만들었다. 1949년 미국·영국·프랑스가 점령한 서쪽에는 독일연방공화국(서독)이, 소련이 점령한 동쪽에는 독일민주공화국(동독)이 들어섰다. 이 사이에서 베를린은 공식적으로는 어느 쪽에도 속하지 않고 네 연합국이 각각 나눠서 계속 점령했지만, 사실상 미국·영국·프랑스가 점령한 부분은 서베를린, 소련이 점령한 지역은 동베를린으로 불렸다. 동독과 함께 동베를린을 점령한 소련은 이곳을 동독의 수도로 삼았지만, 서방 국가들은 이를 인정하지 않았다. 동독의 수도가 된 동베를린과는 대조적으로 서베를린은 공식적으로 미국, 영국, 프랑스가 점령한 상태라 이곳 시민들은 서독 국적을 가지고 시장과 의회 대표를 선거를 통해 뽑을 수는 있었지만 서독 국회에 대표를 두지는 못했다. 서독 또한 서베를린에 대한 통치 권한이 없었음으로 군대를 배치할 수 없었다. 군대를 배치할 수 없었기 때문에 서베를린에 사는 젊은이들에게는 군복무 의무가 주어지지 않았고, 이 때문에 다른 지역 젊은이들이 군입대를 피하기 위해 서베를린으로 이사를 하는 경우도 많았다. 서베를린에 대한 서독의 경제적 지원은 꾸준히 이어졌고, 치열한 냉전의 시대 서베를린은 자유와 번영의 상징이자, 저항적 분위기를 띰고 있는 사유 분방한 문화의 발신지로 그 이름을 알리기 시작했다.

서베를린을 둘러싼 독특한 상황으로 인한 격동의 시기는 1940년대 후반부터 1990년대 말까지 이어졌다. 동독을 탈출하려는 이들은 국경 경비가 느슨한 서베를린을 통해 빠져나오려 했고, 동독과 소련은 이를 막으려고 안간힘을 썼다. 서베를린을 억압하는 한편으로 국경 역시 엄격하게 관리했다. 1948년 소련은 서독에서 동베를린으로 향하는 모든 도로·철도·수로를 봉쇄하기도 했지만, 서방국들이 항공편으로 생필품을 계속 제공하는 통에 1949년 봉쇄를 풀기도 했다. 1950년대 들어오면서 서베를린의 경제가 점차 회복되자 동베를린에 사는 노동자 4만~6만 명이 매일 동쪽에서 서쪽으로 출퇴근을 해야 했고, 이들 가운데 망명자 수는 계속 늘어났다. 늘어나는 망명자들이 경제 회복에 걸림돌이 되자, 동독은 소련과 함께 1961년 서베를린을 둘러싼 장벽을 쌓아올렸다. 이 장벽은 1989년 동독에서 일어난 민주화 운동의 일환으로 국경 관리가 사라지고 더이상 의미가 없어져 철거되었고, 이후 1990년 10월 독일이 통일이 되면서 역사의 흔적으로 남게 되었다. 독일 통일로 베를린도 다시 하나가 된 것은 물론이었다.

주류 사회에서 해방을 꿈꾼 이들의 근거지, 뉴욕 그리니치빌리지

뉴욕은 거대하고 변화무쌍하다. 언제나 변하는 것이 일상인 곳이라 역사적 경관을 보존하는 일에 어울리는 도시가 아니다. 즉, 뉴욕은 '돈'이 모든 것을 좌우한다. 돈 앞에서는 어떤 명분도 힘을 잃는다. 따라서 보존을 둘러싼 주장이 제기가 되면 어떤 곳보다 크고작은 논란이 이어진다. 그럼에도 불구하고, 제3장에서 이야기한 제인 제이콥스 같은 운동가가 나타났으며, 그 뒤에도 보존을 둘러싼 여러 논란이 계속해서 이어지고 있는 곳도 뉴욕이다.

제인 제이콥스가 입지전적인 인물이긴 하지만 그렇다고 그에게 뉴욕에서 보존을 최초로 주장하고 나선 인물이라는 타이틀을 줄 수는 없다. 그가 등장하기 전 이미 보존 활동을 시작한 이들이 있었기 때문이다. 주류 사회에서 해방을 꿈꾸는 이들이었고, 문화예술인과 성소수자들이 주축이었다. 20세기 초부터 사회 운동가와 문화예술인들이 모여 살기 시작한 맨해튼의 그리니치빌리지Greenwich Village와 1940년대부터 문화예술인들의 새로운 세대가 모여 살기 시작한 브루클린의 브루클린하이츠Brooklyn Heights가 바로 그 현장이었다. 언젠가부터 많은 문화예술인들과 사회 운동가 그리고 성소수자들에게 이 두 곳은 마치 해방 구역처럼 여겨졌다.

그리니치빌리지는 오늘날 맨해튼에서 집이 가장 비싼 지역 중 하나로, 젠트리피케이션의 사례로 심심찮게 언급될 만큼 유명하다. 하지만 이는 비교적 최근의 일로, 예전에는 상업적으로 발전하는 맨해튼 안에서 유난히 문화예술인들이 많이 모여 사는 곳으로 알려져 있었다.

맨해튼은 뉴욕의 일부지만, 그 규모가 점점 커지기 시작했다. 제대로 관리하기 위해서는 이에 맞는 도시 계획이 필요했다. 1811년 맨해튼을 바둑판처럼 만들겠다는 도시 계획이 발표되었다. 그때만 해도 집 몇 채가 전부였던 인근 지역들을 전체 계획으로 흡수했고, 맨해튼은 빠른 속도로 도시화가 진행되었다. 뉴욕은 처음부터 빈부의 격차가 심했고, 상업으로 부를 이룬 부유층 못지 않게 극빈층도 많았다. 19세기 초 부유층들은 맨해튼의 오래된 지역들이 상업화되면서 오늘날의 그리니치빌리지 인근 지역에 모여 살았지민, 1860년내 이후 새로 개발된 북쪽으로 점차 이동했다. 이들이 거의 다 떠난 뒤 부유층들이 이동하면서 그들이 살던 곳은 상업화가 이루어졌고, 가까이에 있던 그리니치빌리지는 주택가로 남을 수 있었다. 부촌 주변이었기 때문에 주택의 상태도 비교적 괜찮았다. 그 덕분에 주거 기능을 여전히 유지할 수 있었다. 상업화가 되지 않고 주택으로 남아 주거 기능을 유지한 덕분에 이후 새로운 공동체를 만들 수 있기도 했다.

1857년 '10번가 스튜디오 빌딩'Tenth Street Studio Building의 등장은 그리니치빌리지 역사에서 주목할 만하다. 미국의 유명한 건축가 리처드 모리스 헌트Richard Morris Hunt, 1827~1895가 설계한 것으로, 미국 최초의 미술 작가들의 작업실 전용 건물이었다. '10번가 스튜디오 빌딩'은 곧장 뉴욕 미술계의 중심지로 부상했고, 많은 작가들이 그리니치빌리지로 모이기 시작했다. 당시 뉴욕은 미국에서 가장 큰 도시이자, 미국 미술 시장의 중심이었다. 이 시장을 향해 꿈을 품고 온 다른 지역 출신 작가들은 자연스럽게 그리니치빌리지를 거점으로 삼곤 했다. 그때만 해도 이 지역의 낡고 오래된 임대용 주택은 다른 동네보다 훨씬 저렴했기 때문에 이들이 쉽게 들어와 살 수 있기도 했다. 그러면서 그리니치빌리지는 미국 도시 안에 형성된 첫 번째 예술촌이 되었다. 20세기 이후 미국에서만 해도 여러 예술촌이 생겼다. 매사추세츠 주에 있는 프로빈스타운과 뉴멕시코 주에 있는 샌타페이와 타오스 등이 대표적이다. 하지만 그리니치빌리지 앞에 붙은 최초의 타이틀은 누구도 대신할 수 없다.

20세기가 열리면서 그리니치빌리지에는 사회주의와 아나키즘 운동가들이 하나둘 모이기 시작했다. 19세기 후반 이후 산업혁명이 미국의 북부 지역을 중심으로 가속화하면서 도시마다 노동자 인구가 급증했고, 노동 운동 또한 활발해졌다. 뉴욕은 물론 그 당시 급성장세에 있던 시카고의 지식인들 사이에 사회주의가 인기를 끌면서 아나키즘과 주류 사회에 대한 저항적 운동이 시작된 것이 배경의 하나로 작동했다. 수입이 적고 가진 게

별로 없던 운동가들에게 20세기 초 빈집이 많아지면서 점점 임대료가 저렴해진 그리니치빌리지는 괜찮은 선택지였다. 게다가 미술가들이 이미 활동하고 있었기 때문에 동네 분위기도 그리 나쁘지 않았다.

이 지점에서 그리니치빌리지에 모여들기 시작한 운동가들을 정치권이나 문화 세력 등과 연결한 인물에 대해 살펴볼 필요가 있다. 바로 마벨 닷지 루한Mabel Dodge Luhan, 1879~1962이다. 부유층 여성으로 1905년부터 1912년까지 이탈리아 피렌체에 살다가 미국으로 돌아오면서 그리니치빌리지에서 살기 시작했다. 그는 자신의 집에서 일주일에 한 번씩 지식 살롱을 열었다. 이곳에서 다양한 토론이 이루어졌다. 주로 정치 문제가 아닌 표현의 자유를 중심으로, 사회 문제와 미래 전망 등이 화제로 올랐고, 지역에서 활동하는 여러 분야의 사람들이 점차 모여들기 시작했다. 그 가운데는 아나키스트인 엠마 골드만Emma Goldman, 1869~1940이나 산아 제한 운동의 지도자이자 페미니즘 운동가인 마거릿 생어Margaret Sanger, 1879~1966도 있었다. 이렇게 지식 살롱을 통해 다양한 사람들을 연결시킨 루한은 얼마 지나지 않은 1916년 뉴욕을 떠나 뉴멕시코 주 타오스에서 새로운 예술촌을 설립함으로써 또다른 역사를 만들어내기도 했다.

1917년 미국은 제1차 세계대전에 참전했다. 전쟁 국면으로 접어들자 미국 사회에는 사회적 비판에 대한 규제가 생겼고, 지적 활동에 어려움이 이어졌다. 전쟁이 끝나자 이번에는 '적색공포'Red Scare가 온 사회를 휘감았다. 사회주의에 대한 동조 및 이에 찬성하는 시위 및 운동 등의 확산을 우려한 나머지 사회주의 운동은 물론 노동 운동을 하는 세력은 정치적인 탄압을 당했다. 적색공포의 영향이 얼마나 컸던지 사회 분위기는 전체적으로 보수화 경향을 보였고, 이로 인해 비주류 중심 문화의 실험대로 등장했던 그리니치빌리지에까지 찬바람이 불었다.

1920년대가 되자 사회 전반적으로 차츰 전쟁과 격동의 시대를 벗어나 새로운 기운이 움텄다. 그리니치빌리지에도 변화가 왔다. 다양한 문화예술인들이 새로 모였다. 초기 페미니즘 운동가로 유명한 시인과 희극 작가 에드나 세인트 빈센트 밀레이Edna St. Vincent Millay, 1892~1950도 1917년부터 이후 몇 년 동안 이곳에 살았고, 시인 E. E. 커밍스E. E. Cummings, 1894~1962는 1924년부터 이곳에 줄곧 살았다. 1917년 맨해튼 북쪽을 연결하는 지하철이 개통되면서 '와일드'한 그리니치빌리지를 구경하려는 사람이 늘었다. 이전에 비해 주택 임대료 등은 조금씩 올랐지만 뉴욕 다른 지역에 비해 상업화 속도도 늦은 편이었고, 개발의 압력도 적은 편이었다. 무엇보다 문화적인 분야에서 활동하는 사람들끼리 교류할 수 있는 기회가 많았기 때문에 그리니치빌리지는 계속해서 작가들에게는 인기가 있었다. 그래서일까. 1920년 '10번가 스튜디오 빌딩'이 상업 시설로 변할 위기에 처하자 몇몇 작가들이 힘을 합해 공동으로 이 건물을 매수, 작업실 공간으로 오래 유지하기도 했다. 이 건물은 1956년 아파트 공사를 위해 결국 철거되었다.

제2차 세계대전이 끝나면서 미국과 소련을 주축으로 하는 냉전의 시대로 접어들었다. 미국에서는 반공주의의 기세가 등등했다. 1930년대 대공황 시절까지만 해도 지식인들과 문화예술계 인사들 사이에 사회주의에 대한 호의적인 시선이 퍼져 있긴 했지만 1950년대 말부터는 분위기가 사뭇 달라졌다. 엄격한 반공주의의 영향 때문이었다. 1950년대 그리니치빌리지에 살거나 주로 이곳을 거점으로 삼아 활동하던 문화예술인들이 주축이 되어 비트 운동Beat Movement을 펼쳤다. 앨런 긴즈버그Allen Ginsberg, 1926~1997 같은 시인이나 밥 딜런Bob Dylan, 1941~ 같은 포크 가수 등도 그 가운데 한 명이었다. 그런데 이 운동에 참여하거나 동조하는 이들을 향해 '비협조주의자'nonconformist라는 표현이 보편적으로 사용되었다. 그만큼 표현의 자유가 위축되던 시대였다.

1960년대는 미국의 베트남 전쟁 참전이 사회 문제로 대두되었다. 개인 표현을 중시하던 비트 운동이 사라지고, 전쟁 참여에 반대하는 운동이 확산되었다. 각계 문화예술인들도 이에 적극적으로 동참했다. 반전 운동의 주축은 대학생들이었지만, 그리니치빌리지의 문화예술인 역시 다양한 문화 활동을 통해 반전 무드에 크게 기여했다.

이 시기 그리니치빌리지 문화예술인들이 관심을 둔 것은 또 있다. 바로 성소수자 인권 운동이었다. 이미 19세기말부터 이 지역에 문화예술인들이 많이 모여 살았던 것은 앞서도 말한 바 있다. 그들 가운데 성소수자 비율이 꽤 높았고, 다른 지역에 비해 비교적 이곳에서는 자유롭게 지낼 수 있었다. 물론 오늘날처럼 공개적으로 드러내기는 어려웠다. 더구나 뉴욕시는 그때만 해도 게이 바와 게이 호텔을 금지했고 경찰들의 단속도 잦았다. 그만큼 이들에 대한 억압이 매우 심했다.

1960년대는 그때까지 법적으로는 억압을, 사회적으로는 소외를 당했던 여러 사회 계층들이 주류 사회와 대등한 민권을 요구하기 시작했던 시기이기도 하다. 흑인과 여성들이 자신들의 인권과 민권을 보장하라고 요구하는 운동 등을 펼쳤고, 이런 움직임을 지켜본 성소수자들 역시 숨어 지내야 하는 법적·사회적 억압에서 해방되기를 꿈꿨다. 그리고 마침내, 1969년 경찰의 게이 바 단속에 반대해 일어난 저항은 성소수자 인권 운동의 도화선이 되었다. '스톤월 인'이라는 게이 바를 단속하는 경찰에게 한 고객이 거세게 항의했고, 이것이 가두 폭동으로 이어진 것이다. 속설에 의하면 당시 게이 바가 공식적으로는 금지되어 있긴 했지만 스톤월 주인이 마피아의 일원이라 경찰들도 눈감아주었는데, 마피아와 경찰들 사이가 안 좋아지면서 갑자기 단속을 했다고 한다.

오늘날 가게 이름에서 따와 스톤월 항쟁으로 불리곤 하는 이 폭동은 사흘 동안 이어졌고, 이후 그리니치빌리지에 살던 성소수자들은 자신들의 정체성을 밝히는 '아웃'으로 살겠다고 선언하면서 인권 운동에 적극적으로 나섰다. 이들의 요구에 뉴욕 시는 점차 규제를 풀기 시작, 미국의 성소수자가 '아웃'으로 살 수 있는 최초의 '게이버후드'gayborhood가 그리니치빌리지 안에 만들어졌다. 2016년 버락 오바마 전 대통령이 스톤월 인을 '스톤월 국립 기념물'Stonewall National Monument로 지정함으로써 성소수자의 역사와 관련한 미국 국립공원관리청 최초의 지정 장소가 되었다.

고속도로 건설 계획,
그리니치빌리지 역사 보존 지구 지정의 도화선이 되다

미국의 1960년대는 여러모로 의미 있는 시대였다. 역사적 경관 보존과 관련한 중요한 운동이 벌어진 것도 이때였다. 이미 1940년대부터 그리니치빌리지 한가운데를 관통하는 고속도로 건설 계획이 있긴 했지만, 그 구체적인 공사 계획이 발표된 건 1960년의 일이었다. 고속도로를 만들기 위한 철거 공사를 앞두고, 앞장에서 등장한, 주민 제인 제이콥스가 반대 운동에 나섰다. 건축 잡지 편집자이기도 했던 그는 같은 지역에서 뜻을 같이하는 다양한 시민들을 모아 항의 시위를 이어갔다. 당시 그리니치빌리지 고속도로를 제안한 인물은 로버트 모제스로, 그는 앞장에서 살핀 뉴올리언스 프렌치쿼터에서도 고속도로 건설 계획을 추진했던 바로 그 인물이다.

도시가 기억하는 저항의 문화, 뉴욕 그리니치빌리지와 브루클린하이츠

뉴욕에서 최초로 도시를 보존하려고 나선 이들은 주류 사회에서 해방을 꿈꾸는 이들이었고, 문화예술인과 성소수자들이 주축이었다. 20세기 초부터 사회 운동가와 문화예술인들이 모여 살기 시작한 맨해튼의 그리니치빌리지와 1940년대부터 문화예술인들의 새로운 세대가 모여 살기 시작한 브루클린하이츠가 바로 그 현장이었다. 그 가운데 특히 1857년에 들어선 '10번가 스튜디오 빌딩'과 1969년 6월 스톤월 폭동이 일어난 장소이자 현대 동성애자 권리 운동의 요람으로 미국 국립 역사 랜드마크 및 국립 기념물 로 지정된 스톤 월 인, 1940~1941년 무렵 브루클린하이츠의 여러 문화예술인들이 모여 살기 시작한 '2월의 집'은 기억할 만한 공간이다.

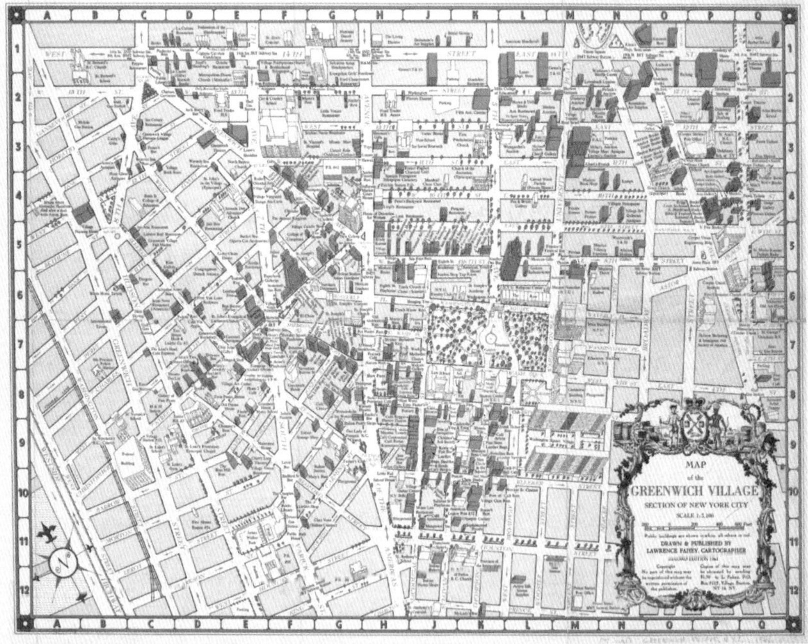

1961년 무렵 그리니치빌리지 지도. 뉴욕 공립도서관.

1870년 무렵의 그리니치 빌리지 10번가 스튜디오 빌딩. 미국 국회도서관.

미국 국립 기념물로 지정된 스톤 월 인. (출처. Rhododendrites, CC BY-SA 4.0, 위키미디어 경유)

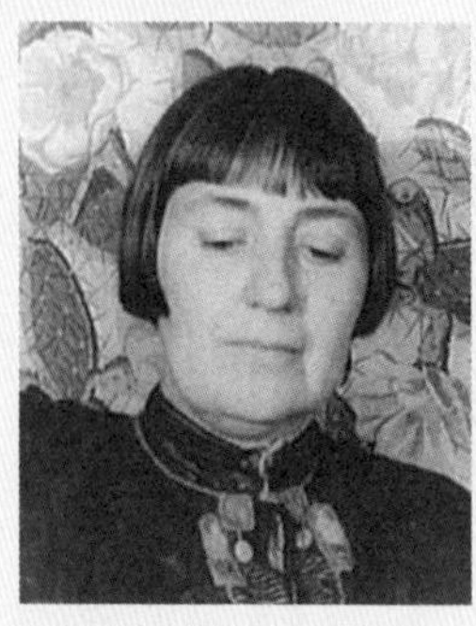

그리니치빌리지에 모여들기 시작한 운동가 중 대표적인 인물 가운데 하나인 마벨 닷지 루한. 미국 국회도서관.

그리치니 빌리지에 살던 인물 가운데 한 명인 아나키스트 엠마 골드만. 미국 국회도서관.

그리치니 빌리지에 살던 인물 가운데 한 명인 산아 제한 운동의 지도자이자 페미니즘 운동가인 마거릿 생어. 미국 국회도서관.

1920년대 그리니치빌리지에 살았던 초기 페미니즘 운동가로 유명한 시인과 희극 작가 에드나 세인트 빈센트 밀레이.

1920년대 그리니치빌리지에 살았던 시인 E. E. 커밍스. 미국 국회도서관.

그리니치빌리지 보존 운동가의 대명사로 알려진 제인 제이콥스의 1961년 당시 모습. 미국 국회도서관.

그리니치빌리지 고속도로를 제안했던 로버트 모제스의 1939년 당시 모습. 미국 국회도서관.

1988년 발간한 그리니치빌리지 안내서. 제목에 쓴 보헤미아Bohemia라는 말은 비주류를 뜻한다.

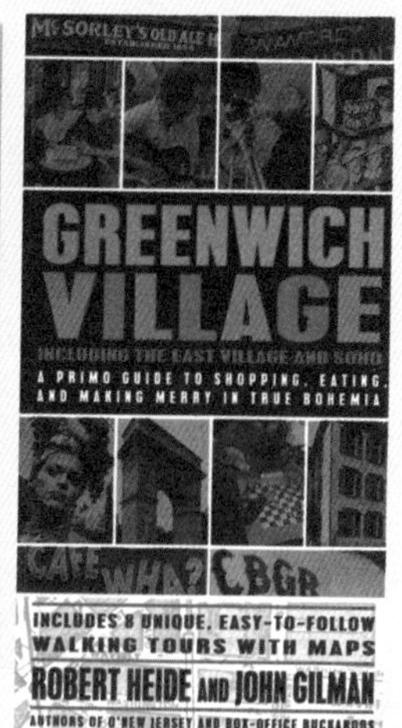

1995년 발간한 그리니치빌리지 안내서. 보헤미아라는 말이 사라졌다. 부촌이 되어가면서 비주류 분위기가 사라졌다는 상징처럼도 보인다.

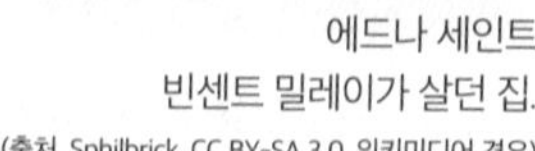

에드나 세인트 빈센트 밀레이가 살던 집.
(출처. Sphilbrick, CC BY-SA 3.0, 위키미디어 경유)

2022년 무렵의 그리니치빌리지 풍경.
(출처. Kidfly182, CC BY-SA 3.0, 위키미디어 경유)

뉴욕 시 고위직을 두루 역임해왔던 그는 그만큼 큰 영향력을 손에 쥐고 있었고, 그런 그의 눈에 주민들의 반대 시위는 그리 대단치 않아 보였을 것이다. 하지만 제인 제이콥스의 맹렬한 활동으로 시위에 동참하는 이들이 점점 늘어나면서 거꾸로 모제스의 입지가 약해졌다. 결국 1968년 모제스는 해임되었고, 1969년 고속도로 건설 계획은 철회되었으며, 나아가 같은 해 '그리니치빌리지 역사 보존 지구'Greenwich Village Historic District가 지정되었다. 물론 역사적 경관 보존 관련 미국 최초의 시민 운동은 아니지만, 개발 압력이 어느 곳보다 강했던 맨해튼에서 이루어진 사례라 전국적으로 큰 영향을 미쳤다. 이후로도 지난 역사를 통해 자신들의 지역에 대한 향수나 그리움을 느끼고 싶어하는 비슷한 이들의 운동의 중심은 그 지역의 부유층이나 기득권 세력이 아닌, 그 지역에 사는 다양한 시민들이었다.

고속도로 건설에 반대하는 운동의 원동력은 그리니치빌리지라는 지역에 오랜 시간 쌓인 반골 정신이었다. 그 정신의 핵심은 자본의 논리로 발전을 추구하려는 주류 문화가 아닌 개인의 자유를 중시하고 이를 표현하는 행위를 중점에 둔 대안 문화였다. 오늘날의 그리니치빌리지는 1980년대 이후 가속화한 젠트리피케이션으로 인해 누구나 쉽게 진입하기 어려운 부촌이 되었다. 시민들이 주축이 되어 지켜낸 역사적 경관을 주로 향유하는 이들이, 젠트리피케이션을 통해 만들어진 부촌 주민들이라는 것은 얼핏 아이러니하게도 보인다. 이처럼, 역사적 경관 보존을 통해 새로운 부촌이 만들어지는 사례는 그리니치빌리지만에만 국한되는 일은 아니다. 이는 역사적 경관 보존의 필요성이 대두되는, 특히 뉴욕 같은 대도시라면 피해갈 수 없는 모순인 동시에 해결책을 찾아내 풀어야 하는 과제이기도 하다.

그리니치빌리지를 지켰으나, 방값 부담을 피해 선택한 새로운 해방구, 브루클린하이츠

이미, 1920년대부터 많은 문화예술인들이 살기 시작하면서 그리니치빌리지는 오늘날 같은 부촌은 아니었지만 그렇다고 더 이상 '싼 동네'도 아니었다. 문화예술인 말고도 제인 제이콥스 같은 전문직들도 많이 들어와 살기 시작하면서, 젊은 문화예술인들에게는 꽤 부담스러울 만큼 방세가 올랐다. 좀 더 싼 방을 찾아 이들은 이스트 강을 건너 브루클린의 가장 오래된 지역인 브루클린하이츠로 모여들기 시작했다. 다른 곳에서 그리니치빌리지 같은 곳을 의도적으로 만들려고 했다기보다 맨해튼에 좀 더 가깝고, 간섭이 덜한 곳을 찾은 지역이 바로 브루클린하이츠였다.

오늘날 브루클린은 뉴욕의 다섯 개 자치구 중 하나지만, 1898년 뉴욕과 통합하기 전까지만 해도 독립 도시였다. 그 이전까지 뉴욕은 곧 오늘날의 맨해튼이었다. 1814년 맨해튼과 오늘날의 브루클린하이츠를 연결하는 페리가 다니기 시작하면서부터 브루클린의 개발 속도는 빨라졌다. 지하철도 물론 없었고 도로 사정도 좋지 않았던 그때 페리의 등장은 맨해튼과의 거리를 단번에 좁혀주었다. 그로 인해 브루클린하이츠는 빠른 속도로 맨해튼의 첫 교외 주택지로 떠올랐고, 1816년 뉴욕 주로부터 읍village으로 인정 받았다. 이후 19세기 내내 브루클린은 문화의 중심지로 여겨졌고, 주민들은 대개 중산층 이상이었다. 1883년 브루클린 교의 완공, 1908년 지하철 노선의 완성으로 맨해튼과의 왕래가 더 편리해졌고, 이 무렵 중산층들이 점차 이 지역을 떠나기 시작했다. 규모가 꽤 큰 호텔들이 문을 열었고, 1930년대 전후로 큰 집들이 셋방으로 쪼개지면서 유지 및 관리가 허술해졌다. 집 상태에 따라 임대료도 저렴해졌다.

이렇게 싼 집들을 찾아 문화예술인들이 찾아오기 시작한 것은 1940년대 무렵부터였다. 가진 돈들이 많지 않아 집 상태가 좋지 않아도 수리를 할 수 없었다. 그러면서 흥미로운 사례도 등장했다. 1940~41년 무렵 같은 집에 여러 문화예술인들이 모여 살기 시작했다. 이름하여 '2월의 집'February House이다. 한 잡지 편집자가 먼저 집을 임대한 뒤 시인 W. H. 오든W. H. Auden, 1907~1973, 소설가 카슨 맥컬러스Carson McCullers, 1917~1967, 작곡가 벤저민 브리튼Benjamin Britten, 1913~1976 등의 친구들과 함께 살면서 일종의 문화 공동체를 만들었는데, 함께 살던 누군가의 생일이 2월이라 그렇게 부르기 시작했다고 전해진다. '2월의 집'은 문화예술인들이 살았을 뿐만 아니라 주변의 친구들도 자주 초대해 모임을 가졌고, 점점 브루클린하이츠에서만이 아니라 뉴욕 전체에서도 문화 거점으로 이름이 알려졌다. 1941년 말, 함께 살던 이들이 뿔뿔이 흩어져 떠났고, 1945년 고속도로 공사를 위해 철거되었지만 돈 없는 문화예술인들의 공동체라는 유의미한 사례로 기록되었다.

브루클린하이츠에는 다른 유명인들도 꽤 살았다. 『세일즈맨의 죽음』을 쓴 극작가 아서 밀러Arthur Miller, 1915~2005는 1940년에 들어온 뒤 1955년까지 몇 번 이사를 해가면서 이 지역에 계속 살았다. 제2차 세계대전 중에는 근처 브루클린 해군 공장에서 일하면서 글을 썼다는 그는 한 인터뷰에서 브루클린하이츠가 저렴했기 때문에 선택했다고 답했다. 밀러 외에도 소설 『티파니에서 아침을』을 쓴 트루먼 커포티Truman Capote, 1924~1984는 1955년부터 1965년까지 살았고 뛰어난 전쟁 문학 작품으로 평가 받은 소설 『나자裸者와 사자死者』를 쓴 노먼 메일러Norman Mailer, 1923~2007는 1943년부터 죽을 때까지 약 60여 년을 이 지역에서 살았다.

1940년대부터 브루클린하이츠에 문화예술인이 모이기 시작한 것과는 대조적으로 브루클린의 다른 지역은 비슷한 시기, 서서히 쇠퇴하기 시작했다. 1939년 브루클린의 첫 번째 고속도로 공사가 시작되자, 이민자와 노동자들이 많이 사는 지역은 별 저항없이 손쉽게 철거되었다. 1942년 브루클린하이츠 지역에도 고속도로 공사 계획이 발표되었다. 그러자 1910년 설립했던 '브루클린하이츠 주민협회'Brooklyn Heights Association가 이에 반대하고 나섰다. 이 지역에 남아 있던 몇몇 부유한 가문을 중심으로 만들어진 협회라 시 당국에 항의할 만한 사회적 자본이 있었다. 같은 시기 문화예술인들 역시 반대 운동에 힘을 합했고, 이로 인해 전반적으로 고속도로 건설에 반대하는 지역 사회의 여론이 높아짐으로 인해 시 당국으로서는 계획의 일부를 수정할 수밖에 없었다. 그 결과 계획보다 훨씬 늦은 1954년에 개통한 고속도로는 바다를 끼고 2층으로 만들어졌으며, 그위로는 맨해튼과 자유여신상을 잘 바라볼 수 있는 전망 좋은 산책길이 만들어졌다. 공사를 위한 철거도, 고속도로로 인한 소음과 오염도 최소화했다. 그럼에도 '2월의 집'이 철거된 것은 아쉬움으로 남았다.

그리니치빌리지를 떠난 문화예술인들이 비록 저렴한 주택과 자유롭게 살 수 있는 공간을 찾아 브루클린하이츠를 찾았지만, 그들로 인해 브루클린하이츠가 슬럼가로 변하지는 않았다. 오히려 브루클린하이츠에 살던 이들 가운데 아서 밀러처럼 사회적으로 유명해진 사람들도 생기면서 이들의 명성과 사회적 자본이 브루클린하이츠에 좋은 영향을 미쳤다. 그 결과 1950년대 중반부터는 새로운 세대가 이 지역으로 이사를 오기 시작했고, 자연스럽게 중산층들이 살고 싶어 하는 지역으로 변모해갔다. 이른바 젠트리피케이션이 시작된 것이다. 당시 미국의 거의 모든 대도시는 인구

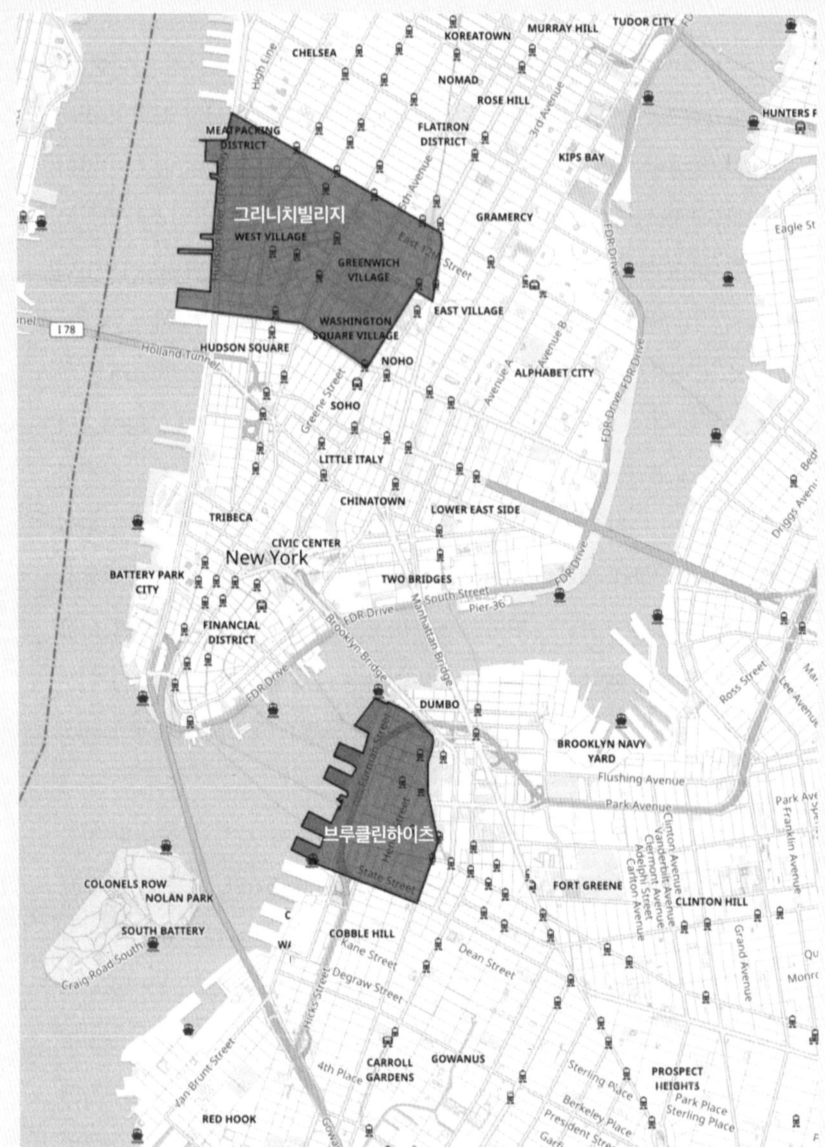

뉴욕 그리니치빌리지와 브루클린하이츠 위치.

브루클린하이츠의 '2월의 집' 전경.

2022년 무렵의 브루클린하이츠 전경.

는 줄어들고 슬럼가는 늘어나는 추세여서 젠트리피케이션이 사회적으로 큰 이야깃거리가 되지는 않았지만, 21세기의 시선으로, 당시의 현상만으로 놓고 보면 브루클린하이츠는 문화예술인의 자발적 행위로 인한 젠트리피케이션의 초기 사례 중 하나라고 할 수 있다.

이 지역의 고속도로 반대 운동은 제인 제이콥스를 중심으로 한 그리니치빌리지에서의 반대 운동보다 먼저 시작했다. '브루클린하이츠 역사 보존 지구'Brooklyn Heights Historic District 역시 그리니치빌리지보다 4년 먼저인 1965년에 지정되었다. 오늘날 그리니치빌리지의 사례는 널리 알려졌으나 브루클린하이츠 사례는 모르는 이들이 더 많다. 브루클린하이츠가 맨해튼의 한복판이 아닌 데다 제인 제이콥스 같은 유명한 운동가가 주도하지 않았기 때문은 아닐까.

서베를린의 크로이츠베르크, 불법 거주 운동이 도시 재생 사업으로

서베를린은 뉴욕에 비해 사회 비판과 저항의 목소리가 더 강했다. 제2차 세계대전을 겪으면서 베를린은 많은 폭격을 당했고, 그로 인해 도시 곳곳이 멸실되었다. 분단 이후 냉전 시대 내내 양쪽 베를린은 각자 복구 사업에 바빴지만, 서독의 경제가 앞서가면서 서베를린 쪽의 복구 속도가 훨씬 더 빨랐다. 1950년대 세계적으로 유행하던 모더니즘의 영향을 받은 아파트 단지 등도 많이 들어섰다. 최신식 모던 도시라는 인상을 주고 싶었던 의도도 물론 있었다. 20세기 초반 들어 양차 세계대전에서 모두 패한 독일로서는 지난 역사는 잊고 앞으로 나아가고 싶은 욕망도 컸을 것이다. 그래서인지 서베를린은 옛날 그대로의 모습을 복원한다거나 역사적 경관을 보존하는 데 그리 큰 관심을 갖지 않았다. 대신 모던 베를린의 상징물로 인터바우Interbau 사회주택 단지와 쿨투르포럼Kulturforum 문화 단지를 전면에 내세우곤 했다.

1961년 동독에서 쌓아올린 베를린 장벽은 큰 충격이었다. 그렇지 않아도 역사적 원도심의 상당 부분과 단절이 되어 있던 서베를린의 역사성은 더욱 더 약화되었다. 베를린 장벽은 오랫동안 한 지역으로 형성되었던 지역을 두 개로 자른 것뿐만 아니라 장벽의 양쪽으로 이동이 불편한 지역도 만들었다. 대표적인 곳이 바로 크로이츠베르크Kreuzberg다. 장벽의 그늘 아래 위치하게 된 이 지역은 주택 사정이 좋지 않은 데다 머지 않아 재개발이 추진되면서 전반적으로 주거 환경이 썩 좋지 않았다. 그러자 저렴한 임대 주택을 찾는 튀르키예 이민자들이 하나둘 모이기 시작했고, 한편으로는 1970년대 군 입대를 피해 서베를린을 찾아온 젊은이들 가운데 진보적이거나 반체제 사상을 가진 이들이 이 지역으로 모여들기 시작했다.

1974년 지하철역 근처로 새로운 아파트가 올라가긴 했지만, 재개발을 기다리는 많은 집들의 상태는 여전히, 지속적으로 낙후되었고 사람들이 살지 않는 빈집들도 늘어났다. 1970년대 후반, 진보적 사상을 가진 젊은이들이 하나둘 이런 빈집에 살기 시작했다. 방세를 내지 않고, 누구의 허락도 받지 않고 그냥 들어가 살기 시작한 것이다. 불법 거주 운동은 이렇게 시작되었다. 크로이츠베르크에서 시작한 젊은이들의 불법 거주 운동은 서베를린의 다른 지역으로도 확산되었다. 경찰이 강제로 불법 거주자를 내쫓으려는 시도도 있었으나 성공하지 못했다. 그러자 서베를린 정부는 1980년대 초 정책을 아예 전환, 불법 거주자들을 아예 합법적으로 살 수 있게 하고, 집 수리를 지원하기로 했다. 이로써 늘어나는 빈집에 사람이 살기 시작했고, 불법 거주 운동이 도시 재생 사업으로 전환되는 특이한 사례가 탄생했다.

이 지역에는 학생이나 예술인들은 물론, 이민자를 환영하는 진보주의자들도 많이 살았다. 이들은 독일 사회에서 차별을 받고 있는 튀르키예 이민자들과의 연대를 통해 조금은 독특한 공동체를 이루었다. 주로 반전이나 평화 등 거시적인 이슈를 중심에 두고 국가의 정책 변화를 꾀하려했던 미국, 프랑스, 일본 등의 학생 운동과 달리 이 지역의 진보주의자들은 반전과 평화에 대한 관심이 없지는 않았으나 이민자와 비주류에 속한 이들과 함께 하는 공동체를 만드는 등의 이른바 미시적 이슈에 대한 관심이 훨씬 더 컸다.

크로이츠베르크에 모인 이들이 펼친 불법 거주 운동은 한 지역의 현황을 개선하고 새로운 공동체를 만드는 것이 목적이었다. 당시 공산주의 국가인 동독에 둘러싸여 있던 서베를린 시민들은 반공의식이 투철했다. 따라서 진보적 사상을 가진 젊은이들을 바라보는 일반의 시선은 매우 비판적이었다. 때문에 크로이츠베르크는 이들에게 일종의 해방구였다. 브루클린하이츠와 유사한 부분이 있긴 하지만, 크로이츠베르크는 장벽 때문에 더욱 열악했고 어느 정도라도 유명세가 있는 문화예술인들보다 주류에 반기를 든 진보주의, 나아가 반체제적인 성격이 훨씬 더 강했다.

크로이츠베르크를 넘어 쇠네베르크까지, 펑크와 인디문화의 중심지로 떠오르다

물론 그 모습 그대로 늘 있던 것은 아니다. 다른 도시 지역과 마찬가지로 크로이츠베르크 역시 변화를 거듭했다. 1970년대 후반 서베를린의 인디 문화가 활발해지자 젊은 문화예술인들은 크로이츠베르크와 가까운 쇠네베르크Schöneberg 지역을 찾기 시작했다.

바이마르 공화국 시대인 1920년대와 1930년대 쇠네베르크는 뉴욕의 그리니치빌리지처럼 문화예술인들이 많이 살았고, 놀렌도르프Nollendorf 광장을 중심으로 성소수자들이 활동하기도 했다. 제2차 세계대전 이후에는 베를린에서 문화적 활동이 자유로운 곳으로 알려졌으며, 1970년대 후반에는 영국 출신 가수 데이비드 보위David Bowie, 1947~2016와 미국 출신 가수 이기 팝Iggy Pop, 1947~ 이 2년 간 함께 쇠네베르크에 사는 등 새로운 문화예술인들이 이사를 오면서 이들을 위한 바와 클럽 등이 곳곳에 들어섰다. 이런 곳들은 때마침 부활하는 게이버후드와 융합했다.

1970년대 초 빌리 브란트 서독 총리가 추진했던 '동방 정책'Ostpolitik에 따라 서독과 동독의 경쟁이 점차 약화되면서 일반 시민들의 보수적인 반공 의식도 누그러졌다. 그러면서 점차 서베를린은 전체적으로 활기를 띠었다. 크로이츠베르크와 쇠네베르크는 서베를린의 펑크와 인디 음악의 중심지로 부상, 이런 음악과 분위기를 좋아하는 사람들 사이에 이른바 '힙한' 동네가 되었다.

그러자, 어김없이 젠트리피케이션이 시작되었다. 1990년대 쇠네베르크가 먼저였다. 크로이츠베르크 역시 예외가 아니었다. 1989년 베를린 장벽이 무너지고 1990년 독일이 통일되자 크로이츠베르크는 장벽의 그늘에서 해방되었다. 우범 지역이라는 이미지 때문에 변화가 조금 늦긴 했지만 2000년대 들어서면서 쇠네베르크에 이어 이곳에서도 젠트리피케이션이 시작되었다. 불법 거주자들이 몇몇 남기도 했지만, 대부분 떠나기 시작했고, 튀르키예 이민자들도 다른 곳으로 떠났다. 그들이 떠난 빈자

도시가 기억하는 또다른 저항의 문화, 베를린 크로이츠베르크와 쇠네베르크

1970년대 후반 서베를린의 인디 문화가 활발해지자 젊은 문화예술인들은 크로이츠베르크와 가까운 쇠네베르크 지역을 찾기 시작했다. 1989년 베를린 장벽이 무너지고 1990년 독일이 통일되자 크로이츠베르크는 장벽의 그늘에서 해방되었다. 우범 지역이라는 이미지 때문에 변화가 조금 늦긴 했지만 2000년대 들어서면서 쇠네베르크에 이어 이곳에서도 젠트리피케이션이 시작되었다.

1986년 베를린 장벽. (출처. Noir, CC BY-SA 3.0, 위키미디어 경유)

A devastated area has come to life again. On the bombed site of the Hansa quarter architects of international repute have built a new borough amid trees and public gardens.

Berlin at night is specially attractive on the Kurfürstendamm. Every visitor to Berlin makes a point of strolling along the "Kudamm". In the background the new Kaiser-Wilhelm Memorial Church and the shattered tower of the old church.

The Brandenburger Tor remains the symbol of Berlin. The wall erected by those in authority in East Berlin will not impair its beauty forever.

St. Mary's Church on Neuer Markt in East Berlin is still the church of the Protestant bishop of Berlin. Since the "Wall" was built, however, the inhabitants of West Berlin are denied access.

1960년대 서베를린 관광 지도에서 소개한 명소들. 왼쪽 위부터 시계 방향으로 전쟁의 폐허 위에 새로 지은 공동주택단지, 카이저 빌헬름 기념 교회와 그 주변, 베를린 장벽 설치 후 서베를린 주민들이 예배를 드릴 수 없게 된 동베를린 쪽 성모교회, 브란덴부르크 문 앞을 지나가는 베를린 장벽이다. 1960년대 서베를린 관광 지도에서 소개한 명소들. 왼쪽 위부터 시계 방향으로 전쟁의 폐허 위에 새로 지은 공동주택단지, 카이저 빌헬름 기념 교회와 그 주변, 베를린 장벽 설치 후 서베를린 주민들이 예배를 드릴 수 없게 된 동베를린 쪽 성모교회, 브란덴부르크 문 앞을 지나가는 베를린 장벽이다.

1960년대 서베를린 관광 지도.

2022년 베를린 크로이츠베르크 전경.

IST
RAUCHHAUS
2018
ACAB

리는 다른 지역에서 온, 이 동네의 분위기를 좋아하는 사람들로 점차 채워졌다. 한때 일반 시민들의 눈에 과격해 보일 만큼 반골 정신으로 가득했던 이 지역은 통일 베를린의 새로운 관광지로 급부상했다. 2010년대 SNS, 에어비엔비 등의 붐이 일면서 크로이츠베르크와 쇠네베르크에는 여행자들을 위한 숙박 시설이 들어서기 시작했고, 부동산 가격이 오르기 시작하면서 젠트리피케이션이 가속화되었다. 크로이츠베르크가 오랜 시간 지녀온 성향으로 인해 한편에서는 젠트리피케이션을 가속화하는 요인 가운데 하나인 임대용 건물의 매각에 반대하는 세입자 운동이 펼쳐지기도 하고, 유지 관리가 허술한 대기업 건물주에 대한 세입자 항의도 활발한 편이기는 하다.

젠트리피케이션으로 인해 크로이츠베르크는 예전의 모습이 아니긴 하다. 유럽 대도시의 또다른 '힙한' 테마파크로 변한 측면도 있다. 그럼에도 불구하고 독특한 지리적 위치와 역사로 인해 베를린의 역사적 풍경이 잘 보존되어 있는 곳이기도 하다. 보존이 가능했던 이유는 재개발을 추진하기 위해 거의 방치 상태로 두었던 이곳에 새로운 사람들이 들어왔기 때문이다. 베를린 장벽 이후 주류의 관심사 밖으로 밀려난 이곳에 튀르키예 이민자들이 들어오면서 쇠퇴 속도가 늦춰졌다. 여기에 진보적 성향이 강한 젊은이들이 들어와 경찰과 마찰을 빚으면서까지 빈집을 차지해 살면서 이 지역의 재개발 계획을 멈추게 했고, 나아가 오래된 건물을 중심으로 지역이 재생될 수 있도록 정책의 변화를 이끌었다. 시간이 흐르면서 외부의 관심을 받아 비록 젠트리피케이션을 피할 수는 없었지만, 적어도 모더니즘의 영향으로 무조건 오래된 것을 철거하고 새로운 것으로 다시 짓는 방식의 개발을 막았다는 것은 의미가 있다. 누군가에게는 시끄럽고, 또 누군가에게는 과격해 보였지만 결국 그랬기 때문에 옛모습을 간직할 수 있게 된 셈이다.

서베를린의 본격적인 도시 재생 사업의 시작은, 모더니즘 유행이 지난 뒤인, 다시 말해 역사적 경관을 존중하는 보존 정책을 선진국의 많은 도시에서 도입한 이후부터였다. 어떤 이유와 과정을 통해 역사적 경관을 보존하고, 그로 인해 형성된 분위기가 젠트리피케이션으로 이어진 사례는 비단 크로이츠베르크만의 이야기는 아니다. 다만 이민자들과 진보 성향이 강한 젊은이들이 지역의 쇠퇴를 막아냄으로써 그 지역의 역사적 경관을 지켜냈다는 것, 하나의 지역과 그 지역에 쌓인 역사의 관계가 뚜렷하게 남아 있다는 점은 이곳만이 갖는 특징적인 부분이라 할 수 있다. 어쩌면 오늘날 많은 이들이 이 지역을 주목하고, 식지 않는 관심을 보이고 있는 것도 그 이유 때문이 아닐까.

뉴욕 그리니치빌리지와 브루클린하이츠, 서베를린의 크로이츠베르크와 쇠네베르크의 공통점은?

뉴욕의 그리니치빌리지와 브루클린하이츠를 서베를린의 크로이츠베르크와 나란히 두기에는 서로 다른 점이 매우 많다. 크로이츠베르크 그리고 쇠네베르크에는 특별한 역사적 경관도 없으며, 부촌이었던 적도 없다. 나치 파시즘, 제2차 세계대전, 분단의 시대를 거치면서 역사적 격동기를 보내야 했던 까닭에 뉴욕의 그리니치빌리지나 브루클린하이츠가 경험하지 못한 여러 어려움도 견뎌야 했다.

이렇게 다른 점이 많은 이들 지역 사이의 공통점은 어떤 게 있을까. 무엇보다 이들 지역을 잘 살펴보면 20세기 역사적 경관 보존의 여러 쟁점을 잘 파악할 수 있다.

첫째, 이들 지역은 주류의 관심 밖으로 밀려난 뒤, 문화예술인을 비롯해 성소수자, 진보주의자, 사회 운동가 등이 해방구 삼아 찾아온 곳들이었다. 그 역사와 비율은 지역마다 다르지만, 크게 보면 비슷한 흐름을 보인다. 이 지역에 찾아온 이들은 주류의 생활 방식 대신 자신들의 개성을 표현하는, '라이프 스타일'을 반영할 수 있는 곳으로 이 지역을 선택했다. 제3장에서 살펴본 '자신들의 아름다운 역사'를 보존하기 위해 노력한 보수적인 부유층과는 얼핏 다른 성격으로 보인다. 하지만 꼭 그럴까. 뉴욕이나 베를린이라는, 같은 대도시에 살던 다른 주민들 가운데 이들처럼 자신들의 취향대로 지역을 선택해 살 수 없는 사회 계층들이 더 많았음을 떠올린다면 이들은 어떤 의미로 볼 때 제3장의 부유층들과 다른 듯 같은 부분이 없지는 않다고 할 수 있지 않을까.

둘째, 1940년대부터 1970년대까지 세계적으로 유행한 모더니즘의 영향으로 오래된 도시 공간의 일부를 철거한 뒤 고속도로와 새로운 아파트를 짓겠다는 이슈가 이 지역에 공통적으로 존재했다. 이에 반대하는 주민들과 시민들의 반발로 여러 계획이 수정되거나 철회되었다. 역사적 경관을 보존한다기보다 주거 공간의 생태를 지키기 위한 시민 운동이라 할 수 있지만, 개발 편의주의적인 계획을 세운 외부 세력에 맞서 지역의 역사적 가치와 오래된 건물을 지키고 이를 적극적으로 활용하기까지의 서사는 눈여겨볼 지점이 있다. 크게 보면 결국 시민의 힘으로 역사적 경관을 비교적 잘 보존한 사례이기도 하다.

셋째, 이들 지역에서 일어난 주민 중심의 보존 운동은 대체로 성공했고, 여전히 그 지역들은 오늘날까지도 잘 남아 있다. 20세기 말에 접어들면서부터 주요 도시마다 역사적 경관이 잘 남아 있는 지역은 언론의 주목을 받고, 관광 대상지가 되면서 젠트리피케이션이 시작됐다. 이들 지역 역시 예외가 아니었다. 이들 지역을 찾는 사람들이 늘어나면서 지역의 상점과 주택을 찾는 사람들도 늘어났다. 수요가 늘어나자 부동산 값이 가파르게 오르기 시작했다. 그러면서 치솟는 임대료를 감당하기 어려운 이들은 지역을 떠날 수밖에 없었다. 오래된 상점 주인들, 오래 살던 주민들이 떠난 곳으로 경제력을 갖춘 이들이 들어왔고, 이들에 걸맞는 부촌이자 테마파크로 변화했다. 이들 지역을 보존한 것은 이상주의를 좇아 해방구를 찾아온 사람들, 이곳에 살던 시민들이었지만 21세기 이후 대체로 젠트리피케이션의 상징으로 회자되었다. 특히 그리니치빌리지는 오늘날 집값 비싼 맨해튼에서도 가장 비싼 동네 중 하나로 손꼽힐 뿐만 아니라 연예인과 초부유층이 살고 있는 관광지로 변했다. 이런 현상은 이들 지역 이외에서도 쉽게 찾아볼 수 있다.

이런 변화를 통해 이들 지역은 우리에게 중요한 질문을 던지고 있다. 뉴욕이나 베를린 같은 대도시에서 역사적 경관을 보존하는 행위는 과연 누구를 위한 것인가, 하는 질문이다. 이 질문은 더 큰 의미를 품고 있다. 말하자면 도시의 주인은 누구인가, 누구여야 하는가를 묻는 질문이기도 하다.

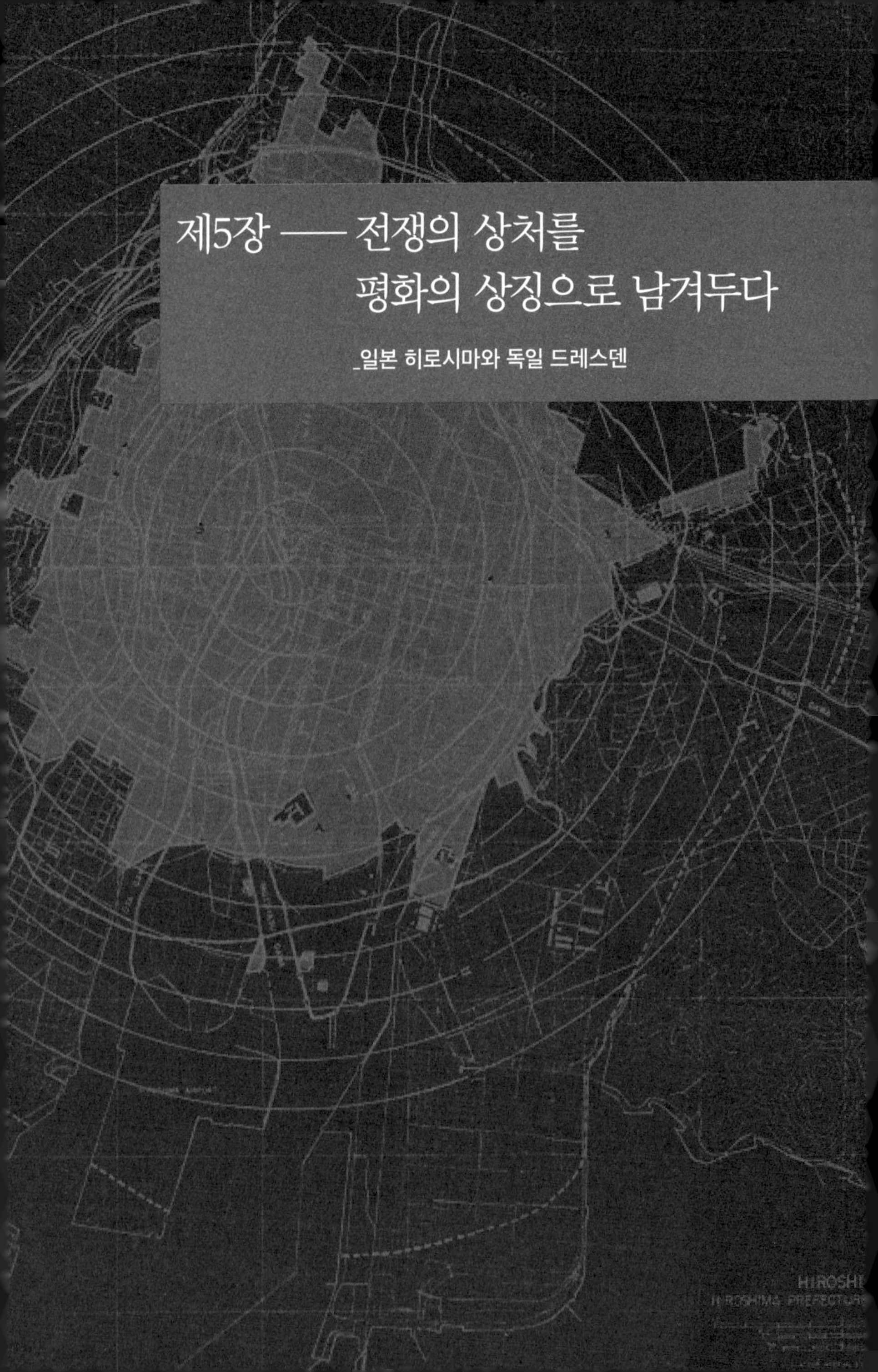

제5장 —— 전쟁의 상처를 평화의 상징으로 남겨두다

_일본 히로시마와 독일 드레스덴

HIRO
HIROSHIMA PREFEC

전쟁의 상처로 평화를 기념하다, 도시의 역사를 넘어 세계 평화를 호소하다

역사적으로 보자면 사라질 위기에 처했던 도시들이 많다. 재난과 전쟁은 한순간에 도시를 파괴시키기도 하지만 그럼에도 불구하고 그곳에 사는 사람들의 끈질긴 노력과 인내를 통해 복구와 회복의 과정을 거쳐 되살아난 사례를 우리는 알고 있다. 그런 위기를 극복한 도시들은 겪어온 재난과 복구의 역사를 여러 형태로 기록하거나 기념하곤 하는데, 이를 통해 후대 사람들은 한 도시의 생을 이어온 선대의 노력에 경의를 표하게 된다.

도시를 파괴하는 대표적인 요인은 다름아닌 전쟁이다. 20세기 들어 양차 세계대전을 겪으며 피해를 입은 도시는 한둘이 아니었다. 특히 더 많은 사람을 더 효율적으로 살상하기 위해 과학 기술을 도입했던 제2차 세계대전으로 인한 도시의 파괴는 그 이전까지 감히 상상조차 할 수 없을 만큼 엄청난 피해를 야기했다. 원자폭탄의 투하로 전쟁의 마침표를 찍었으나 그로 인한 피해는 그후로도 오랫동안 살아남은 자들의 몫이 되었다.

폐허가 된 땅에 남은 이들은 바로 그 땅에서 복구 작업을 시작했다. 사라져버린 역사적 경관도 당연히 복구 대상이었다. 하지만 워낙 파괴의 규모가 커서 예전 모습을 되찾기는 어려웠다. 그렇다 보니 상징적으로 남겨둘 곳을 중심으로 복원을 진행하곤 했다. 예를 들면 역사적으로 의미가 있는 원도심 핵심 부분이나 문화유산으로 인정을 받은 건물 주변 등이 물망에 올랐다. 그밖의 지역에는 대개 이전의 기억 대신 새로 지은 건물이 자리를 차지했다. 그런 상황 자체가 파괴로 인한 피해의 기록이자 이를 극복한 상징으로 여겨지곤 했다. 때문에 복원된 곳에는 대개 피해를 입은 사실과 그 피해로 인해 세상을 떠난 이들을 애도하는 표지를 두곤 한다.

그렇지만 도시는 멈추지 않고 변화하고 흘러간다. 때문에 한 도시의 역사적 서사는 복구와 복원으로 끝나지 않고, 그 이후도 변화는 계속되고, 그로 인해 도시의 서사는 끝없이, 동시에 새롭게 이어진다.

전쟁의 피해와 파괴의 규모로만 보자면 어떤 도시에도 뒤지지 않을 일본 히로시마와 독일 드레스덴이 역사를 기억하는 방법은 단지 지난 역사를 기억하고 기록하는 것에서 한발 더 나아간다. 이 두 도시는 조금은 다른 방식으로 자신들이 겪은 피해를 드러낸다. 피해를 입은 도시를 바라보는 대신, 그 피해를 통해 인류의 평화를 호소한다.

1945년 8월 6일 히로시마에 역사상 첫 번째로 원자폭탄이 투하되었다. 도시의 약 70퍼센트, 도심부는 거의 100퍼센트 파괴되었다. 1940년대 후반 미군이 밝힌 통계에 의하면 약 7만 명, 1977년 일본의 조사 결과에 의하면 14만 명이 목숨을 잃었다.

1945년 2월 13일부터 15일까지 드레스덴은 연합군으로부터 네 차례의 공격을 당했다. 공군의 폭격으로 도심부의 90퍼센트가 파괴되었고, 그 주변부 역시 막대한 피해를 입었다. 며칠 사이에 2만 5천 명이 목숨을 잃었다.

이렇게 끔찍한 피해를 입은 이들 도시는 어떻게 역사를 보존하고 나아가 평화를 기념하게 되었을까. 이런 일련의 과정은 역사적 경관 보존과는 어떤 관계가 있는 걸까.

군국주의 일본제국의 종지부, 히로시마와 나치 독일의 비극, 드레스덴이 역사를 기억하는 방법

히로시마는 오늘날 일본 서쪽의 주고쿠中国 지역에서 가장 큰 도시다. 1589년 임진왜란에 참전하기도 했던 모리 데루모토毛利輝元, 1555~1625라는 강력한 다이묘가 세운 뒤 에도 시대에는 지역의 권력 중심으로까지 성장했다. 메이지 유신 이후 일본 전역이 공업화되면서 히로시마는 다시 한 번 도약, 일본 내해인 세토나이카이瀨戶內海의 주요 교역 도시로 떠올랐다. 이뿐만 아니라 1889년 인근 구레呉 지역에 중요한 해군 기지인 구레 해군 공창이 들어섬으로써 군사적 기능까지도 갖게 되었다.

일본은 군국주의의 길을 걸으면서 동아시아의 거의 모든 나라를 침략하고 제2차 세계대전에까지 참전했다. 지역의 주요 도시로서 전략적 가치가 있던 히로시마는 연합군의 공격 대상이 되었고, 1945년 8월 6일 역사상 최초로 원자폭탄이 히로시마 한복판에 떨어졌다. 사흘 후에는 나가사키에도 폭탄이 투하되었다. 더이상 견딜 수 없었던 일본은 8월 15일, 마침내 항복했다. 원자폭탄 투하로 거의 전멸했던 히로시마의 복구는 방사능 피폭 위험에 대한 우려로 시간이 다소 지난 뒤인 1950년대 시작되었다. 1960년대 이후 일본의 경제 성장과 더불어 히로시마 역시 계속 발전했다. 1985년에는 인구가 100만 명을 넘어섰다. 1990년대 이후 일본의 경제 성장이 둔화하고 고령화로 접어들면서 히로시마 상업지나 주요 도심부 역시 공동화 현상을 보이긴 했지만, 여전히 주고쿠 지역의 핵심이자 인구 120만 명의 규모를 유지하고 있다.

독일 동쪽에 위치한 드레스덴은 이미 13세기부터 그 주변 지역의 주요 도시였으며 15세기부터는 작센 왕국의 수도로서 자리를 잡았다. 당시 왕국을 지배하던 아우구스트 2세August II, 1670~1733가 왕권을 강화하기 위해 여럿 지은 화려한 궁궐과 교회 등은 그 시대 유행한 바로크 양식의 건축물로 유명하다. 아우구스트 2세는 폴란드의 국왕이기도 했다. 왕이 있

전쟁, 도시를 파괴하다

20세기 들어 양차 세계대전을 겪으며 피해를 입은 도시는 한둘이 아니었다. 1945년 8월 6일 일본 히로시마에 역사상 최초로 원자폭탄이 투하되었다. 도시의 약 70퍼센트, 도심부는 거의 100퍼센트 파괴되었다. 1940년대 후반 미군이 밝힌 통계에 의하면 약 7만 명, 1977년 일본의 조사 결과에 의하면 14만 명이 목숨을 잃었다.

1945년 2월 13일부터 15일까지 독일 드레스덴은 연합군으로부터 네 차례의 공격을 당했다. 공군의 폭격으로 도심부의 90퍼센트가 파괴되었고, 그 주변부 역시 막대한 피해를 입었다. 며칠 사이에 2만 5천 명이 목숨을 잃었다.

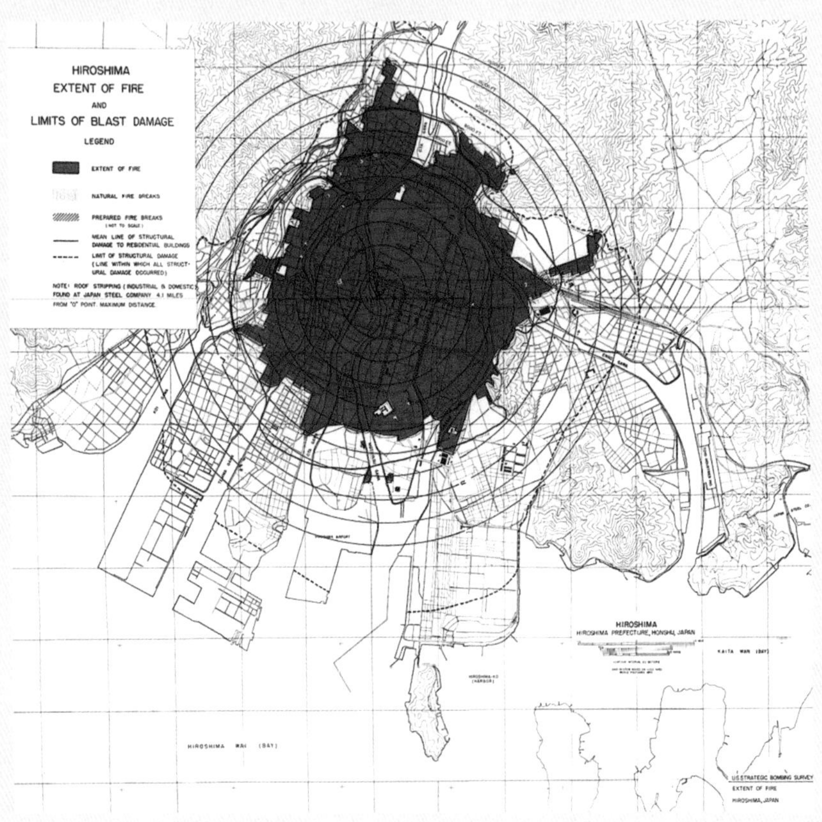

1946년 미국에서 제작한 히로시마 원자폭탄 피해 영역 표시 지도.

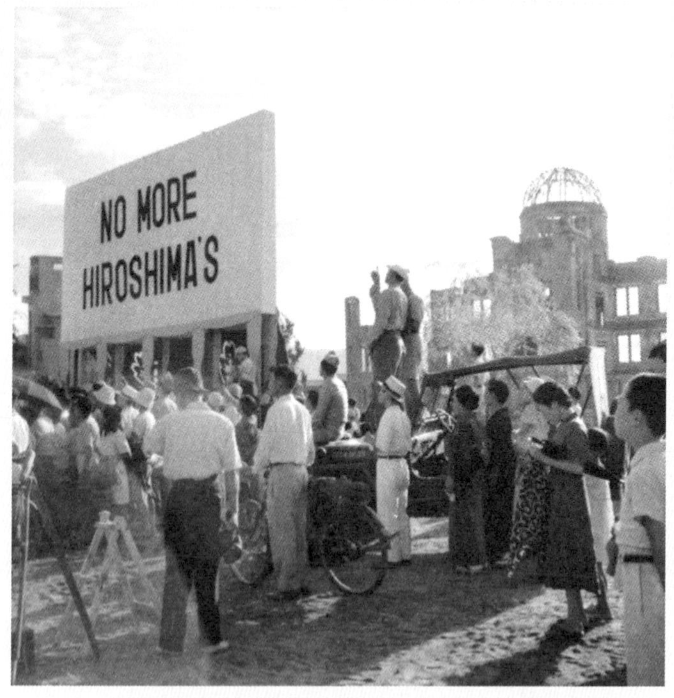

1948년 8월 6일 원폭 3년을 맞아 치른 기념 행사. 뒤로 원폭 돔이 보인다.
오스트레일리아 전쟁기념관.

1945년 폭격 직후의 드레스덴 전경. 독일연방기록보관소Bundesarchiv.

는 곳이 수도였던 터라 드레스덴은 바르사뱌처럼 폴란드의 수도이기도 했다. 하지만 1867년 힘을 키워가던 프로이센을 중심으로 이루어진 북독일 연방과 합병하면서 드레스덴은 지방 도시가 되었다. 19세기 중반, 비스마르크의 지도력으로 독일의 통일이 추진되었고, 마침내 1871년 통일에 성공한 뒤 빌헬름 1세Wilhelm I, 1797~1888가 독일의 초대 황제 자리에 올랐다. 그 이후 독일은 빠른 속도로 공업화를 이루어나갔고, 어느덧 유럽의 강대국 중 하나로 부상했다. 공업 중심지였던 독일 서쪽과는 거리가 멀긴 했지만 드레스덴은 베를린 동쪽 지방의 핵심 도시로 발전했다.

드레스덴의 20세기는 격동의 시대였다. 경제적으로 어려웠고, 히틀러의 나치 정권을 견뎌야 했으며, 전쟁으로 인한 피해가 극심했고 유례없는 파괴를 경험했으며 동독 공산당 독재를 버텨야 했다. 고난과 역경이 파도처럼 멈추지 않고 들이닥쳤다. 1980년대 이후 소련의 힘이 약화되었고, 동서독의 격차는 계속해서 벌어졌다. 약해질 대로 약해진 동독 정권은 1989년 베를린 장벽이 무너지는 걸 시작으로 1990년 서독과 통일의 수순을 밟았다. 통일 이후 옛 동독 지역은 통일 정부로부터 많은 지원을 받았고, 드레스덴 역시 지원을 통해 인프라와 생활 수준이 높아졌다. 본격적으로 착수하지 못한 복구 사업에도 지원이 이루어졌다. 전쟁 중 폭격으로 잔해만 남다시피 한 드레스덴 성모교회Dresdner Frauenkirche의 복구도 드디어 진행되었다. 여전히 옛 동독 지역은 옛 서독 지역에 비해 여러모로 낙후되어 있는 곳들이 많지만, 동독 시절 세 번째 도시로 꼽히던 드레스덴은 오늘날 세계적인 대기업들이 투자를 이어가고 있어 인구 증가세를 유지하고 있다.

일본의 히로시마와 독일의 드레스덴은 지리적인 거리만큼이나 서로 다른 점이 매우 많지만, 역사적으로 볼 때 비슷한 점을 찾아볼 수 있다.

첫째, 16세기 무렵부터 일정 지역 권력의 중심으로 발전했으나, 19세기 전후 새로 등장한 강력한 중앙 정부 체제에서 지방 도시의 하나가 되었다. 그러면서도 급속도로 진행되는 공업화로 인해 인구가 급증했다.

둘째, 20세기 이후 전쟁으로 인해 큰 피해와 파괴를 겪었으나, 평화를 상징하는 도시로 거듭났다.

이런 공통점을 가지긴 했지만 역사적 경관 보존을 둘러싼 생각과 정책은 사뭇 다르다는 점은 흥미롭다. 이런 차이는 도시의 역사적 경관 보존과 관련하여 우리에게 중요한 질문을 던지고 있다.

평화의 상징을 꿈꾼 히로시마, 그 희망은 과연 이루어졌을까

히로시마는 역사적인 문화유산과는 거리가 먼 도시였다. 마을의 오래된 성을 중심으로 그 주변에는 사무라이들이 모여 살았다. 일본은 중세 이후 성을 중심으로 한 마을이 많이 생겼는데 이를 두고 성 밑 마을이라고 했다. 일본어로는 성 밑에 있는 마을이라는 의미로 '조카마치'城下町로 지칭한다. 히로시마는 강이 많고 독특한 지형에도 불구하고 히로시마 성을 중심으로 한, 대표적인 성 밑 마을로 발달했다. 에도 시대에는 종교와 상인 세력을 관리하기 위해 사찰과 상업지를 성에서 조금 먼 곳으로 모이게 했다. 외부 세력이 도시에 진입하는 걸 막기 위해 진입로에는 사찰을 두기도 했으니, 이 당시 사찰은 성을 보호하는 방호 기능을 한 셈이었다. 에도 시대에는 일본 전역에 각 지역 권력의 중심인 번藩을 두었는데 약 250개의 번

가운데 히로시마 번은 여덟 번째로 꼽혔지만, 또다른 성 밑 마을 가나자와金沢나 가고시마鹿児島보다는 큰 규모가 아니었다.

이런 역사적 배경을 가졌던 히로시마는, 원자폭탄 투하 이후 평화의 도시라는 정체성과 이미지를 내세우긴 했지만, 일본의 다른 많은 지방 도시처럼 워낙에 성 밑 마을로서의 정체성이 강했다. 원자폭탄의 피해를 딛고 복구 사업을 통해 희생자를 애도하고 평화를 기원하려는 의지도 강했지만, 성 밑 마을의 정체성을 회복하려는 의지도 굳건했다. 그 정체성의 상징은 바로 히로시마 성이었다. 1590년대 지은 히로시마 성은 오랫동안 히로시마 번 권력의 중심이었다.

메이지 정부가 들어서면서 에도 시대의 체제에 충실한 사무라이와 다툼이 생겼고, 그로 인한 전투로 몇몇 지역의 오래된 성들이 불에 타버렸다. 메이지 정부는 모든 권력을 중앙으로 집결시키기 위해 1871년 모든 번을 해체하라는 명령을 내렸다. 이로써 대부분의 성들은 해체 또는 방치되었고, 일부는 새로 만들어진 군대의 시설로 활용되었다.

히로시마 성은 이런 곡절 많은 시대의 부침을 겪으면서도 불에 타거나 훼손되지 않았다. 전략적 위치로 인해 군대 시설로 사용되었고, 청일전쟁 때는 천황이 직할한 육해군 통수 기관 대본영大本營 본부로 변신, 메이지 천황이 전쟁 중에 머물기도 했다. 20세기 이후로 일본 내 군국주의와 애국주의가 점점 더 강해지면서 낡은 체제의 상징인 성을 일본의 군사적 전통으로 새로 해석했다. 1868년 불 태운 오사카 성은 1931년 콘크리트로 다시 지었고, 훼손되지 않고 잘 보존되어 있던 히로시마 성은 그 역사적 가치를 인정해 1931년 국보로 지정했다.

그러나 제2차 세계대전 막바지까지 연합군의 일본 침략에 대비하는 군 시설로 쓰던 히로시마 성은 원자폭탄에 맞아 한순간에 불타 사라졌다. 패전 이후 일본은 미군을 중심으로 한 연합군의 점령지가 되었다. 연합군은 일본이 다시 전쟁을 시도하지 못하도록 헌법 제9조를 도입하고, 사회 전반적으로 군사 문화와 애국주의 그리고 민족주의 등을 없애도록 노력했다.

그렇게 보면 1950년대 이후 이루어진, 히로시마를 포함한 일본 많은 도시의 복원 사업은 시대적 분위기와는 다소 맞지 않은 것으로 볼 수 있다. 하지만 오래전부터 그 자리를 지키고 있던 옛 성의 복원 사업은, 힘들고 어려운 시기를 이겨나가는 원동력 역할을 했다. 이를테면 어려움을 극복하기 위해 국가가 아닌 고향에 대한 자부심의 상징이 필요했던 것이다. 이런 분위기는 널리 퍼져나가 어느덧 옛날 성의 복원은 유행처럼 번져나갔다.

히로시마의 복구 사업은 다른 곳과는 조금 차이가 있었다. 이곳에서는 원자폭탄 투하로 인한 희생자를 애도하고 이를 기념하는 데 관심을 기울였다. 이런 관심을 반영하여 원자폭탄 투하로 폭발이 일어난 장소를 중심으로 공원을 만들자는 의견이 대두되었다. 히로시마 성의 복원도 함께 논의되었다. 히로시마 대학의 한 교수는 성을 복원하는 대신 뉴욕의 자유여신상 모형을 만들어 그 자리에 놓자는 제안을 하기도 했다.

와타나베 다다오渡辺忠雄, 1898~1980 히로시마 시장은 1958년 열린, 히로시마 복원을 위한 히로시마부흥대박람회를 준비하면서 성의 복원을 강력하게 추진했다. 한때 군사문화의 상징이던 히로시마 성을 평화기념공원 안에, 게다가 원폭 돔과 같이 두겠다는 것은 논리적으로 보면 말이 안 된다. 지역과 국가, 나아가 세계적인 상황과 요구를 함께 고려하면서 동시에 국가적으로 어려운 경제 상황 속에서 지역 경제 활성화를 꾀하기 위한 결정이기도 했다. 조금이라도 경제를 활성화하기 위해서는 박람회를 통해 외국인을 포함한 많은 관광객을 유치해야 했고, 이를 위해서는 어떻게든 히로시마에서 볼거리를 만들어야 했다. 불에 타 사라진 히로시마 성을 다시 복원함으로써 눈길을 끌 만한 볼거리를 내놓는 것은 이념을 떠나 매우 현실적인 선택이었던 셈이다. 이런 연유로 콘크리트로 짓긴 했지만, 비교적 꼼꼼하게 복원한 히로시마 성은 히로시마부흥대박람회를 통해 일반에 공개되었고, 그 내부에 향토역사전시관을 설치함으로써 역사적인 의미도 부여 받았다.

히로시마 성의 복원과 함께 평화를 기원하기 위해 전면에 내세운 것은 원폭 돔이었다. 피폭 당시의 상태로 보존된 원폭 돔의 공식 명칭은 '히로시마 평화기념비'다. 1996년 유네스코 세계문화유산으로 지정·등재되었을 만큼 세계적으로 유명세를 얻게 된 이 건물은 원래 메이지 시대 히로시마의 상징이었다. 메이지 유신 직후 빠르게 진행된 공업화와 도시화에 따라 히로시마는 인구가 급증했고, 상업 지역은 커졌으며 철도와 항구 주변에는 공장들이 밀집했다. 서양의 건축 양식을 도입한 상징적인 건물들도 들어섰다. 국가와 상업이 깊이 밀착된 메이지 체제의 힘을 과시하기 위한 상징적 장치였다. 그 가운데 하나가 바로 1915년 완공한 이 건물이다.

당시 일본에서 활동하던 체코 건축가 얀 레첼Jan Letzel, 1880~1925의 설계로, 완공 때부터 독특한 돔으로 이미 유명한 건축물이었다. 에도 시대부터 그 기원을 찾을 수 있는 히로시마 상업 지역 끝, 모토야스元安 강가에 들어선 뒤 지역 상업 전시장으로 사용되면서 몇 차례 명칭이 바뀌었는데, 1920년 무렵 히로시마 현립 상품진열소를 거쳐 마지막 명칭은 1933년 히로시마 현 상업장려관이었다. 오늘날 평화기념공원이 들어선 곳은 원래 저층 건물이 밀집해 있던 상업 지역이었다. 원폭 투하 전인 히로시마 도시

풍경 사진을 보면 오늘날의 원폭 돔의 원형 건물을 비롯한 서양식 주요 건물과 히로시마 성이 저층 건물들 사이로 눈에 잘 띈다.

1945년 원자폭탄 투하로 인한 피해 규모가 워낙 컸기 때문에 오히려 '그라운드 제로'로 불리는 곳에 남아 있는 원폭 돔의 잔해는 패전 이후 관심의 대상이 되었다. 미군 중심의 연합군이 1945년부터 1952년까지 일본을 점령하는 동안 히로시마 피해 관련 논의는 매우 예민한 주제였다. 특히 점령 기간 초기 3년 동안 미군은 일본의 공산화를 우려하여, 반미 서사를 활용할 가능성이 큰 히로시마 관련 정보를 검열하기도 했다. 시간이 조금 더 흐른 뒤인 1948년이 되면서 미군은 일본 경제 활성화를 위해 보수 세력과 협력하면서 공업화를 추진하는 정책으로 방향을 전환했고, 차츰 히로시마에 대한 정보 검열은 물론 피해 관련한 논의도 비교적 자유로워졌다.

미군의 점령기 초반의 우려로 인해 복구 작업은 도시 안의 파괴된 지역의 철거부터 이루어졌다. 하지만 폐허로 남아 있는 원폭 돔은 철거하지 말고 그냥 두자는 목소리가 높았다. 이런 여론을 반영하여, 1949년 히로시마 평화기념공원 계획을 수립하면서 '히로시마 평화기념 도시건설법'을 도입하게 되었다. 이 법에 따라 1950년 원폭 돔은 기념물로 지정되었고, 이후 히로시마 시가 관리하게 되었다. 구조 보존은 1967년, 1989~90년, 그리고 2002~03년 등으로 나누어 실시했고, 그뒤로도 구조적 안전은 계속해서 점검하고 있다.

히로시마가 '평화의 도시'가 된 것은 1947년 첫 민선 시장이었던 하마이 신조浜井信三, 1905~1968의 노력 덕분이다. 원자폭탄이 떨어졌을 때 하마이는 히로시마 시의 공무원이었다. 당시 거의 모든 공무원들이 죽거나 심하게 다쳤지만 하마이는 비교적 가벼운 부상만 입었다. 그렇게 살아남

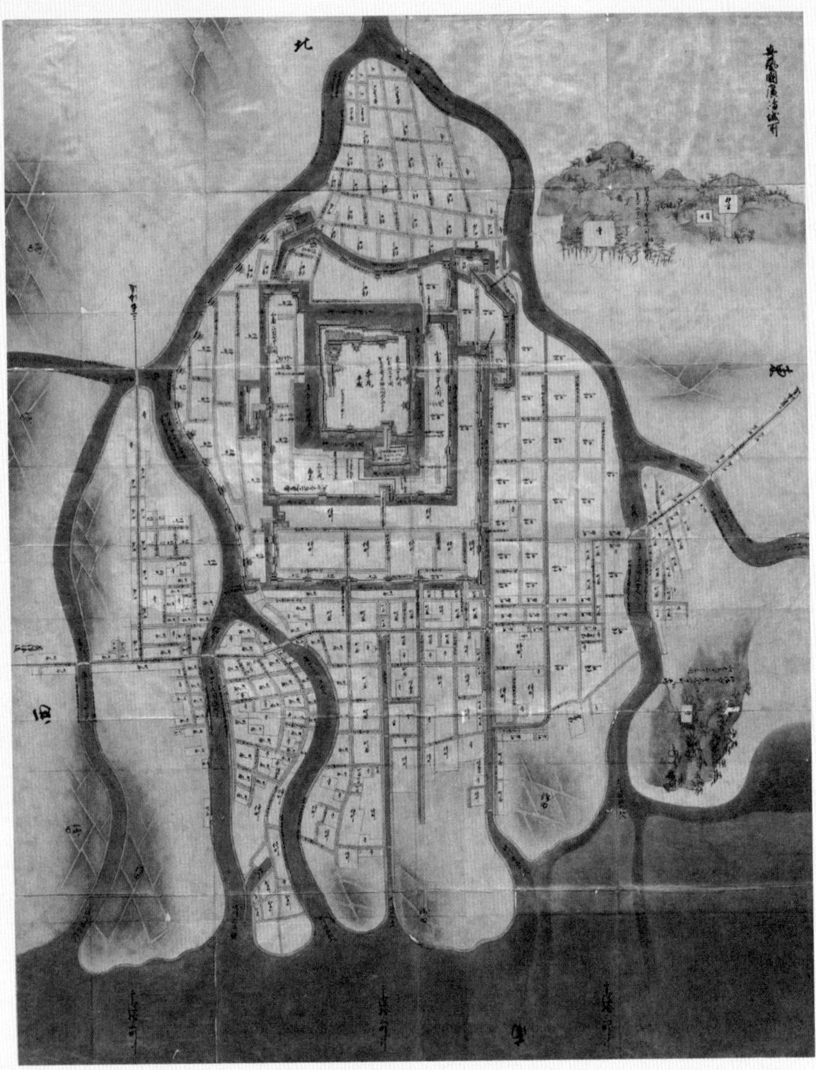

1644년 제작한 히로시마 지도. 일본 국립 공문관.

원자폭탄 투하 전 히로시마 성.

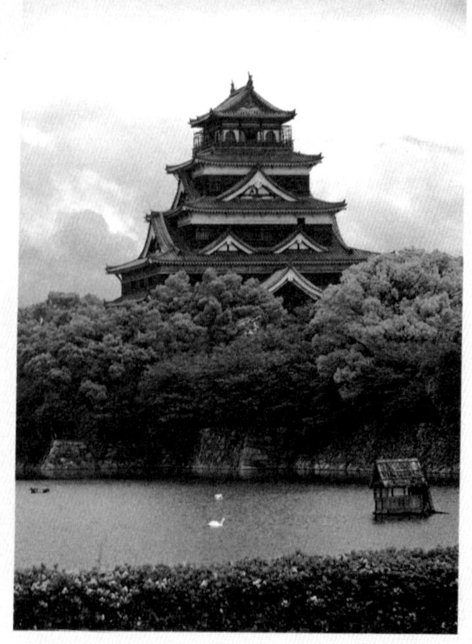

복원 이후의 히로시마 성.

히로시마, 원폭의 흔적을 보존함으로써 평화를 기원하는 정체성을 만들다

히로시마는 1945년 원자폭탄 투하 이후 평화의 도시라는 정체성과 이미지를 내세우기 위해 원폭 돔을 보존하고, 평화기념공원을 통해 평화를 기원하는 도시로서의 정체성을 만들어냈다.

1920년 무렵 히로시마 현립 상품진열소 엽서. 원자폭탄 투하 이후 원폭 돔으로 불리게 된 건물이다. 히로시마공문서관.

오늘날의 히로시마 평화기념공원에서 바라본 원폭 돔.

1955년 공사 중인 히로시마 평화기념자료관.

오늘날의 히로시마 평화기념공원.

은 그는 육군과 함께 구조 활동에 나섰고, 그 직후 부시장으로 임명되더니 1947년 첫 선거에 출마, 시장으로 당선되었다. 시장이 된 그는 1947년 8월 6일 희생자를 애도하는 행사에서 최초로 평화를 선언하는 연설을 했고, 그뒤로 매년 치르는 이 행사에서는 히로시마 시장의 '평화 선언'이 이어지고 있다. 하마이 시장은 평화기념공원 건설과 원폭 돔 보존을 위해 미군은 물론 일본 정부와도 협의를 이어나갔고, 평화기념공원 안에 단게 겐조丹下健三, 1913~2005가 설계한 히로시마 평화기념자료관이 1955년 개관한 것도 그의 노력의 결과라 할 수 있다.

그렇다고 해서 히로시마의 역사적 경관 보존이 잘 되었다고 하기는 어렵다. 평화기념공원 관광 안내소로 사용하는 건물은 1929년에 지은 것으로, 원자폭탄 투하 당시 기모노 가게였다. 폭격으로 많이 훼손되긴 했지만 남아 있는 부분을 보존하기로 했다. 원폭 돔 가까이에 있는 혼카와本川 소학교 평화 자료관은 원래 학교 건물이었다. 원자폭탄 투하로 크게 훼손이 되고 남은 부분을 보존, 목숨을 잃은 학생과 교사를 기념하는 공간으로 사용하고 있다. 이외에, 원폭 돔과 히로시마 성을 제외하면 예전 건물을 보존하거나 경관을 복원한 부분이 거의 없다. 원자폭탄 투하로 인한 도시 전체의 피해가 워낙 커서 남아 있는 건물이 거의 없으니 그럴 법도 하다. 하지만 그보다는 '평화의 도시'로 새로운 출발을 하기에는 굳이 옛것을 애써 재현하기보다 현재와 미래에 대한 관심을 더 두는 것이 좋다고 여겼기 때문은 아닐까.

이데올로기와 전통 복원의 필요 사이에 선 드레스덴의 선택은?

드레스덴은 건축과 보존을 통해 평화를 호소하는 것은 히로시마와 비슷하지만 히로시마의 원폭 돔처럼 세계를 향해 평화를 기원하는 상징적 건물을 내세우지는 않는다. 역사적 경관에 대한 두 도시의 인식에는 다소 차이가 있다.

히로시마는 원자폭탄 투하로 도시의 역사적 경관은 거의 다 사라졌다. 대부분 전통 양식의 목조 건축물이었던 것을 원형대로 복원하는 것은 매우 어려운 일이었다. 대신 성의 복원을 통해 지역의 역사와 전통에 대한 자부심의 상징물을 확보했다. 여기에 평화를 기원하는 공원과 기념물 등을 중심으로, 지역사나 전통 등과는 단절된 새로운 공간을 만들었다. 그 결과 오늘날 이 공간에 가면 20세기의 역사적 배경과 그 시대를 느낄 수는 있지만, 그 이전의 시대적 분위기를 떠올리기는 어렵다.

드레스덴의 중심지 역시 큰 피해를 입은 건 마찬가지다. 다만, 벽돌과 돌로 지은 건물이 많았기 때문에 히로시마처럼 전멸되지 않았으며, 거리마다 피해의 정도도 조금씩 달랐다. 히로시마에 비하면 꽤 많은 부분 복구가 가능하고, 복원 역시 해볼 만한 곳들도 많았다.

정치적 상황 역시 일본과 달랐다. 독일은 전쟁에 승리한 미국·소련·영국·프랑스 군 등의 연합군이 점령, 1949년 서독과 동독으로 나뉘었다. 냉전이 격화되면서 동독은 서독과 경쟁 관계가 되었지만, 앞서가는 서독과의 격차는 점점 더 벌어졌다. 동독 정부로서는 각 지역의 복구를 통해 역사와 전통을 복원하고 나아가 지역 주민들의 자부심을 회복할 필요가 있었다. 공산주의 정권의 이데올로기를 반영하는 공간도 중요했지만, 지역민들의 민의를 하나로 모으는 것도 못지 않게 중요했다. 오늘날의 드레스덴을 돌아보면 복구와 복원 당시의 갈등을 쉽게 파악할 수 있다. 다시 말해 동독 시대 이데올로기를 반영하려는 요구와 전통 복원의 필요 사이에서 꽤 복잡한 갈등이 있었음을 짐작할 수 있다는 의미다.

전쟁 이후 복구 사업은 파괴된 건물을 철거하는 것에서부터 시작되었다. 양이 어마어마해서 철거는 1970년대까지 이어졌다. 원도심의 철거가 마무리된 이후 본격적인 복구 작업과 새로운 공사가 이어졌다.

지역을 상징하는 유명한 츠빙거 궁전Dresdner Zwinger은 복원이 되었다. 15세기에 지은 뒤 계속 확장해온 드레스덴 성Dresdner Schloss의 복원은 1960년에 시작한 뒤 지금까지 이어지고 있다. 오늘날 이 두 개의 건물은 미술관과 박물관이 되었다. 동독 공산주의 정권은 종교와는 거리가 멀었지만, 1962년 드레스덴 성 옆에 있는 가톨릭 대성당Katholische Hofkirche도 복원했다. 1985년 전쟁 종료 40주년을 기념하기 위해 왕궁 옆 오페라하우스도 복원했다.

파괴된 건물이 워낙 많아 새로운 건물도 지어야 했다. 왕궁과 교회가 밀집된 지역 가까이에 형성된 시장 광장 주변으로 신축 건물을 많이 지었다. 1969년 구시장 광장Altmarkt 앞에 새로 지어올린 문화전당Kulturpalast Dresden은 매우 모던한 양식으로, 동독 정권이 되살려낸 드레스덴의 상징이 되기도 했다. 문화전당 옆쪽 벽에는 공산주의를 찬양하는 큰 벽화가 그려져 있는데, 이는 동독 시대의 문화유산으로, 오늘날까지 원래 모습 그대로 보존되어 있다.

우리 모두 알고 있듯이 동독 시대는 영원하지 않았다. 1980년대 소련 경제가 어려워지면서 동독 경제도 영향을 받았다. 서방 세계에 지지 않기 위해 군대에 돈을 많이 써야 했다. 경제를 일으키기 위해 공업화 중심의 경제 정책을 펼쳤다. 동독의 많은 도시들이 심한 공해로 몸살을 앓았다. 여러모로 생활이 어려워지면서 사람들의 마음이 떠나기 시작했다. 1989년 동구권 국가 중 하나인 헝가리에서 민주화 운동을 시작했다. 서방 국가를 향해 조금씩 열린 국경은 동독 시민들에게는 탈출구로 여겨졌다. 1989년 이후 동독을 떠나는 사람은 계속 늘었고, 9월에는 라이프치히에서 처음으로 민주화 시위가 일어났다. 이 시위는 드레스덴으로까지 이어져 이들 두 도시는 독일 민주화 운동의 구심점이 되었다. 탈출하는 사람들과 시위가 계속 늘어나자 이를 막을 수 없던 동독 정부는 11월에 베를린 장벽을 무너뜨렸고, 정권은 빠른 속도로 통치력을 상실, 독일은 1990년 10월 3일 마침내 통일의 시대로 진입했다.

통일 이후 옛 동독의 모든 지역은 물론 도시마다의 역사적 경관 보존 역시 새 시대를 맞았다. 동독이 서독으로 흡수되었기 때문에 순식간에 모든 체제가 달라졌다. 옛 동독 지역은 서독에 비해 거의 모든 면에서 뒤떨어졌다. 가장 시급한 과제는 옛 동독 지역의 경제를 살려 옛 서독 지역과의 격차를 줄이는 것이었다. 옛 동독을 향한 지원은 낙후된 인프라 투자로부터 시작했지만, 문화유산과 역사적 경관에 대한 투자도 지원 내용에 포함되어 있었다.

드레스덴에서는 오랫동안 파괴된 채로 있던 드레스덴 성모교회의 복원이 1994년 시작되었다. 18세기에 처음 들어선 뒤 주로 7년 전쟁 1756~1763 이후 유행했던 로코코 양식으로 지어졌던 건물들을 포함하여 교회 앞 신시장Neumarkt 광장 주변의 역사적 경관 복원 및 보존 사업도 함께 이루어졌다. 성모교회는 원래 쓰던 돌과 새로운 돌을 함께 활용하여 2005

년에 완전히 복원되었고, 시대를 달리하는 돌들이 섞인 교회 외관은 그 자체로 드레스덴 복원의 상징처럼 여겨졌다. 교회 주변은 보존 구역으로 여전히 공사를 이어가고 있으며, 전체 12개 구역 가운데 남은 2개 구역을 마무리한 뒤 2025년 완공 예정이다. 역사적 경관 전체를 예전 유행한 로코코 양식 그대로 재현하는 쪽으로 방향을 잡고 있어, 한쪽에서는 테마파크 같다는 비판도 있다.

1990년 통일 이후 드레스덴은 '평화의 도시'로서 활동을 시작했다. 통일되기 전, 즉 동독 시대인 1945년부터 폭격 전날마다 희생자를 애도하는 기념 행사가 있긴 했지만, 냉전 시기 이 행사는 미국과 서방 세계를 반대하는 선전 기회로 활용이 되었다. 실제로 동독 시절 복원한 건물 가운데는 미국과 영국의 책임을 묻는 글을 표시한 곳도 있다. 드레스덴의 폭격에 대한 서사는 주로 연합군으로 인한 피해를 중심으로 서술하고, 전쟁의 원인인 히틀러의 나치 정권에 대한 비판을 곁들이는 식이었다. 하지만 동독이 무너지고 독일이 다시 통일이 되면서 연합군에 대한 비판 일변도의 서사는 평화를 호소하는 내용으로 바뀌었다. 통일 이후 옛 동독의 비밀경찰 국가보안원Staatssicherheitsdienst, 약칭 '슈타지'Stasi가 광범위하게 시민들을 감시하고 정치적으로 탄압했다는 사실이 알려지면서 비민주적이었던 과거 독재 정권에 대한 비판도 서사에 포함시키기도 했다.

독재에 반대하고 평화를 호소하는 태도는 드레스덴의 역사적 경관 보존 활동에 큰 영향을 미쳤다. 복원된 역사적 도심에 민주화 운동 관련 주요 사건에 관한 안내판을 설치했으며, 동독 시대 비밀경찰 본부는 드레스덴 바우츠너 스트라세 기념관Gedenkstätte Bautzner Straße Dresden으로 보존했다. 여기에서는 비밀 경찰과 시민 탄압 관련 전시가 이루어지고, 시민들이 직접

본인에 대한 비밀 경찰 기록을 열람할 수 있는 기록관도 운영하고 있다. 소련 국가보안위원회KGB 사무실도 복원해 두었는데, 현직 러시아 대통령 블라디미르 푸틴이 동독이 무너질 때 그 사무실에서 일하고 있었다고 한다.

평화를 상징하는 가장 중요한 건물을 꼽자면 독일연방군군사사박물관Militärhistorisches Museum der Bundeswehr, MHMBw을 들 수 있겠다. 원래 1873년에 지어진 이 건물은 새로 생긴 독일제국군 병기창 건물 중 하나였다. 1897년 작센 군사역사관으로 개관한 뒤 시대에 따라 나치·소련·동독 등의 군사 박물관으로 사용하다가 1990년 통일 이후 문을 닫아두고, 새로운 용도를 찾기 시작했다. 2001년 전쟁의 기억을 잊지 않기 위해 다시 개관하기로 결정, 리모델링을 위한 국제공모전을 실시한 결과 유명한 건축가인 다니엘 리베스킨트Daniel Libeskind, 1946~가 최종 선정되어, 마침내 2011년 전쟁의 역사와 평화를 호소하는 박물관으로 문을 열었다. 개관 당시 이전 형태를 복원해온 기존 방식에서 벗어나 옛모습에 오늘날의 디자인을 더한 새로운 보존 방식으로 주목을 받기도 했다. 연방국인 독일에서는 박물관이나 미술관 같은 문화 시설은 대부분 각 주Länder에서 책임 관리하고 있지만, 이 박물관은 특별히 연방 정부가 주도한 것으로서 이는 곧 드레스덴을 평화의 도시로 인정 받게 했다. 드레스덴은 드레스덴만의 평화를 호소하지 않는다. 제2차 세계대전 같은 전쟁이 다시 일어나지 않기를 바라는 마음으로 독일을 분단시킨 냉전으로 인한 광범위한 피해를 기억함으로써 전 세계와 온 인류의 평화를 호소하고 있다.

드레스덴, 전쟁의 흔적을 건축물의 복원을 통해 기억하다

오늘날의 드레스덴을 돌아보면 복구와 복원 당시의 갈등을 쉽게 파악할 수 있다. 다시 말해 동독 시대 이데올로기를 반영하려는 요구와 전통 복원의 필요 사이에서 꽤 복잡한 갈등이 있었음을 짐작할 수 있다는 의미다. 전쟁 이후 복구 사업은 파괴된 건물을 철거하는 것에서부터 시작되었다.

1890년 무렵의 츠빙거 궁전과 극장, 알슈타트 전경. 미국 국회도서관.

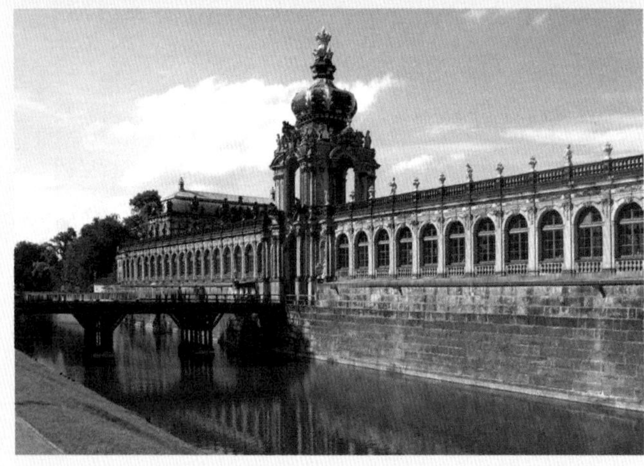

복원 이후의 츠빙거 궁전 전경.

1969년 동독 시절 지은 문화전당과 시장 광장.
(출처. Brück_ Sohn Kunstverlag, CC BY-SA 3.0, 위키미디어 경유)

오늘날의 문화전당.

1890년 무렵의 드레스덴 성모교회와 신시장 전경. 미국 국회도서관.

2010년경 드레스덴 성모교회 전경.
(출처. Netopyr, CC BY-SA 3.0, 위키미디어 경유)

드레스덴 성당 앞에
세운 1989년 민주화
운동 관련 안내판.

독일연방군군사사
박물관.

드레스덴 시가의
복원 사업 진행
안내문.

역사적 경관 보존의 의미,

어제와 오늘과 내일의 연결, 하나 더 나아가 평화를 위한 경고

히로시마와 드레스덴만이 아니라 전쟁으로 인해 심한 피해를 입은 도시들마다 여러 형태로 이를 기록하고 나아가 평화를 호소한다. 원자폭탄 피해를 입은 나가사키 역시 히로시마와 비슷하게 공원과 박물관 중심으로 이를 기억하고 있다. 그러나 원폭 돔 같은 상징적인 건축물이 없다.

1990년 통일 뒤 다시 독일의 수도가 된 베를린은 서베를린 상업 중심지에 있던 파괴된 카이저 빌헬름 기념교회Kaiser-Wilhelm-Gedächtniskirche를 그대로 남겨두고 바로 옆에 콘크리트로 모던한 교회를 지었다. 히로시마 원폭 돔만큼 유명하지는 않지만 분단 도시였던 베를린에 있었기 때문에 카이저 빌헬름 기념교회는 냉전 시대 특히 그 상징성이 매우 컸다.

프랑스와 에스파냐의 전쟁으로 인해 전멸당한 마을을 기억하는 곳도 있다. 1944년 6월 10일 연합군의 노르망디 상륙 4일 후 독일군은 반란 세력에 대한 보복으로 프랑스 오라두르쉬르글란Oradour-sur-Glane 마을의 주민들을 모두 다 학살하고 마을을 통째로 불태웠다. 전쟁이 끝난 뒤 샤를 드골 장군은 마을을 그 상태로 보존하기로 하고, 대신 그 근처에 새로운 마을을 만들었다. 1999년 원래 마을 입구에 이를 기억하는 전시관이 문을 열었다.

그 이전인 1937년 에스파냐 내전 당시 공화파와 국민파 사이에 심한 전투로 인해 전멸한 벨치테Belchite 마을도 있다. 1939년 전쟁이 끝난 뒤 승리한 프라시스코 프랑코가 전생 피해의 상징으로 삼기 위해 타버린 상태 그대로 보존하기로 했고 근처에 역시 새로운 마을을 만들었다.

이 마을들은 둘다 히로시마의 원폭 돔과 비슷하게 피해를 상징하는 건축물을 통해 사망자를 애도하고 평화를 호소하고 있다. 하지만 한두 개의 상징적인 건물이 아닌, 마을 안의 교회 같은 주요 건물부터 마을 사람들이 타고 다녔을 자전거나 일상적으로 사용하던 생활용품 등 피해를 당한 마을을 통째로 남겨두고 있다는 점에서는 큰 차이가 있다. 비교적 규모가 작은 마을인 데다 그 옆에 새로운 마을을 만들 수 있었기 때문에 가능하기도 했겠지만, 이처럼 전쟁 피해의 양상을 있는 그대로 보존하는 것은 단지 오래된, 그러나 아름다운 분위기의 옛 동네를 보존하는 것과는 아무래도 다른 차원의 일이라고 할 수 있다. 그런데 과연 다른 일일까. 보여주려는 대상과 그 목적은 다를 수 있으나 지난 역사의 흔적이 담겨 있는 경관을 보존하여 후손들에게 남겨주려고 하는 행위의 목적 자체는 같은 것이 아닐까.

히로시마의 원폭 돔과 드레스덴의 바로크 건축물은 유네스코 세계문화유산으로 지정·등재되었다. 그만큼 다음 세대에게 남겨줄 세계적인 가치가 있기 때문에 등재가 되었을 것이다. 그러나 단순히 그 가치를 인정받았다는 의미를 넘어 이들 도시는 인류 역사에서 거듭 반복되고 있는 전쟁을 기억하자고, 평화를 지키자고 호소하고 있다. 히로시마는 지구상의 모든 생명을 위험에 빠뜨릴 만큼 위험한 원자폭탄으로 인한 피해를 직접 경험한 도시로서 다시는 이런 일이 일어나서는 안 된다고 경고하고 있으며, 드레스덴은 전쟁을 통한 죽음과 피해의 실상을 경험한 도시로서 역시 같은 경고를 전 세계를 향해 보내고 있다.

그러나 전쟁의 책임과 그로 인한 피해에 관한 해석 및 태도에는 큰 차이가 있다. 독일은 전쟁의 책임을 공식 인정했고, 피해를 입은 국가와 민족의 아픔에 적극 공감하는 태도를 보여왔다. 이런 독일의 입장에 따라 드레스덴 역시 전쟁으로 인한 피해와 비극에 대해 호소하면서 전쟁 당사자

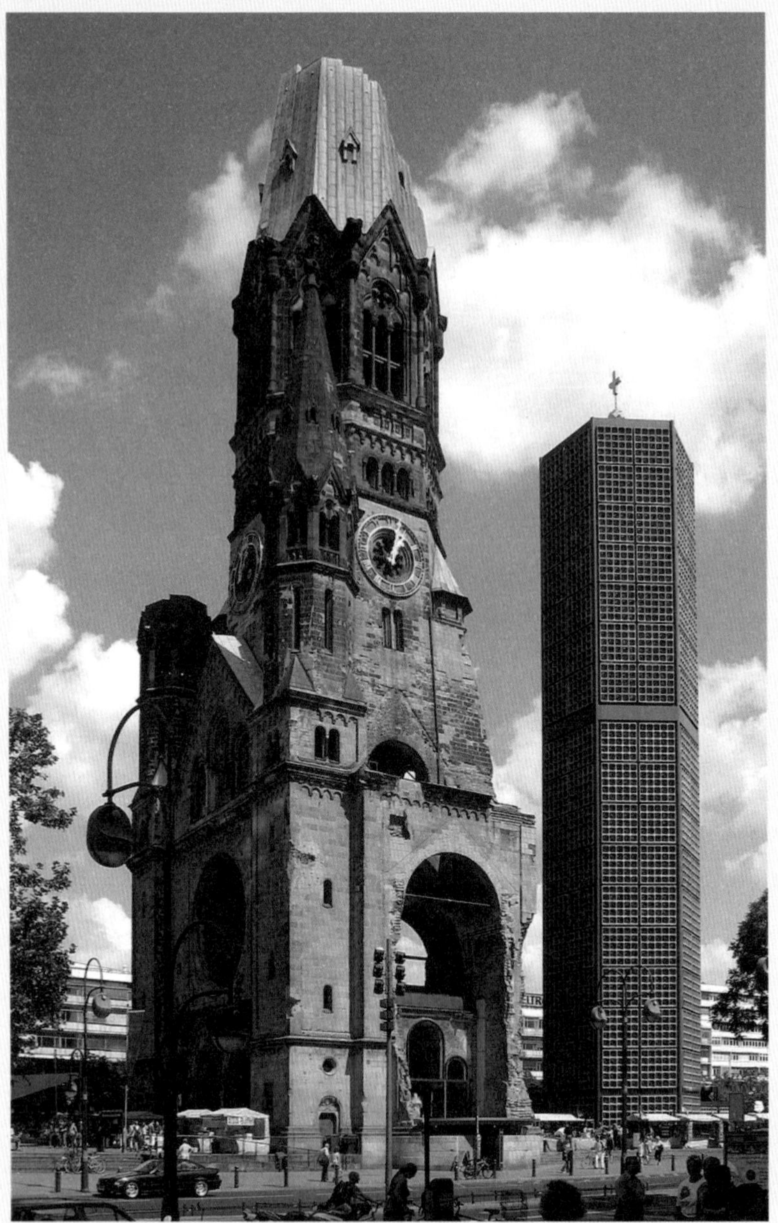

베를린 카이저 빌헬름 교회. 전쟁 당시 훼손된 건물을 그대로 남겨두고 바로 옆에 콘크리트로 새로 지었다.
(출처. GerardM, CC BY-SA 3.0, 위키미디어 경유)

프랑스 오라두르쉬르글란 마을 일부. 1944년 프랑스와 에스파냐의 전쟁으로 전멸한 마을을 그대로 두고 근처에 새로운 마을을 만들었다. (출처. TwoWings, CC BY-SA 3.0, 위키미디어 경유)

에스파냐 벨치테 마을 일부. 1937년 에스파냐 내전으로 전멸한 마을을 그대로 두고 근처에 새로운 마을을 만들었다. (출처. Diego Delso, CC BY-SA 3.0, 위키미디어 경유)

로서의 책임 및 반성의 태도를 보이는 데 주저함이 없다. 옛 동독이 무너지는 과정 속에서 민주화 운동이 활발하게 이루어지기도 해서 가해와 피해의 이분법의 틀을 넘어 매우 다각적으로 역사를 보려고 노력하는 모습도 엿볼 수 있다. 하지만 히로시마는 다르다. 일본의 많은 정치인과 보수 우익 세력들은 오늘날까지도 전쟁의 책임을 제대로 인정하지도, 이에 대한 반성의 태도 역시 제대로 보이지 않는다. 이 부분에 대한 성실성은 피해를 입은 주변국들은 물론 국제 사회에서도 비판을 받고 있는 지점이다. 그런 상황에서 평화를 호소하며 전쟁으로 인한 피해만 강조하는 히로시마의 태도가 과연 바람직한 것인가에 대한 비판이 꾸준히 제기되고 있다.

제2차 세계대전 이후에도 인류는 수많은 전쟁을 거듭하고 있다. 그러나 제2차 세계대전만큼 대규모의 전쟁은 일어나지 않고 있고, 원자폭탄이나 핵무기를 아직까지는 다시 사용하지 않았다. 그런 전쟁이 다시 일어나지 않은 데에는, 오늘날 이만큼이라도 누리고 있는 평화에는 참혹한 상흔으로 전 세계에 경종을 울린 이들 도시의 존재 자체가 조금이라도 긍정적인 영향을 미쳤을지도 모른다.

그런 의미로, 방향에는 차이가 있음에도, 이 두 도시의 역사적 경관 보존 활동에는 중요한 의미가 있다. 제2차 세계대전 또는 그 직후를 기억하는 이들이 모두 세상을 떠난 뒤에도, 이 두 도시는 남아서 인류에게는 이런 역사가 있었으며, 이렇듯 어리석은 역사를 절대 반복하면 안 된다는 것을 우리 또는 우리 다음 세대에게 계속해서 경고해줄 것이다. 어제의 역사와 오늘의 역사 그리고 미래의 내일을 연결하는 것을 역사적 경관 보존의 의미로 알고 있었다면 이제 거기에 경고의 역할도 추가해야 한다는 것을 이 두 도시는 말해주고 있는지도 모른다.

제6장 —— 제국주의 수도들, 개발과 보존의 갈림길에서

_런던 · 파리 · 이스탄불 · 베이징 · 빈

제국 권력의 중심, 다섯 도시들의 역사적 경관 보존 복원법

1866년 강화도에서 프랑스 군과 조선 군대의 전투가 일어났다. 흥선대원군의 정책에 따라 천주교 신자를 박해하는 과정에서 프랑스 선교사 아홉 명이 세상을 떠났고, 프랑스는 이에 대한 보복을 빌미로 강화도를 침공했다. 약 5주에 걸쳐 프랑스 해군 600명이 공격을 해왔고, 조선군은 이를 막아냈다. 이들은 외규장각의 의궤를 비롯한 조선의 유물을 배에 싣고 일본 요코하마로 도망을 쳤다. 병인양요다.

프랑스 제국과 조선 왕조의 싸움이 일어난 이 무렵 전 세계적으로 제국주의가 기승을 부리고 있었다. 수많은 나라가 제국주의 국가들에 의해 침공과 침략을 당했다. 당시 세계 지도를 보면 영국, 프랑스, 오스트리아, 오스만제국, 러시아, 청 등의 제국주의 국가들이 활개를 치고 있었다. 영국과 프랑스는 러시아와 청에 비해 작긴 했지만 이미 세계 곳곳에 식민지를 둔 강대국이었다. 오스트리아, 오스만제국, 러시아, 청은 차지한 영토가 넓었고, 그만큼 제국 전체의 인구도 많았다. 이들 제국은 세계적인 위력을 가졌다기보다 주로 인접 지역에 큰 영향을 미쳤다. 19세기 말에는 독일이나 일본 같은 새로운 제국이 등장했다. 상대적으로 오스트리아, 오스만제국, 러시아, 청의 위세는 줄어들었다. 그러나 이들 모두 오랜 제국 시대를 거쳐오며 쌓인 제국 의식은 고스란히 남아 있었다.

각각의 제국마다 크고 화려한 수도를 두었다. 오늘날의 런던, 파리, 빈, 이스탄불, 베이징이다. 각각의 수도는 곧 제국 권력의 중심이었다. 따라서 각 도시의 구조에서 제국의 힘, 나아가 지배자의 권력이 드러난다는 공통점을 지니고 있다. 다른 도시들은 오늘날에도 여전히 한 국가의 수도

전 세계를 휘저은 세기말의 제국주의

19세기 말 전 세계적으로 제국주의가 기승을 부리고 있었다. 당시 세계지도를 보면 영국, 프랑스, 오스트리아, 오스만제국, 러시아, 청나라 등 제국주의 국가들이 활개를 치고 있었다. 영국과 프랑스는 이미 세계 곳곳에 식민지를 둔 강대국이었다. 오스트리아, 오스만제국, 러시아, 청나라는 차지한 영토가 넓었고, 그만큼 제국 전체의 인구도 많았다. 이들 모두 오랜 제국 시대를 거쳐오며 쌓인 제국 의식이 고스란히 남아 있었다. 각각의 제국마다 크고 화려한 수도를 두었다. 오늘날의 런던, 파리, 빈, 이스탄불, 베이징이다. 각각의 수도는 곧 제국 권력의 중심이었다. 따라서 각 도시마다 제국의 힘, 나아가 지도자의 권력이 드러난다는 공통점을 지니고 있다.

1885년 유럽 지도. 오스트리아 제국의 규모를 한눈에 알 수 있고, 런던과 파리를 따로 표시한 것도 흥미롭다. 미국 국회도서관.

FREEDOM
GREENLAND
BAFFIN BAY
DAVIS STRAIT
HUDSON BAY
DOMINION OF CANADA
BERING SEA
BRITISH COLUMBIA
NORTH AMERICA
NORTH PACIFIC OCEAN
SOUTH PACIFIC OCEAN
BRITISH ISLANDS
NORTH SEA
NEWFOUNDLAND
NORTH ATLANTIC OCEAN
BERMUDA
WEST INDIA ISLANDS
CARIBBEAN SEA
SOUTH AMERICA
SOUTH ATLANTIC
GIBRALTAR
SIERRA LEONE
ASCENSION
ST HELENA
FALKLAND IS
WORLD
ATLAS

1886년 '대영제국' 지도로,
전작 『외국어 전파담』에서도
사용했다.
보스턴 공공도서관.

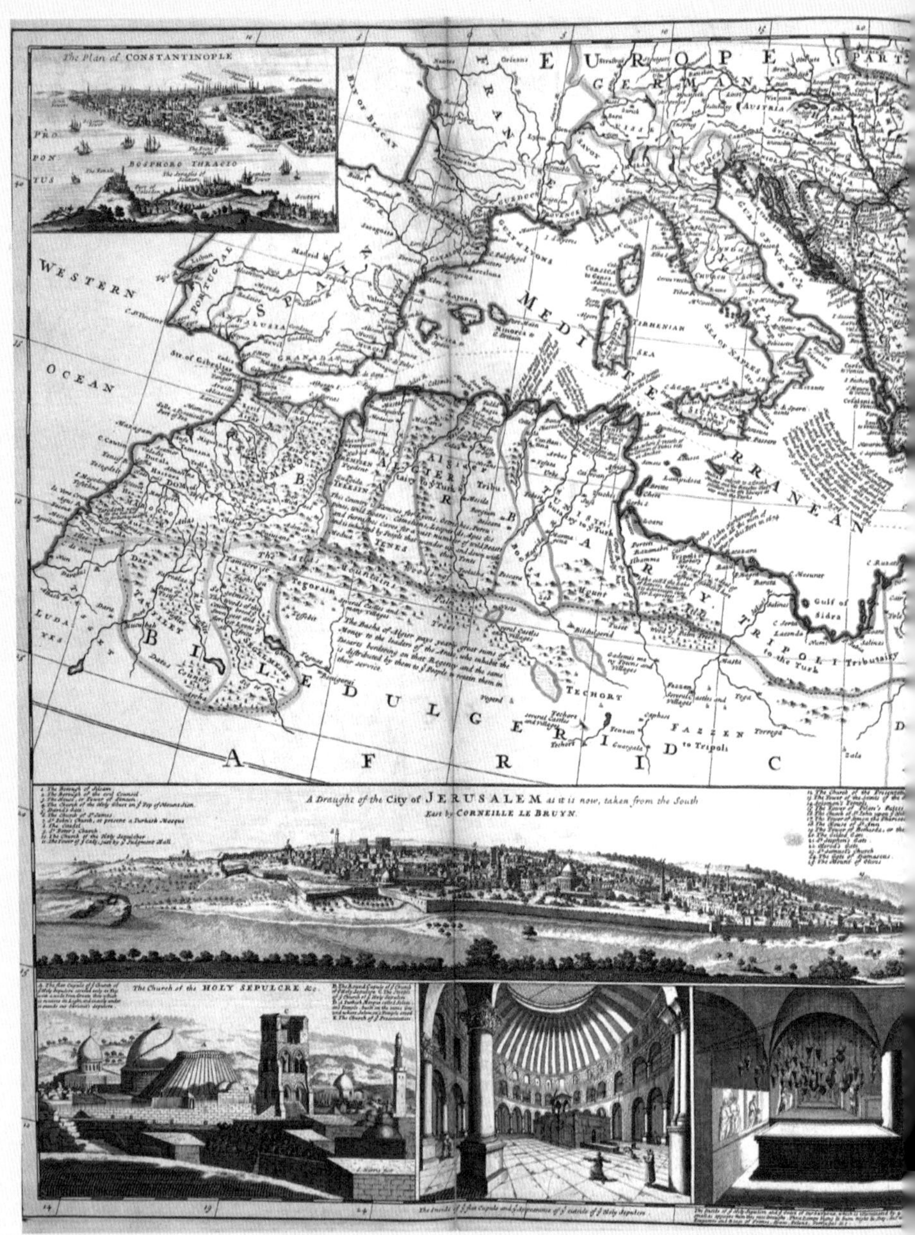

1736년 오스만 제국 지도. 뉴욕 공립도서관.

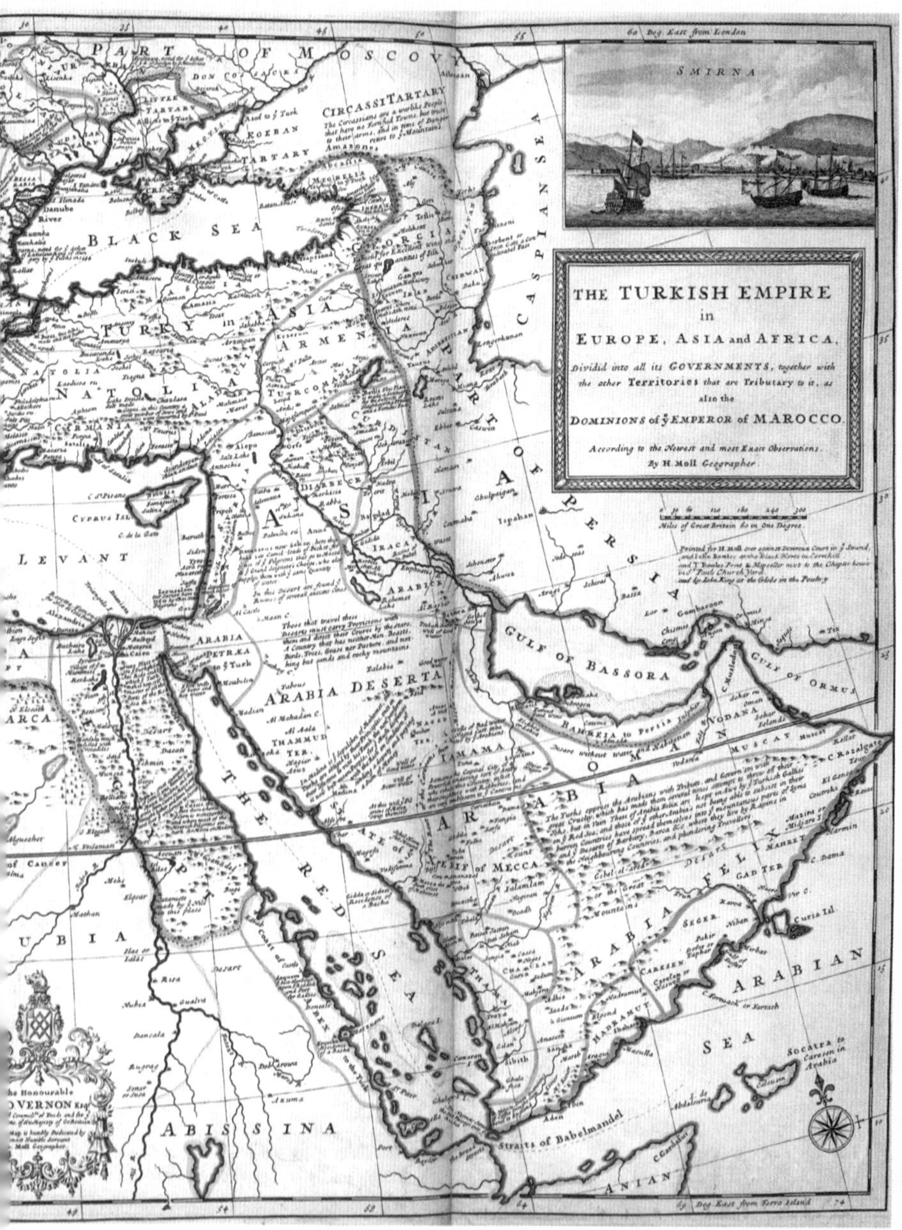
SMIRNA
THE TURKISH EMPIRE
in
EUROPE, ASIA and AFRICA,
Dividid into all its GOVERNMENTS, together with
the other Territories that are Tributary to it, as
also the
DOMINIONS of ye EMPEROR of MAROCCO.
According to the Newest and most Exact Observations.
By H. Moll Geographer.
Miles of Great Britain 60 in One Degree.
PART OF MOSCOVY
BLACK SEA
CASPIAN SEA
TURKY in ASIA
NATOLIA
ARMENIA
CYPRUS ISL.
LEVANT
ARABIA PETRÆA
ARABIA DESERTA
ARABIA FELIX
THE RED SEA
GULF OF BASSORA
GULF OF ORMUS
ARABIAN SEA
PART OF PERSIA
ABISSINA
Straits of Babelmandel
Deg East from London
Deg East from Ferro Island

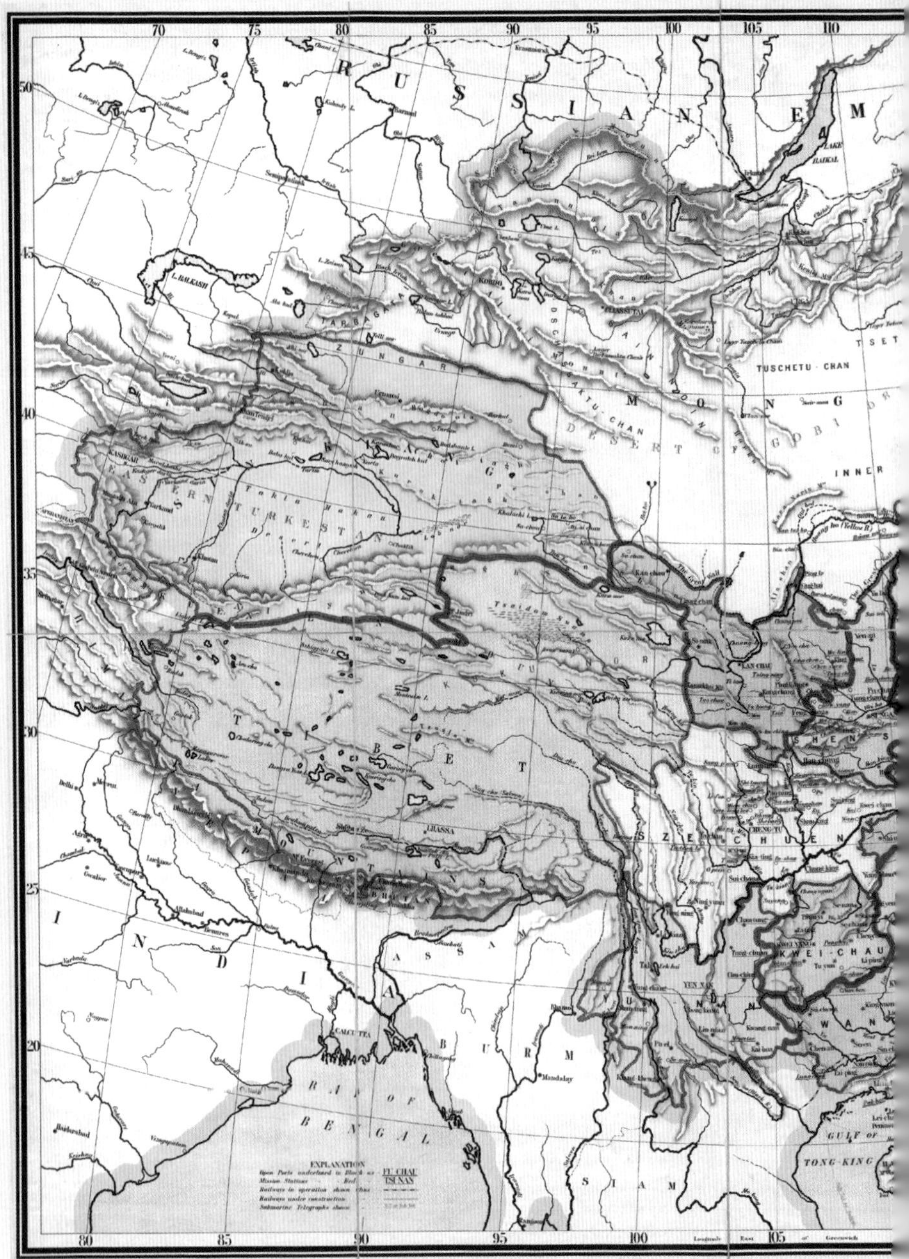
R U S S I A N E M
LAKE BAIKAL
L. BALKASH
TARBAGATAI
ZUNGARI
KASHGAR
EASTERN TURKESTAN
TUSCHETU - CHAN
M O N G
DESERT OF GOBI
INNER
LAN CHAU
T I B E T
LHASSA
MOUNTAINS
SZE CHUEN
CHENG TU
SHENSI
KWEI - CHAU
YUN NAN
KWAN
I N D I A
ASSAM
CALCUTTA
BAY OF BENGAL
B U R M
Mandalay
S I A M
GULF OF TONG-KING
EXPLANATION
Open Ports underlined in Black as - FU CHAU
Mission Stations - - Red
Railways in operation shown thus
Railways under construction
Submarine Telegraphs shown
Longitude East of Greenwich

19세기 말 영국에서 제작한 중국 제국 지도. 조선을 중국의 속국으로 표시했다. 미국 국회도서관.

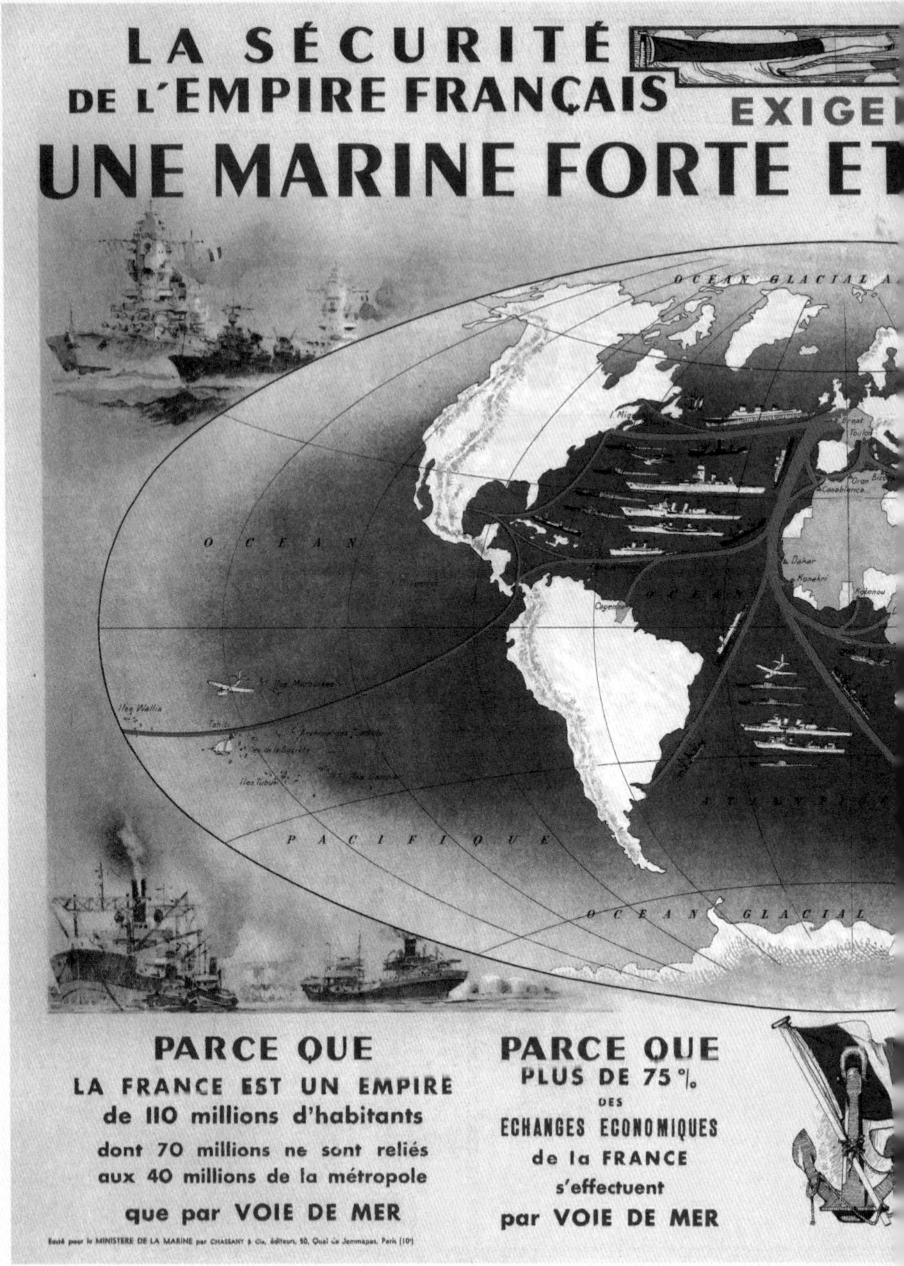

LA SÉCURITÉ DE L'EMPIRE FRANÇAIS EXIGE[...]

UNE MARINE FORTE ET[...]

OCEAN GLACIAL A[...]

OCEAN

PACIFIQUE

ATLANTIQUE

OCEAN GLACIAL

PARCE QUE
LA FRANCE EST UN EMPIRE
de 110 millions d'habitants
dont 70 millions ne sont reliés
aux 40 millions de la métropole
que par VOIE DE MER

PARCE QUE
PLUS DE 75 %
DES
ECHANGES ECONOMIQUES
de la FRANCE
s'effectuent
par VOIE DE MER

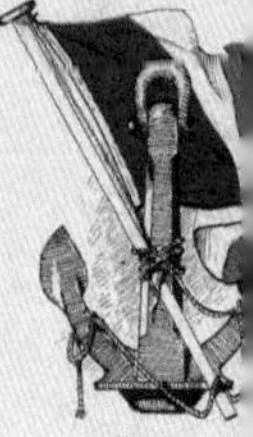

Edité pour le MINISTERE DE LA MARINE par CHASSANY & Cie, éditeurs, 50, Quai de Jemmapes, Paris (10e)

20세기 초
프랑스 해군 선전 지도.
(출처. manhhai, CC BY-SA 2.0, 위키미디어 경유)

로 남았지만 이스탄불은 예외다. 1919년부터 1923년 사이 벌어진 튀르키예 독립전쟁으로 1923년 이스탄불에서 앙카라로 수도를 옮긴 뒤 오늘날까지 이어지고 있다.

도시의 규모에도 차이가 있다. 런던, 파리, 이스탄불, 베이징은 인구 1천만 명을 훌쩍 넘겼지만, 빈의 인구는 약 300만 명 정도다. 런던과 파리는 거의 모든 분야에서 세계적인 도시로 꼽힌다. 중국이 강대국으로 부상하면서 베이징 역시 여러 분야에서 눈에 띄는 도시가 되었다. 유럽·중동·아시아·아프리카 등과 지리적으로 가깝다는 이점을 지닌 이스탄불 역시 부상 중이고, 빈은 중립국 오스트리아의 수도로서 유엔 사무실이 있는 거점 도시 중 하나로 또다른 의미에서 중요한 의미를 지닌다.

역사적 경관 보존의 차원으로 이 도시들을 보면 어떨까. 이들 도시의 대표적인 공통점은 그 역사가 아주 오래되었다는 점이다. 빈을 제외한 나머지 도시들의 내력은 최소 1천 년이다. 이스탄불과 베이징은 거의 2천 년이다. 이렇게 오래된 세월 덕분에 하나의 도시에 여러 시대의 흔적들이 겹쳐 쌓여 있다. 오랜 역사를 거쳐오며 전쟁도 여러 차례 겪었고, 외부로부터 지배를 당하기도 했다. 그러면서 사라지거나 훼손된 문화유산과 경관들이 많을 수밖에 없다. 따라서 오늘날 이 도시들이 보존하려고 하는 역사적 경관이란, 기나긴 역사를 관통하며 남은 다양한 시대, 여러 층위의 것들이 혼재되어 있다.

역사가 이렇게 오래 되었다는 것은 한편으로 보존할 것이 너무 많아 다 보존할 수 없다는 의미이기도 하다. 바로 이 지점이 이 도시들마다의 고민이다. 인구도 많고, 국내외적으로 핵심적인 역할을 해야 하는 도시이다보니 역사만 붙들고 있을 수도 없다. 현대적 도시로서 제대로 기능을 해야 하며 또 앞으로 나아가기도 해야 한다. 사람들이 살 수 있는 집, 일하는 사무실, 학교, 관공서, 도로와 다리, 대중교통, 공원 등등 필요한 게 한두 개가 아니다. 도시를 화석화하고 테마파크나 영화 세트장처럼 보존만 하는 것은 전혀 현실적이지 않다. 때문에 보존을 둘러싼 고민은 시대마다 그 내용이 계속 변하고 있다. 보존의 방향 역시 예민한 부분이 많다. 지배 계층이나 권력자들이 지향하는 바에 따라 추구하는 정체성이 달라지고, 그 정체성에 대한 찬반, 때로 거센 저항에도 직면해야 하기 때문이다. 따라서 이들 도시의 보존 관련 정책, 이를 둘러싼 논쟁의 과정은 언제나 국가 권력자, 역사 문화 전문가, 시민들 사이의 협의와 갈등의 반복을 거치며 이루어지게 마련이다.

런던 · 파리 · 이스탄불 · 베이징 · 빈을 상징하는 공간들, 권력자들 그리고 시간들

런던은 2세기 로마제국 브리타니아 속주의 수도로 출발, 빠른 속도로 발전해 곧 인구 6만 명이 되었다. 제국의 쇠락으로 5세기 초 로마인들이 런던을 떠나자 도시의 서쪽에 앵글로색슨족들이 새로운 도시를 건설했다. 바이킹으로부터 여러 차례 침략을 당하는 등 이후 몇 세기 동안 런던은 불안한 상태였지만, 886년 앵글로색슨족 앨프레드 대왕Alfred the Great, 849~899이 재건설한 뒤부터는 영국에서 가장 크고 중요한 도시로 성장했다. 11세기에는 웨스트민스터사원Westminster Abby이 들어섬으로써 어엿한 왕국의 수도라는 분위기를 갖게 되었고, 1066년 영국을 정복한 노르만족의 왕 윌리엄 1세William the Conqueror, 1028?~1087가 대관식을 치르면서 명실상부한 위상을 획득했다. 여기에서 더 나아가 윌리엄 1세의 아들 윌리엄

2세1056?~1100는 왕궁으로 사용할 웨스트민스터홀Westminster Hall을 건설했다. 이로써 왕권과 행정의 중심으로 거듭났다. 한편으로 인근의 시티오브런던City of London 지역은 상업과 금융의 중심지로 발달했다. 16세기 잉글랜드의 종교개혁으로 인해 교회의 땅이 사유지로 변하자 런던은 더욱 빠른 속도로 상업과 무역 도시로 발달했다. 17세기 문턱에 들어서면서는 인구 22만 5천 명에 달하는 대도시가 되었다. 17세기 내전과 전염병으로 다소 성장이 주춤하긴 했지만, 18세기부터는 무역의 발달과 산업혁명을 통해 위세를 떨치는 이른바 '대영제국'의 수도로, 파리와 나란히 세계에서 가장 중요한 도시로 떠올랐다. 19세기 '대영제국'은 해가 지지 않는 나라로 일컬어질 만큼 확장을 거듭했고, 런던은 세계에서 인구가 가장 많은 도시인 동시에 거의 모든 분야에서 1위를 제패했다. 그러나 20세기에 접어들면서 사정이 달라졌다. 양차 세계대전을 거치면서 제국의 위세는 힘을 잃기 시작했고, 초강대국으로 부상하는 미국에 밀려 런던의 절대 1위 시대도 막을 내렸다.

파리의 역사는 런던과 대체로 비슷하다. 기원전 52년 로마제국이 마을을 만든 뒤 차츰 로마의 주요 지역 도시로 성장했다. 로마제국의 쇠락으로, 이민족이 파리에 정착하기 시작했고, 9세기 중반 서프랑크 왕국의 수도로 위상을 달리하더니 얼마 지나지 않아 프랑스 중심 도시로 떠올랐다. 12세기에 들어서면서 왕궁인 팔레 드 라 시테Palais de la Cité와 노트르담대성당이 들어서면서 수도로서의 위엄을 갖추기 시작했고, 이후로도 성장을 거듭, 14~15세기에 와서는 유럽에서 가장 인구가 많은 도시가 되었다. 이 무렵 인구 밀도가 높아지면서 하수와 쓰레기 처리가 심각한 문제로 대두되기도 했다. 17세기 이후 제국으로 변모하면서 어느덧 프랑스는 유럽 대륙에서 가장 강한 나라로 부상했다. 강력한 왕권을 확립한 루이 13세는 리슐리외 추기경Armand Jean du Plessis, cardinal-duc de Richelieu et de Fronsac, 1585~1642의 제안으로 파리를 유럽에서 가장 아름다운 도시로 만들기 위해 노력했다. 왕위를 이어 받은 루이 14세 시절에는 성곽을 철거한 뒤 그 자리에 넓은 도로를 깔고, 곳곳에 방돔 광장Place Vendôme을 비롯한 광장을 만들었다. 앵발리드Hôtel des Invalides가 들어선 것도 이 무렵이었다. 이후 베르사유로 왕궁을 옮기긴 했지만, 그렇다고 해서 파리의 위상이 내려간 것은 아니었다. 18세기에 와서 파리는 프랑스뿐만 아니라 유럽 대륙에서 가장 중요한 도시가 되었다. 이는 비단 정치와 권력에서만이 아니었다. 계몽시대라고도 일컬어지는 이때 문화, 예술, 과학 등 분야를 가리지 않는 다양한 모색과 발전이 파리에서 이루어졌다. 1789년 일어난 프랑스혁명은 이러한 지적, 문화적 배경으로부터 비롯한 것일지도 모른다. 혁명은 순탄하지 않았다. 폭력을 동반하면서 정치적 불안이 이어졌고, 1799년 쿠데타를 감행한 나폴레옹이 권력을 장악했다. 전쟁으로 분주했던 나폴레옹은 그러나 파리에 대한 관심도 남달랐다. 그는 파리를 로마제국의 수도였던 로마처럼 꾸미길 원했고, 그런 그의 바람에 따라 신고전주의 양식의 에투알 개선문Arc de triomphe de l'Étoile이 이 무렵 착공되었다. 나폴레옹이 권력을 장악하면서 혁명으로 타도한 왕정이 다시 시작되었다. 혁명의 시대가 끝나고 거리가 잠잠해지면서 인구가 급증했다. 그러나 평화는 오래가지 않았다. 1848년 유럽을 뒤흔든 폭동의 와중에 기회를 잡은 나폴레옹 3세Napoléon III, 1808~1873는 프랑스 제국을 확장하면서 역시 또 한편으로 파리를 화려한 제국의 수도로 꾸미길 원했다. 그 원대한 계획을 맡은 인물이 바로 오스

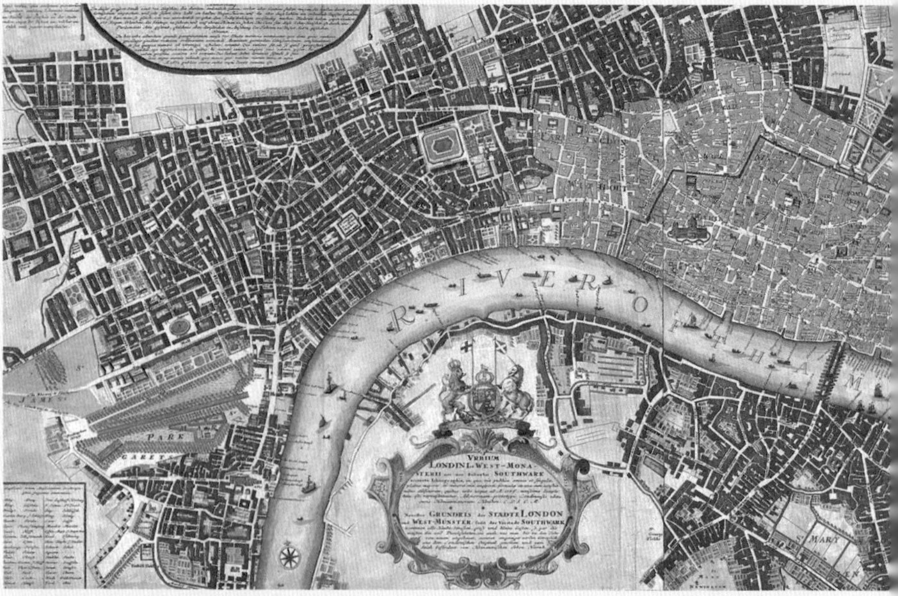

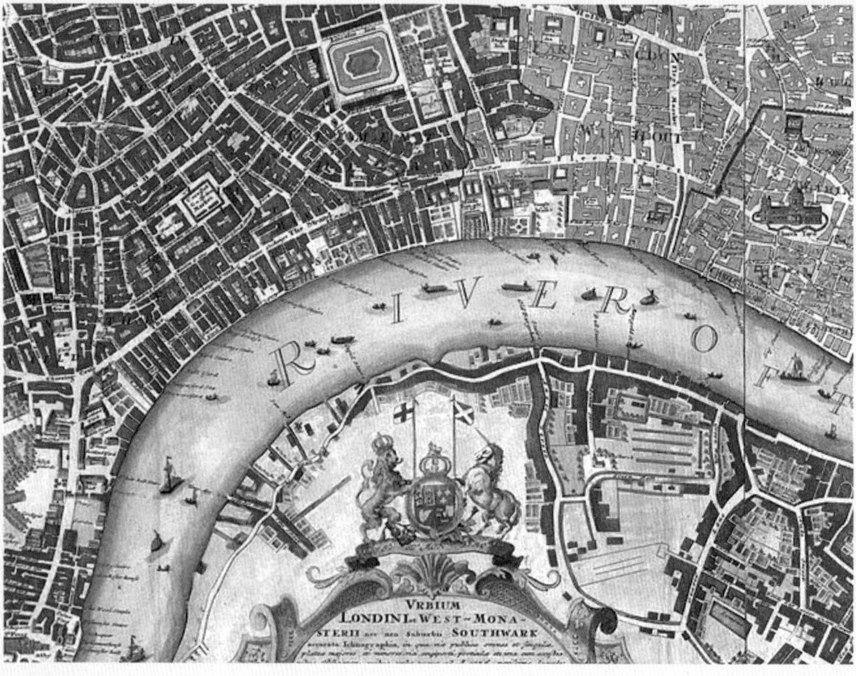

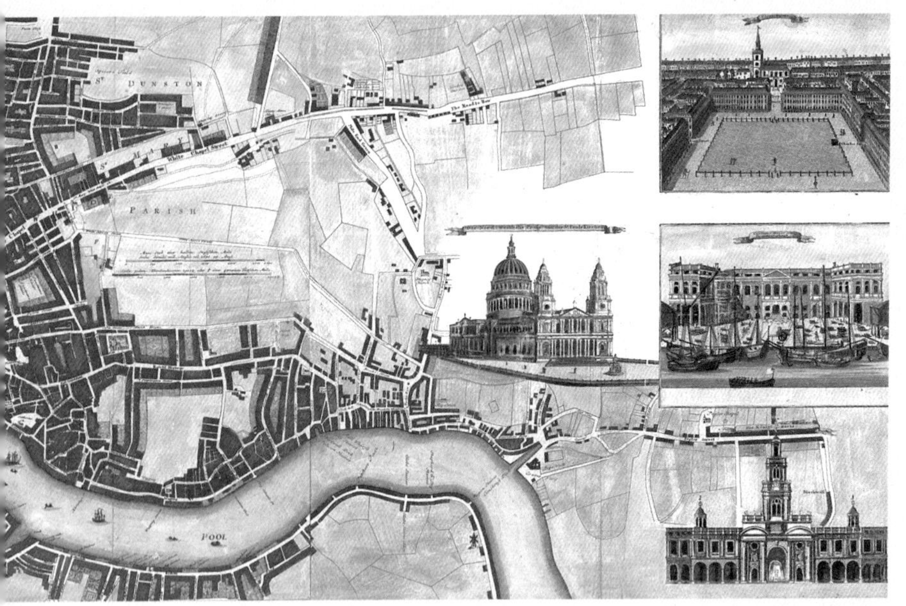

1736년 런던 지도. (출처. Homannsche Erben, CC BY-SA 3.0, 위키미디어 경유)

제국주의의 수도에 쌓인 역사의 흔적들

제국주의 수도였던 런던, 파리, 이스탄불, 베이징, 빈 등의 대표적인 공통점은 그 역사가 아주 오래되었다는 점이다. 오래된 세월 덕분에 하나의 도시에 여러 시대의 역사적 흔적들이 많이 쌓여 있다. 오랜 역사를 거쳐오며 전쟁도 여러 차례 겪었고, 외부로부터 지배를 당하기도 했다. 그러면서 사라지거나 훼손된 문화유산과 역사적 경관들이 많을 수밖에 없다. 따라서 오늘날 이 도시들이 보존하려고 하는 역사적 경관이란, 기나긴 역사를 관통하며 남은 다양한 시대, 여러 층위의 것들이 혼재되어 있을 수밖에 없다.

PARIS
Wie solche A°. 1620. im Wessen ges

1620년 파리 조감도.

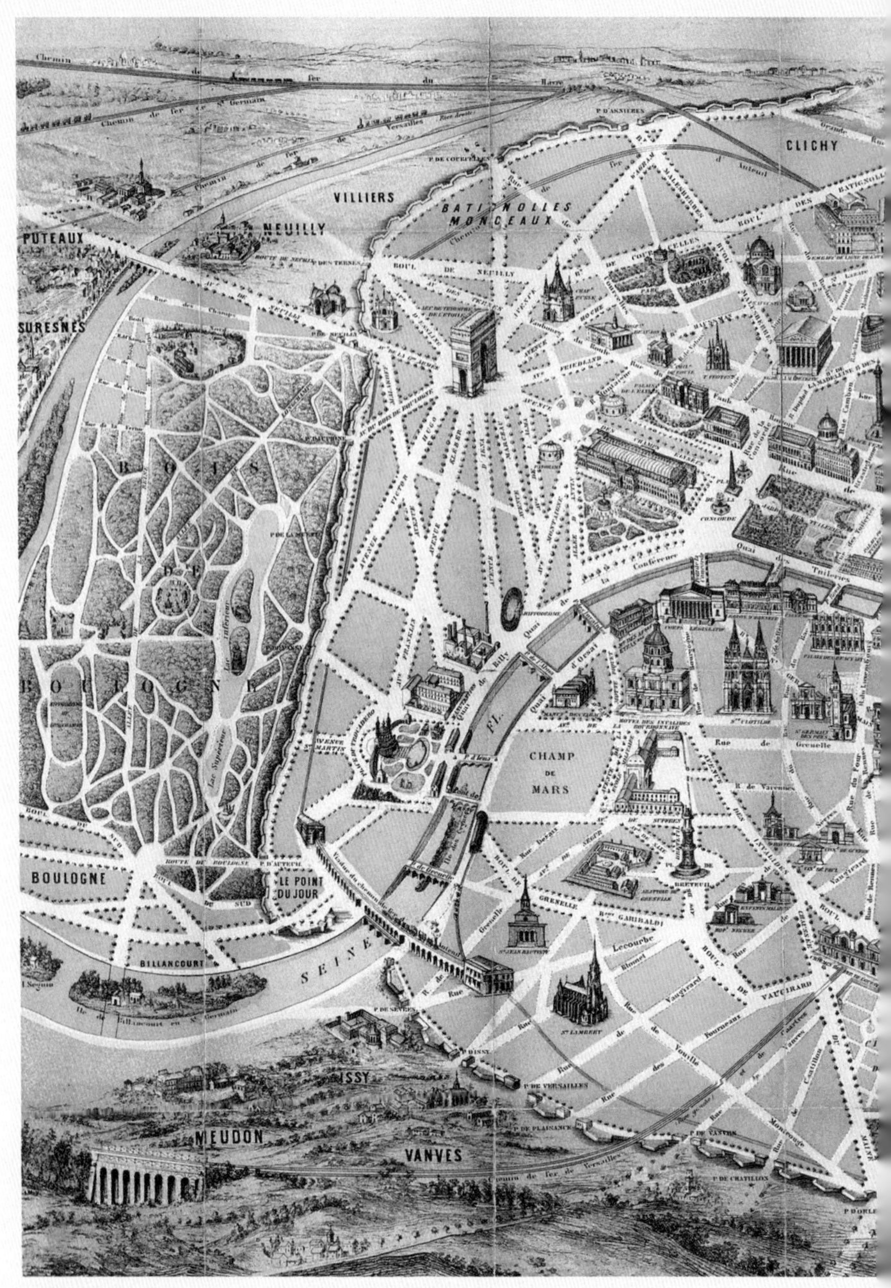

1870년대 제작한 파리 지도. 오스만 남작이 주도한 새로운 파리의 모습이 담겨 있다. 노먼 B. 레벤탈 지도 센터(Norman B. Leventhal Map Center).

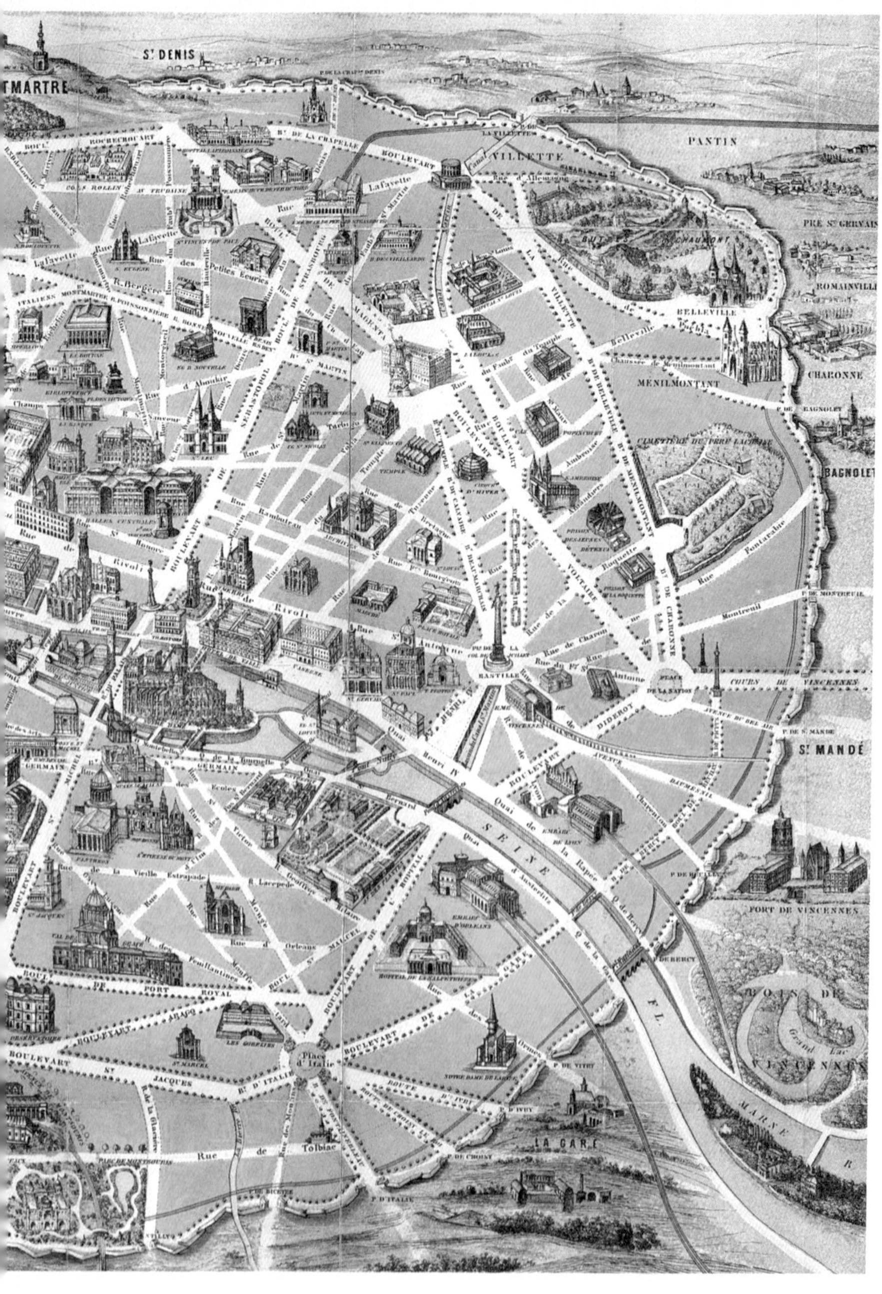

ST DENIS
TMARTRE
PANTIN
VILLETTE
BD DE LA CHAPELLE
BOULEVART
Lafayette
PRE ST GERVAIS
ROMAINVILL
BELLEVILLE
MÉNILMONTANT
CHARONNE
BAGNOLET
CIMETIÈRE DU PÈRE LACHAISE
Rue de Rivoli
BASTILLE
PLACE DE LA NATION
COURS DE VINCENNES
ST MANDÉ
FORT DE VINCENNES
BOIS DE VINCENNES
Grand Lac
SEINE
FL.
MARNE
BOULEVART DE PORT ROYAL
Place d'Italie
Rue de Tolbiac
LA GARE

만 남작Baron Georges-Eugène Haussmann, 1809~1891이다. 그는 가로수가 즐비한, 넓은 도로를 중심으로 파리를 새롭게, 전면적으로 다시 설계했다. 당시 프랑스의 산업과 공학의 발달을 상징하는 에펠탑이 들어선 것도 이때였으며, 오늘날의 파리가 만들어진 것도 이때였다. 20세기에 접어들면서 영국과 마찬가지로 프랑스 역시 제국의 위세를 잃었고, 상대적으로 쇠퇴의 길을 걸어야 했다. 그러나 파리는 여전히 파리로 존재했다.

수많은 유럽의 도시들처럼 빈의 출발 역시 로마 시대로 거슬러올라간다. 오늘날 빈의 시내에 로마제국의 부대가 진을 친 것이 2세기 무렵이었다. 부대 주변으로 점점 인구가 늘어나면서 3세기에 도시로 승격되었고, 로마제국이 쇠퇴하면서 잦은 침략과 재난을 겪어야 했다. 비슷한 시기 런던이나 파리는 왕국이 들어섰지만 빈의 사정은 달랐다. 왕국 대신 다뉴브 강 옆이라는 지리적 위치 덕분에 교역의 주요 거점으로 부상했을 뿐이다. 시간이 흘러 1278년 오스트리아를 다스리게 된 루돌프 1세Rudolf I, 1218~1291는 빈을 합스부르크 왕가의 주요한 도시로 만들겠다고 생각했다. 이후 슈테판 대성당이 확장되었고, 1365년에는 독일어권에서 가장 오래되었다는 빈 대학이 들어섰으며, 1469년에는 교구로 승격해 비교적 넓은 지역의 중심 도시로 인정을 받았다. 16세기 종교개혁이 일어난 뒤 그에 대한 반격을 거치는 한편으로 1529년 확장세를 구가하던 오스만제국이 빈을 넘봤다. 오스만제국의 침략은 실패로 돌아갔고, 도시 방호를 강화하기 위해 성곽을 새로 만들고 해자를 두었나. 성곽은 제 몫을 다했다. 1683년 오스만제국이 두 번째로 침략했으나 성곽을 넘지는 못했다. 오스만제국이 힘을 잃어가자 합스부르크 왕들이 중앙 유럽에서 패권을 손에 쥐었다. 18세기 도시를 복구하면서 오늘날까지 빈의 분위기를 크게 좌우하는 바로크 양식의 건축물들이 곳곳에 들어섰다. 성곽 밖 더 넓은 땅에는 쇤브룬 궁, 벨베데레 궁을 비롯한 멋진 건물들이 자리를 잡았다. 이 무렵 빈은 유럽 음악의 중심이었다. 모차르트와 베토벤이 이곳에서 꽃을 피웠다. 1814~15년 나폴레옹 전쟁 종전과 평화 협약을 위한 빈 회의 이후 오스트리아는 더욱 힘을 얻었고, 제국의 수도라는 지위와 산업혁명을 통해 빈의 인구는 급증했다. 19세기 중반 프란츠 요제프 1세Franz Joseph I, 1830~1916는 도시를 다시 디자인했다. 성곽을 철거한 뒤 그 자리에 널찍한 도로 링슈트라세Ringstraße를 만들었다. 가로수가 많은 파리의 넓은 도로를 염두에 둔 것이었다. 이로써 도시의 영역은 훨씬 확장되었다. 19세기 말에는 음악만이 아닌 미술과 건축으로도 주목을 받았다. 빈의 전성기는 여기까지였다. 1914년 독일과 함께 제1차 세계대전에서 패배한 뒤 오스트리아는 더이상 제국으로 불리지 않았다. 빈은 작은 나라의 수도가 되었다. 그것으로 끝이 아니었다. 20세기 중반 나치의 지배를 당한 데 이어 제2차 세계대전에 승리한 연합군, 즉 미국·소련·영국·프랑스의 지배를 받았다. 1955년까지 독일의 베를린처럼 네 개의 국가가 따로따로 빈을 나눠 지배했다. 오늘날의 빈은 중립국 오스트리아의 수도로 우리에게 익숙하다.

런던, 파리, 빈의 출발이 로마제국과 인연이 있다면 유럽과 아시아 두 대륙에 걸쳐 있는 이스탄불은 그리스에 뿌리를 두고 있다. 기원전 660년 그리스인들이 오늘날 유럽 쪽에 비잔티움이라는 마을을 만들었고, 시간이 지나면서 이 마을은 인근 지역의 주요 도시로 성장했다. 73년 확장세를 이어가던 로마제국에 의해 편입된 뒤 오랜 시간 로마제국의 땅이 되었고,

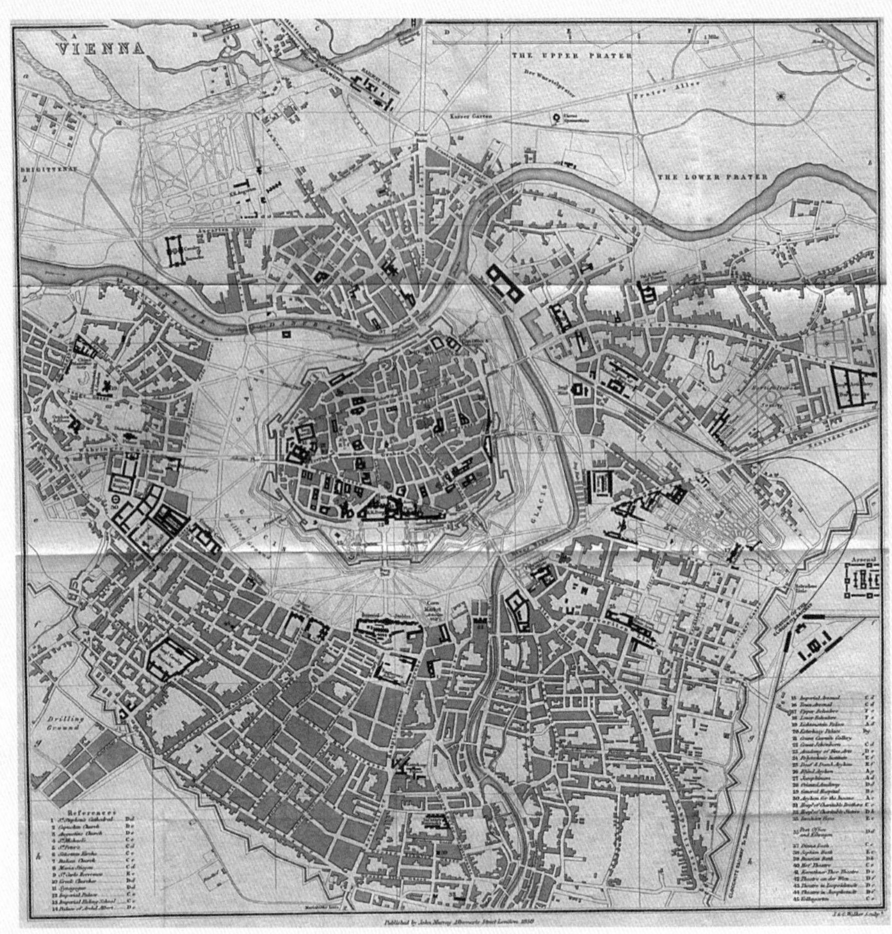

1858년 빈 지도. 성곽 철거지에 새로운 도로 건설 계획이 표시되어 있다.

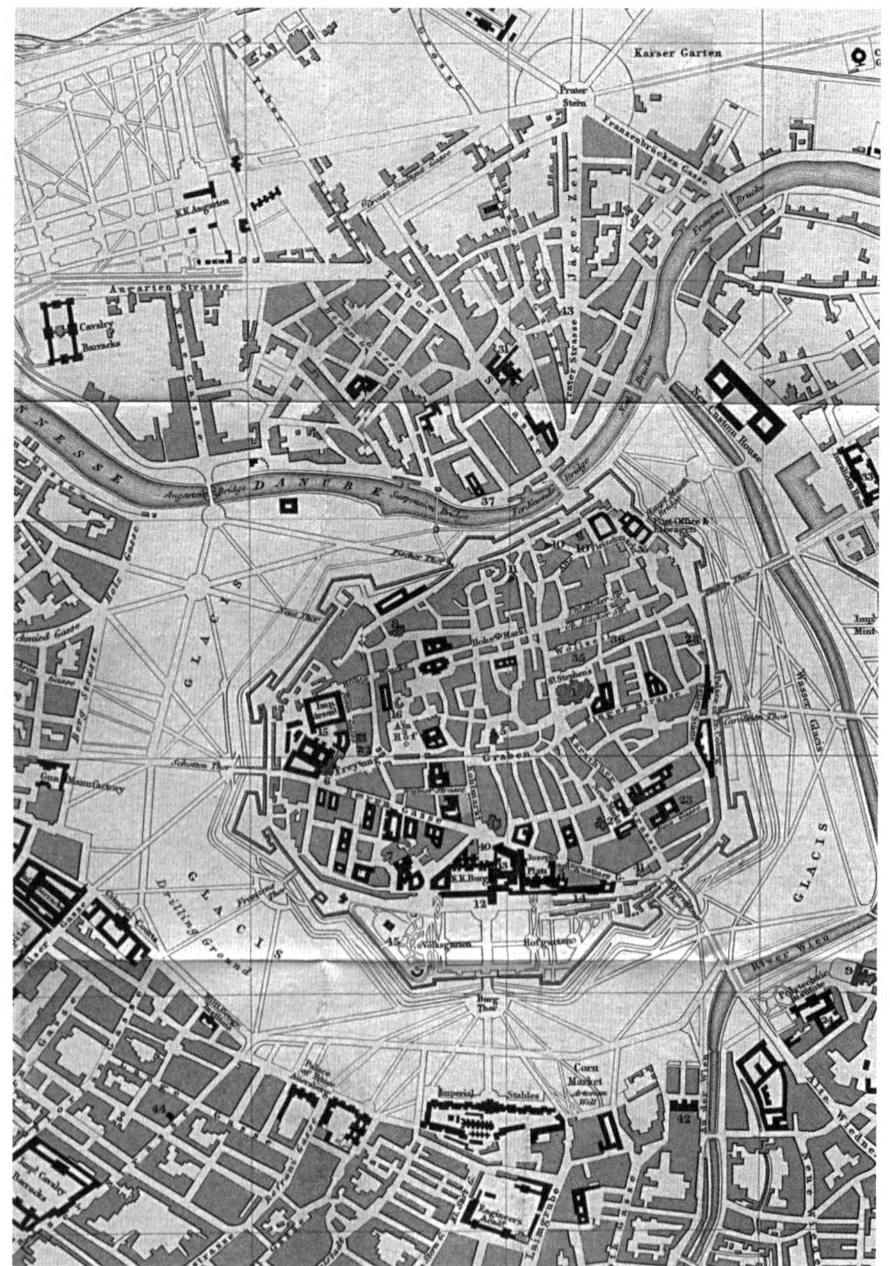
Karser Garten
Prater Stein
Franzenbrücken Gasse
K.K. Augarten
Augarten Strasse
Cavalry Barracks
Jäger Zeil
Prater Strasse
New Custom House
DANUBE
Augarten Bridge
Suspension Bridge
Ferdinands Bridge
Post Office
GLACIS
Hohe Markt
St. Stephens
Graben
Freyung
Scotten Thor
Gun Manufactory
K.K. Burg
Volksgarten
Hofgarten
Drilling Ground
Burg Thor
River Wien
Polytechnic Institute
Corn Market
Imperial Stables
Engineers Academy
Laimgrube
Alser Gasse
Schmid Gasse
Berg Strasse
Wasser Glacis

1904년 빈 조감도. 파리와 비슷한 화려함이 잘 드러나 있다. 빈 박물관.

ERWIN PENDL

330년 기독교로 개종한 콘스탄티누스 1세는 갈수록 위험해지는 로마가 아닌 비잔티움을 로마제국의 수도로 삼았다. 제국의 수도답게 도시는 새롭게 조성되었다. 도시의 이름은 콘스탄티노폴리스가 되었고, 1930년까지 이 이름으로 불렸다. 395년 로마제국이 분열되면서 이스탄불은 동로마제국의 수도이자 동방정교회의 중심 도시가 되었다. 이후로도 왕위를 이어받은 황제들은 계속해서 도시를 가꿔나갔다. 오늘날 아야 소피아로 알려진 상크타 소피아Sancta Sapientia 성당은 유스티니아누스 1세 시대에 지어졌는데, 1천 년 역사상 가장 큰 성당이었다.

이스탄불은 중세 유럽은 물론 한때 세계에서 가장 큰 도시이기도 했다. 그러나 동로마제국이 쇠락하기 시작한 11세기 후반부터 기울어지더니 제4차 십자군 전쟁 당시 가톨릭 세력의 침략으로 그 세가 더 약해졌다. 14세기 세를 키워나가던 오스만제국은 1453년 메흐메트 2세Mehmed II, 1429~1481가 선두에 서서 이스탄불을 정복했고, 이로써 로마제국으로부터 이어져온 동로마제국은 역사에서 사라졌다. 메흐메트 2세는 이스탄불의 아름다운 성당, 상크타 소피아를 이슬람 성전인 모스크로 개조하여, 아야 소피아로 이름을 바꿔불렀다. 이제 이스탄불은 오스만제국의 수도였다. 메흐메트 2세는 오랜 전쟁으로 활기를 잃고 인구가 급감했던 이스탄불에 새로운 기운을 불어넣었다. 유럽 전역에서 새로운 인구를 받아들였고, 조성 사업도 적극적으로 추진했다. 오늘날 관광객으로 붐비는 시장인 카팔르차르슈Kapalıçarşı도 그때 들어선 곳이다. 16세기까지 기세 등등했던 오스만제국의 수도로서 이스탄불은 줄곧 번성해나갔다. 17세기에 접어들면서 오스만제국의 세는 점점 약해졌으나, 이스탄불은 여전히 유럽의 주요 도시로서 건재했다. 19세기 산업혁명으로 수많은 도시들이 근대화 사업을 진행했다. 한발 늦긴 했지만 이스탄불 역시 그 대열에 합류했다. 1923년 새로 들어선 튀르키예 공화국은 수도를 앙카라로 옮겼지만, 이스탄불은 여전히 튀르키예의 가장 큰 도시로서 자리를 굳건히 차지하고 있다. 20세기 후반 유럽·아시아·중동·아프리카 사이에 있는 지리적 이점을 여전히 잘 활용함으로써 주요 교역 도시로서 제자리를 지켜내고 있으며, 인구 역시 급증세를 유지하고 있다.

지금까지 다룬 여러 도시들보다 역사가 더 오래된 곳이 바로 베이징이다. 여러 문화권의 지배를 받아왔으나, 시종일관 왕조와 제국의 수도였던 것만 보면 이스탄불과 비슷하다고도 할 수 있겠다. 기원전 8~5세기 춘추 시대 거점 도시로 부상하기 시작한 베이징은 진나라를 거쳐 금나라 시대까지 무려 천 년을 넘기며 중심 도시로 자리를 지켰다. 13세기 초 몽골의 침략으로 도시는 거의 사라지다시피 했지만, 1264년 원래의 도시 바로 옆에 제국의 수도를 새로 건설하라는 몽골제국 수장이자 원나라 건국자인 쿠빌라이 칸의 지시로 1293년 새로운 도시가 완성되었다. 이 시대의 것으로 오늘날 남아 있는 흔적은 유명한 고루鼓樓와 성곽 일부 외에 그리 많지 않다. 그러나 베이징이 아주 짧은 시기를 제외하고 이후로도 줄곧 여러 왕조와 제국의 수도였던 것은 변함이 없다. 몽골제국의 황제 쿠빌라이 칸은 모든 종교를 수용했고, 여러 지역의 사람들도 포용했다. 그로 인해 베이징은 진작부터 인종도 종교도 다양한 코즈모폴리턴이었다.

1368년 원나라의 멸망 이후 쿠빌라이 칸이 지은 궁궐은 불에 타 사라졌다. 중국은 이제 명나라였다. 왕조가 바뀌어 베이징은 혼란에 빠졌지만, 영락永樂, 1360~1424 황제 역시 베이징을 수도로 정하고, 궁궐을 새로 짓

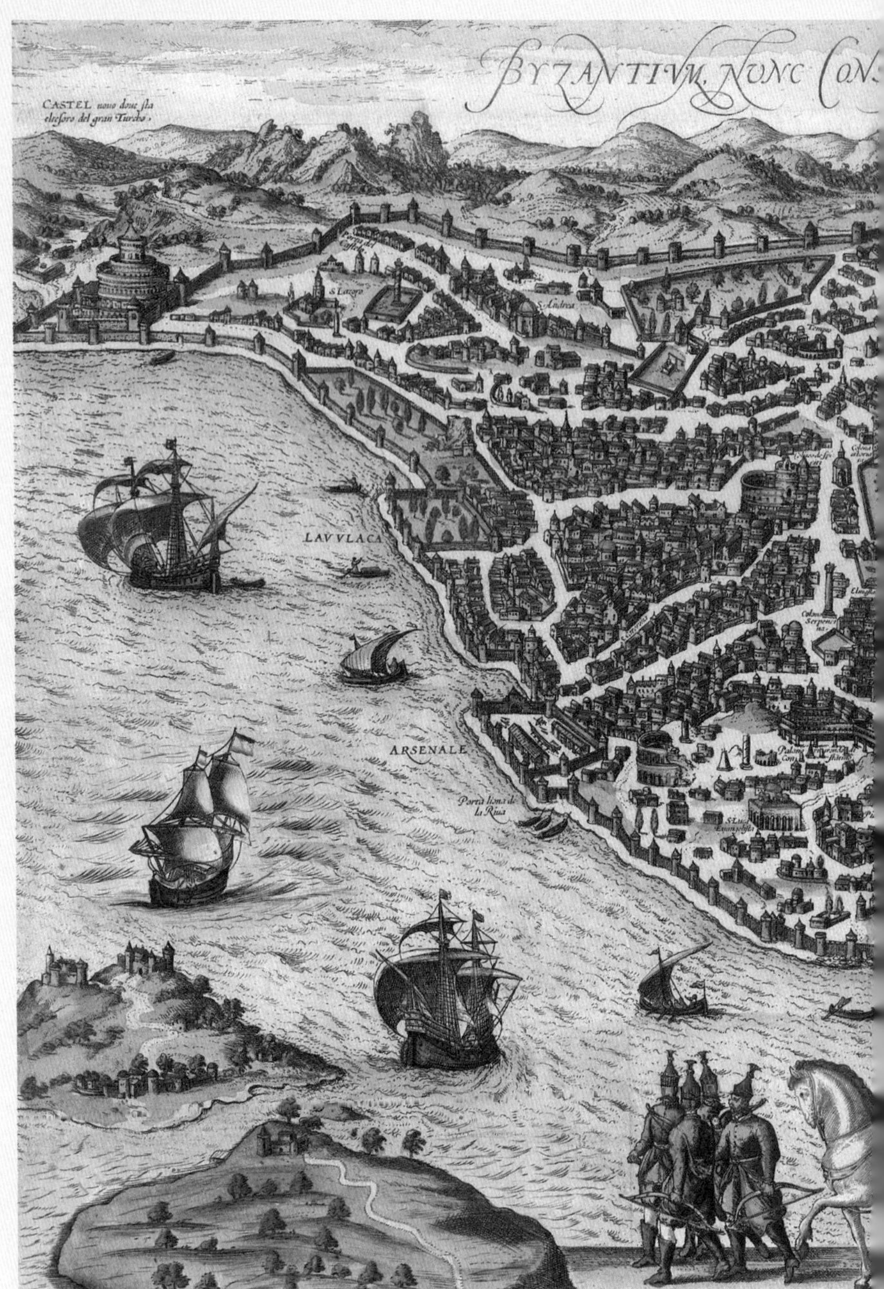

1660년 무렵 콘스탄티노플 조감도. 아래쪽에 오스만제국 궁궐이 크게 보이고 로마 시대 흔적도 보인다.

Palazo di Constantino Imperatore
PERA
Theatro
Porta de le bombarde
Porta de le isole

1420년경 콘스탄티노플 지도. 오스만제국 정복 이전으로, 모스크 대신 교회와 로마 시대 흔적이 보인다.

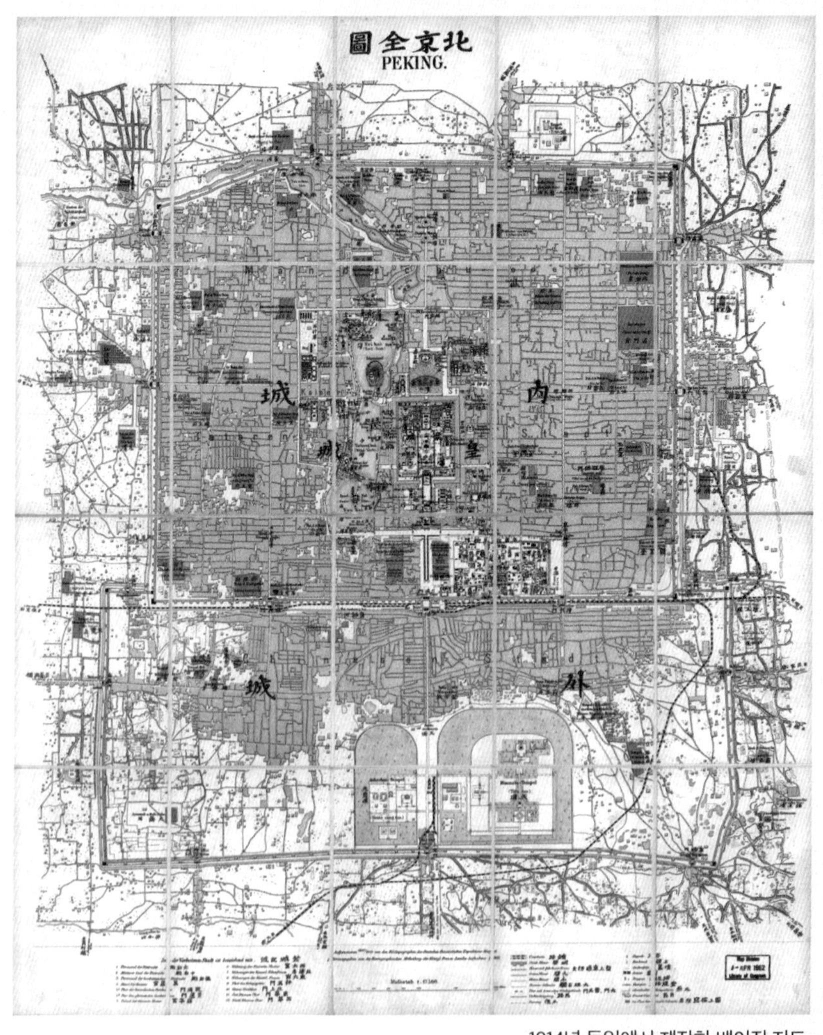

1914년 독일에서 제작한 베이징 지도.
성의 안과 밖이 표시되어 있고, 중국어와 독일어를 함께 사용했다. 미국 국회도서관.

는 등 도시를 새롭게 다시 조성했다. 오늘날 베이징은 물론 중국의 대표적 랜드마크로 꼽히는 쯔진청紫禁城이나 톈탄天壇, 톈안먼天安門 등이 이때 지어졌다. 이렇듯 이미 15세기에 오늘날의 역사적 도심이 형성되었고, 세계에서 인구가 가장 많은 도시로 부상한 뒤 18세기까지 베이징은 늘 그 위세를 과시했다. 명나라가 약해지면서 북쪽에서 만주족이 침략, 1644년 베이징에 입성함으로써 명나라는 멸망하고 중국은 청나라가 되었다. 청나라 황제는 황실의 여름별궁 이허위안頤和園을 짓긴 했지만, 특별히 도시 조성을 새로 하지는 않았다. 19세기 후반 영국과 프랑스 등 서양의 제국주의 국가들이 침략과 침투를 일삼으면서 호시탐탐 중국을 노렸다. 시절은 어지러웠고 베이징의 정세는 몹시 불안해졌다. 1911년 신해혁명을 통해 공화국을 선포하면서 청나라 시대는 막을 내렸으나 정치적 격동은 끊이지 않았고, 베이징의 불안도 여전했다. 1928년 권력을 장악한 국민당이 수도를 난징으로 옮기면서 베이징은 잠시 수도의 자리를 내려놓아야 했다. 1937년 제국주의 국가가 된 일본이 베이징을 정복했으나, 곧이어 일본의 몰락, 국공전쟁 등으로 역사의 파고는 쉴새없이 몰아쳤다. 1949년 인민해방군이 베이징에 입성한 뒤 마오쩌둥은 톈안먼에서 중화인민공화국을 선포했고, 베이징은 다시 새 나라의 수도가 되었다. 그렇게 다시 베이징은 수도가 되었지만, 어려운 경제 상황과 문화혁명으로 인해 발전하는 데는 분명한 한계가 있었다. 1980년대 이후 중국이 빠른 속도로 공업화 정책을 도입함에 따라 베이징 역시 발전에 가속이 붙었다. 2008년 올림픽을 개최하면서 변화의 속도는 더욱 빨라졌고, 개발 압력은 더 강력해졌다. 시민들의 일상생활이 어려울 만큼 심각한 공해는 바로 이런 속도 조절에 실패한 개발의 부작용이라고 할 수 있겠다.

시대와 지배 계층에 따라 변화무쌍했던 도시들,

무엇을 남기고 무엇을 지울 것인가

제국주의 국가의 수도라는 공통된 역사를 지닌 다섯 도시는 시대와 지배 계층이 바뀔 때마다 대대적인 변화의 과정을 거쳤다. 새로 짓기도 하고 사라지기도 하고, 같은 자리에서 전혀 새로운 모습으로 변신을 하기도 했다. 그러면서 사라진 것을 복원하기도 하고, 오래된 것을 보존하기도 한다.

도시마다의 이런 역사는 지금도 남아 있는, 도시를 상징하는 건물들의 사연에 배어 있다. 이스탄불의 아야 소피아는 애초에 기독교의 예배당이었다. 하지만 1054년 교회 대분열을 거치며 동방정교회의 성당이 되었다가 제4차 십자군 전쟁 당시 승기를 잡은 가톨릭 세력에 의해 가톨릭 성당으로 다시 용도가 달라졌다. 이후 다시 동방정교회 성당으로 쓰던 것을 오스만제국은 이슬람교의 예배당인 모스크로 바꿔 사용했다. 튀르키예 공화국이 들어선 뒤인 1935년에는 박물관으로, 보수적 성향이던 레제프 타이이프 에르도안Recep Tayyip Erdoğan, 1954~ 대통령에 의해 2020년에는 다시 모스크가 되었다. 그게 끝이 아니었다. 1985년 유네스코 세계문화유산으로 지정·등재된 아야 소피아는 오늘날 이스탄불에서 가장 인기 있는 관광지로 더 유명하다. 같은 건물을 두고 지배 계층과 이데올로기가 몇 번이나 바뀌었지만, 역사적 상징성 때문에 철거하지 않고 계속 그 자리에 남아 있는 걸 다행으로 여겨야 할까.

베이징의 쯔진청은 명나라의 궁궐로 지어졌다. 청나라는 계속 궁궐로 사용했지만 중화인민공화국에서는 1922년 궁궐 박물관으로 전용했고, 그뒤 문화유산으로서 보호를 받았다. 1949년 인민군이 베이징에 입성할 때 훼손이 되긴 했지만 문화혁명이 한창일 때 저우언라이周恩来,1898~1976 국무원 총리는 인민군을 배치해 쯔진청을 지켰다. 1987년에는 유네스코 세계문화유산으로 지정·등재되었고, 2000년대 초에는 공화국이 들어서기 전의 모습으로 복원하기 위한 공사와 보존 사업이 진행되었다. 이스탄불의 아야 소피아와 마찬가지로 지배 계층과 그들의 이데올로기의 변화에 따라 쯔진청 역시 그 쓰임새가 달라졌다. 그럼에도 한족이 지배한 명나라가 지은 쯔진청은 통일 국가 중국의 상징으로 여겨져 철거되지 않고 오늘날까지 내려오고 있으며, 바로 그 상징성 때문에 1949년 중화인민공화국 건국 선언이 쯔진청의 톈안먼에서 이루어졌고, 1989년 민주화를 요구하는 이들도 그 앞에 모여 시위를 했다. 지배 계층은 달라져도, 전통성 또는 정통성을 확보하기 위해 역사적으로나 종교적으로 상징성이 높은 건물을 전유하는 사례는 역사가 오래된 다른 도시들에서도 쉽게 찾을 수 있다. 그로 인해 오래된 수많은 건물들이 지금도 우리 곁에 남아 있다.

물론 다 그런 건 아니다. 지배 세력이 바뀌면서 전면 철거를 당한 건물도 많다. 새로 권력을 갖게 된 지배 세력이 상징성이 높은 건물을 전유하는 대신 철거를 택한다는 것은 이전 지배 세력을 부인하는 것이자 공격이며 나아가 정통성/전통성의 계승을 거부하는 것을 뜻한다.

아야 소피아와 쯔진청을 전유한 이스탄불과 베이징은 한편으로 이전의 상징물을 없애기도 했다. 콘스탄티누스 1세와 그 후손은 이스탄불을 로마제국의 수도라는 정체성을 가진 도시로 만들기 위해 그리스에 뿌리를 둔 흔적을 거의 다 없앴다. 대신 로마의 건축 양식과 도시 계획을 그대로 적용하여 완전히 새로운 도시를 만들었다. 그로부터 천 년이 지난 뒤 이스탄불의 정복자 메흐메트 2세는 톱카피 궁전Topkapı Sarayı을 짓기 위해 동로마제국 수도로서의 흔적을 거침없이 지워나갔고, 그 후손들 역시 이를 이어 받았다. 완전히 없애는 대신 남겨두되 모욕하는 사례도 있었다. 톱카피 궁궐 안에 남아 있는 아야 이리니Aya İrini는 이스탄불에서 가장 오래된 교회다. 하지만 새로운 궁궐을 건설한 오스만제국은 이 건물을 병기창으로 사용했다. 실용적인 선택처럼 보이기도 하지만 이전 지배 계층의 종교를 비하하는 뜻을 노골적으로 드러낸 사례다.

베이징에는 명나라 때 지어진 이래 지금까지 자리를 지키고 있는 건축물이 많다. 대개 상징하는 바가 큰 건축물들이다. 명나라 이후 들어선 청나라는 만주족이 지배했다. 이들은 명나라를 무조건 배척하기보다 중국의 전통을 받아들이고 동화하려는 시도를 했다. 따라서 명나라의 유산을 그대로 두고 전용하는 쪽을 택했다. 그 이전 원나라를 지배한 몽골족들은 그렇지 않았다. 자신들의 제국을 건설한 이들은 중국 문화의 정통성에 관심을 두지 않았다. 그보다는 자신들을 중심으로 한 새로운 상징을 만드는 데 힘을 쏟았다. 자신들의 침략으로 거의 폐허가 된 도시를 복원하기보다 그 옆에 새로운 도시를 만든 것은 그런 의도의 반영으로 볼 수 있다. 그렇다고 해서 이들이 모든 걸 다 배척했다고는 보기 어렵다. 이미 영향을 받은 부분은 그대로 받아들이면서 새로운 길을 만들어가겠다는 의지를 드러낸 사례가 있기 때문이다. 몽골제국의 수도는 원래 따로 있었다. 중국에서 멀리 떨어진 사막 한가운데 있던 카라코룸Karakorum이었다. 하지만 이들은 중국의 전통적 영역 안에 있는 베이징으로 수도를 옮기기로 결정했다. 이는 곧 쿠빌라이 칸은 물론 몽골제국의 지배 계층이 이미 어느 정도 중국화되어 있었음을 말해준다. 쿠빌라이 칸은 대도大都라는 새로운 수도의 설계를 유병충劉秉忠, 1216~1274이라는 중국인에게 맡겼다. 그는 장안 같은 중국 예전 수도의 조성 원리에 맞게 설계를 했다. 새로운 중국이라는 상징성을 갖는 도시였다.

훗날 명나라의 지배 계층은 이번에는 원나라의 정통성과 그 흔적을 없애기 위해 그들의 궁궐을 태우고 새로운 쯔진청을 지었다. 원나라의 지배 계층이던 몽골족들의 흔적은 많이 사라졌다. 그런 한편으로 1302년 지은 베이징 공묘北京孔廟는 그대로 남겨두었고, 1911년까지 제례 행사도 꾸준히 이루어졌다는 것은 또 시사하는 바가 있다.

역사적으로 상징성이 있는 건물을 전유하느냐 철거하느냐에 따라 인접 도시의 경관은 매우 큰 영향을 받았다. 특정 건물을 철거한다고 가정해보자. 그 건물만 철거할 수는 없는 일이다. 건물 주변의 주요 요소들도 함께 철거되게 마련이다. 이스탄불에서 톱카피 궁전을 새로 짓기 위해 그 일대가 모두 철거가 된 것은 그 대표적인 사례로 볼 수 있다.

새로운 상징적 건물을 짓기 위해 경관의 일부를 활용하는 사례도 많다. 오늘날 런던에는 영국이 가톨릭 교회와 분리한 뒤 자신들의 독립성을 상징하기 위해 지은 세인트폴대성당이 남아 있다. 당시 유명한 건축가 크리스토퍼 렌 경Cristopher Wren, 1632~1723이 설계한 이 성당을 짓기 위해서는 부지가 필요했다. 화재로 불에 탄 지역의 부지를 활용해 성당을 세웠는데, 이 과정에서 도시의 옛모습이 달라지는 건 피해갈 수 없었다. 파리에는 19세기 중반 도시를 새로 조성하면서 지은 오페라 가르니에Opéra Garnier가 있다. 지배 계층의 변화를 반영하는 새로운 건물을 짓기 위해서는 역시 부지가 필요했다. 파리의 새로운 지배 계층은 이를 위해 새로 지으려는 건축물이 들어설 곳 주변을 철거했다. 이렇게 새로운 상징물이 들어온 뒤 그것은 그것대로의 역사적 의미를 품게 된다. 그렇게 시간이 흐른 뒤 새롭다고 지어올린 건물과 그 주변의 경관 역시 보존의 대상으로 새로운 의미를 부여 받게 된다. 도시의 역사는 그렇게 쌓여가는 셈이다.

상징적인 건물, 또는 건물을 둘러싼 지역의 변화를 넘어 도시 전체를 완전히 새로 만들기 위한 대대적인 작업이 이루어진 사례도, 흔치는 않지만, 종종 볼 수 있다. 새로 들어선 제국의 지도자가 강력한 의지를 가질수록 공사의 크기는 비례한다.

원래의 파리는 다른 중세 도시들처럼 골목이 많고 길은 비좁았다. 이런 옛모습 대신 가로수 늘어선 넓은 도로 중심의 도시로 만든 것은 불과 19세기의 일이었다. 오늘날 우리는 파리에 갈 때마다 변치 않는 듯한, 고색이 창연한 역사적 경관을 보며 감탄하지만, 사실 따지고 보면 그 풍경이며 거리 모두 19세기 이후의 것들이다. 말하자면 오늘날의 파리는 19세기판 재개발의 결과라고 할 수 있으며, 보존 대상으로 엄격한 관리를 받고 있는 대부분의 지역들도 대개는 한때 재개발 대상지였다.

도시들마다 품고 있는 이면의 맥락, 그것을 끌고온 보이지 않는 손

제국의 수도였던 다섯 도시를 나란히 놓고 보면 흥미로운 발견을 하게 된다. 런던과 파리는 20세기 중반까지 제국주의를 고수하던 국가의 수도였지만, 이스탄불과 베이징은 19세기 말~20세기 초 제국주의로 인해 몰락한 오래된 제국의 수도였다는 점이다. 튀르키예와 중국은 제국의 시대를 지나 공화국의 시대가 열리자 옛 제국의 수도를 떠나 새로운 수도를 세웠다. 예전 수도에 남아 있던 궁궐과 역사적인 건물들은 박물관으로 보

1852년 콘스탄티노플의 아야 소피아. 영국박물관.

제국의 도시들이 선택한 랜드마크

제국의 도시는 국가의 흥망에 따라 늘 변하게 마련이다. 도시를 거쳐간 수많은 지배자들은 자신들의 유산을 남겨두었다. 제국으로서, 또는 제국의 역사를 가진 나라로서 종교적, 역사적, 철학적 정통성이 필요한 그들은 사라진 옛 제국을 상징하는 의미를 지닌 건물을 남겨두어 그 활용의 가치를 극대화한다. 제국주의 도시들이 오랜 역사를 겪어오며 다양한 변화를 거쳐왔음에도 불구하고 여전히 아야 소피아, 웨스트민스터 사원, 루브르 궁, 쇤브룬 궁전, 쯔진청 등 상징성이 큰 건물을 잘 보존해 우리 앞에 내놓고 있는 것은 그런 지배자들의 선택의 결과인 셈이다.

1749년 카날레토가 그린 웨스트민스터 사원. 웨스트민스터 사원.

1828년 플로르 관Pavillon de Flore에서 본 루브르 궁. 프랑스 국립 도서관.

1758년 베르나르도 벨로토가 그린 쇤브룬 궁전. 빈 미술사 박물관.

XVI. Augusti Anno MDCCLIX.

명나라 때 그려진 《북경궁성도》 속 쯔진청. 영국박물관.

존, 활용되었다. 이는 정통성은 확보하되 이전 시대를 역사 속으로 보내기 위한 장치이기도 했다. 다시 말해 이전 시대는 이제 다 지나간 역사라는 점을 드러내기 위해서라고 볼 수 있다.

프랑스혁명 이후 파리의 루브르 궁은 루브르 박물관이 되었다. 이스탄불과 베이징의 사례와 같은 것으로 보이지만, 자세히 들여다보면 여기에는 분명한 차이가 있다. 이스탄불과 베이징이 옛 궁궐을 박물관으로 전용한 데에는 보존을 둘러싼 복잡한 심사가 깔려 있다. 공화국을 주도한 새로운 지배 계층에게는 역사적 정통성이 필요했다. 그런 이유로 옛 궁궐을 박물관으로 만들어 보존을 하긴 했지만, 이는 곧 제국주의에 의해 나라를 빼앗길 뻔했던 시대의 유물이기도 했다. 또한 이들은 역사적 정통성을 필요로 하면서도, 이미 몰락한 이전 지배 계층의 체제와는 다르다는 점을 부각하려고도 했다. 다시 말해 제국주의의 압력 속에서도 역사적인 황금기를 만들어낸 이전 지배 세력을 인정하면서 동시에 새로 설립한 국가에 대한 충성도를 확보하기 바랐다. 옛 궁궐을 보존하여 박물관으로 공개하는 것은 말하자면 이 두 가지 마음을 드러내기에 편리하면서도 적당한 타협의 결과였던 셈이다.

이에 비해 프랑스혁명 세력이 루브르 궁을 박물관으로 사용한 것은 이전 역사와의 완전한 단절을 뜻했다. 왕들의 전용 공간을 시민들에게 개방함으로써 이전 지배 세력과의 차별점을 드러낸 셈이다. 루브르 박물관은 이후 프랑스 제국주의가 부활하면서 다시 제국의 상징으로 활용되었다.

빈의 경우도 흥미롭다. 1918년 오스트리아 제국은 몰락했지만, 튀르키예나 중국처럼 외세의 자극에 따른 혁명에 의해서가 아닌 제1차 세계대전에서 패배한 것이 주요 원인이었다. 이런 오스트리아의 사정은 쇤브룬 궁의 변화를 통해 엿볼 수 있다. 성곽 밖에 있던 쇤브룬 궁은 1569년 합스부르크 왕가의 여름 별장으로 만들었다. 오늘날의 모습은 1745년 합스부르크 군주국의 유일한 여성 통치자 마리아 테레지아Maria Theresia, 1717~1780가 지은 것으로, 유럽의 귀족들을 초대해 만나는 곳으로 주로 사용했다. 1918년 오스트리아 공화국의 설립으로, 합스부르크 왕가가 계속 사용하던 쇤브룬 궁은 국가의 소유가 되었고, 이스탄불과 베이징이 그랬던 것처럼 박물관으로 일반 시민들에게 공개했다. 제2차 세계대전 중에는 나치 독일군이 일부 사용하기도 했는데, 폭격을 당할 수도 있다는 위기감으로 1943년부터는 외부에 공개하지 않았다. 전쟁이 끝난 뒤 미국, 영국, 프랑스, 소련이 나누어 점령한 빈의 네 개 구역 가운데 영국 통치 구역에 포함된 쇤브룬 궁은 영국 정부와 육군의 사무실로 사용되었다. 전쟁 당시 폭격으로 훼손당한 부분은 점령 당국의 허가를 받아 복원이 이루어졌고, 1948년 시민들에게 공개가 되었다. 1955년 새로운 오스트리아 공화국의 선포 이후 본격적인 박물관으로 활용하기 시작했지만 보존과 수리에 들어가는 비용이 만만치 않아 국가 재정에 부담이 될 정도였다. 이를 해결하기 위해 1992년부터 입장료와 기금을 받아 복원 공사 및 유지 관리를 해왔다. 1996년 유네스코 세계문화유산으로 지정·등재되었고, 오늘날 빈에서 가장 인기 있는 관광 명소로 꼽히고 있다. 쇤브룬 궁은 제1차 세계대전으로 몰락한 제국의 상징으로, 제2차 세계대전으로 인한 전쟁 피해와 강대국의 힘겨루기로 인한 분단의 아픔의 상징으로, 새로 태어난 중립국의 상징으로 그 자리에 남아 많은 이야기를 우리에게 건네고 있다.

이들 도시의 또다른 공통점 가운데 하나는 도시마다 유네스코 세계문화유산을 보유하고 있다는 점이다. 1978년 지정을 시작한 유네스코 세계문화유산제도는 21세기 들어와 더 많은 곳들을 등재시키고 있다. 이스탄불의 아야 소피아, 런던의 웨스트민스터 사원, 베이징의 쯔진청, 파리 센 강변의 여러 문화유산, 오스트리아의 쇤브른 궁 등은 비교적 일찍 지정되어 오늘날 각 도시에서 관광객들이 많이 찾는 명소가 되었다. 세계문화유산으로 지정이 되면, 대상지뿐만 아니라 그 인접 경관 역시 주목을 받게 되고, 도시로부터 각별한 관리를 받는다.

런던, 파리, 빈의 경우 문화유산과 역사적 경관에 대한 보존 규칙과 지원을 이미 19세기부터 단계적으로 계속 도입해왔다. 이스탄불과 베이징은 20세기부터 도입을 시작했고, 역사적 경관보다는 주요 문화유산 중심이다.

20세기 말로 접어들면서 경제 개발 속도가 대체로 매우 빨라졌다. 도시들마다 개발 압력이 매우 커졌고 다섯 도시 가운데는 이스탄불과 베이징이 특히 강했다. 경제 성장은 일반적으로 도시 인구 급증으로 이어지는데, 이로 인한 주택 공급과 기본 인프라 확충 요구로 인한 개발 압력이 커질 수밖에 없다. 압력이 커질수록 도시 인근 농촌 지역은 물론 도시 한복판의 오래된 지역 역시 개발 압력을 받게 된다.

이스탄불은 1970년대부터 아야 소피아, 쉴레이마니예 모스크Süleymaniye Mosque, 테오도시우스 성벽 등은 물론 그 인접 지역의 문화유산을 보존하기 위해 비교적 넓은 지역을 보존 대상으로 지정했지만, 그밖의 지역은 보존 관련 규칙이 없어 역사적 경관이 많이 철거되고 있다. 그도 그럴 것이 2~3층 정도의 전통적인 오스만 건축 양식의 주택 밀집 지역을 철거하고 그 자리에 주차장과 편의 시설을 갖춘 고층 아파트를 짓는다면 더 많은 사람들이 쾌적하게 살 수 있을 것이다. 개발의 압력이 거세질수록 그런 도시의 요구를 쉽게 무시하기 어렵다.

베이징은 1987년 쯔진청이 유네스코 세계문화유산으로 지정된 이후 골목도 많고 단층 구조의 전통 주택이 많은, 이른바 후퉁胡同 인접 지역의 보존에도 관심을 갖기 시작했다. 1990년대 이후에는 후통 밀집 지역을 보존하기 위한 규칙을 도입한 데 이어 2000년대 들어서는 강화하기까지 했다. 하지만 2008년 베이징 올림픽을 잘 치르기 위해서라는 명분으로 후퉁 지역들을 과감하게 철거해버렸다. 1980년대 지은 2환로二环路 간선도로에 둘러싸여 있는, 명나라 시대부터 있던 성곽 안쪽 지역은 남아 있지만, 2환로 밖의 역사적 경관들은 상당 부분 철거가 되어버렸다. 후통을 보존의 대상이 아닌 흉물로 지목, 이곳에 살던 주민들을 강제로 이주를 시켜가면서까지 철거를 진행했다. 후퉁이 사라진 곳에는 새로운 주택뿐만 아니라 도로, 공공 시설, 상업 건물 등이 들어서느라 한동안 철거와 신축 공사가 동시다발적으로 이루어졌다.

개발의 압력은 이스탄불과 베이징에만 해당하지 않는다. 유네스코 세계문화유산으로 지정된 빈의 역사적 원도심 주변에는 최근에도 새롭고 높은 고층 건물이 들어서고 있어 역사적 경관을 훼손할 우려가 점점 더 커지고 있다.

제국의 도시는 국가의 흥망에 따라 늘 변하게 마련이다. 도시를 거쳐간 수많은 지배자들은 자신들의 유산을 곳곳에 남겨두었다. 그 유산들은 상징성을 획득하여 오래 남아 그 자리를 지키고 있기도 하고, 새롭게 손을 봐서 다시 쓰임새를 얻기도 하며, 완전히 사라져 없어지기도 한다. 신생 도시들에 비해 오랜 역사를 가진 제국의 도시들일수록 사라져 없어지는 것보다 상징성과 의미를 부여하여 남겨 두는 것들이 상대적으로 훨씬 많다.

제국으로서, 또는 제국의 역사를 가진 나라로서 종교적·역사적·철학적 정통성이 필요하기 때문이다. 따라서 종교나 철학적 의미를 지녔거나 사라진 옛 제국을 상징하는 의미를 지닌 건물은 오래오래 남아 그 활용의 가치가 극대화된다. 새로운 지배자로서는 지난 역사를 부인하기보다 포용함으로써 새로운 체제를 확립하는 것이 훨씬 안전할 뿐만 아니라 효율적으로 지배하는 데 유리하기 때문이다. 제국주의 도시들이 아야 소피아, 쯔진청, 루브르 등 상징성이 큰 건물을 잘 보존해 우리 앞에 내놓고 있는 것은 그런 선택의 결과인 셈이다.

그렇다고 해서 오늘날 우리가 보는 것이 그 도시가 가졌던 역사적 경관의 전부라고 할 수는 없다. 지배 세력들은, 상징성이 많은 건물을 전유하고 새로 활용하는 데도 열심이지만, 때로 과감하고 또는 무모하게 이전 역사의 흔적을 없애고 새로운 도시를 만들어버리기도 한다. 전쟁이나 천재지변에 의해서도 역사적 경관은 사라지기도 하고 훼손되기도 한다. 그렇게 훼손된 것들 가운데 복원하는 것도 있지만 어떤 것들은 완전히 없애고 새로 짓기도 한다. 따라서 역사적 경관은 오늘 그 모습이라고 해서 내일도 그 모습이라고 장담할 수 없으며 어제도 그 모습이었다고 자신할 수도 없다. 고정된 것 같으나 끊임없이 변화하고 있기 때문이다.

런던, 파리, 빈의 거리는 대부분 아름답다. 이 아름다운 도시의 풍경은 그러나 대부분 19세기 이후 조성한 것들이다. 도시의 역사를 생각하면 200여 년 전은 비교적 최근이라고 해도 과언이 아니다. 이스탄불 역시 여러 시대와 문화의 층을 느낄 수 있는 도시로 유명하지만, 실제로 남아 있는 역사적 경관은 주로 19세기 무렵부터 보존 및 복원이 이루어진 것이다. 베이징은 쯔진청과 그 주변을 제외하면 역사적 경관이라고 할 만한 게 많

무엇을 남기고 무엇을 기억할 것인가, 오늘의 도시에서 고민을 엿보다

역사가 오래 되었다는 것은 보존할 것이 너무 많아 다 보존할 수 없다는 의미이기도 하다. 바로 이 지점이 이 도시들마다의 고민이다. 역사만 붙들고 있을 수는 없다. 현대적 도시로서 앞으로 나아가기도 해야 한다. 테마파크나 영화 세트장처럼 보존만 하는 것은 현실적이지 않다. 때문에 보존을 둘러싼 고민도, 방향도 시대마다 변하고 있다. 지배계층이나 권력자들이 지향하는 바에 따라 추구하는 정체성이 달라지고, 그 정체성에 대한 찬반, 때로 거센 저항에도 직면한다. 이들 도시의 보존 관련 정책, 이를 둘러싼 논쟁의 과정은 언제나 국가 권력자, 역사 문화 전문가, 시민들 사이의 협의와 갈등의 반복을 거치며 이루어지게 마련이다.

런던 세인트폴 성당 주변. 오래된 성당과 제2차 세계대전 당시 폭격을 받아 새로 지은 건물이 함께 보인다.

런던 사무엘 존슨의 집과 주변 경관. 사진 속 오른쪽이 보존 대상이 된 건물이고, 왼쪽은 신축 건물이다.

1890~1900년경 파리 마들렌 대로 전경.

1877년 구스타브 카유보트가 그린 파리의 비 오는 날 풍경. 오스만 남작이 설계한 새로운 가로의 모습이 담겼다. 시카고 미술관.

15세기 초 팔레 드 시테 섬 풍경. 〈베리공의 매우 호화로운 기도서〉의 6월 이미지. 콩데 미술관.

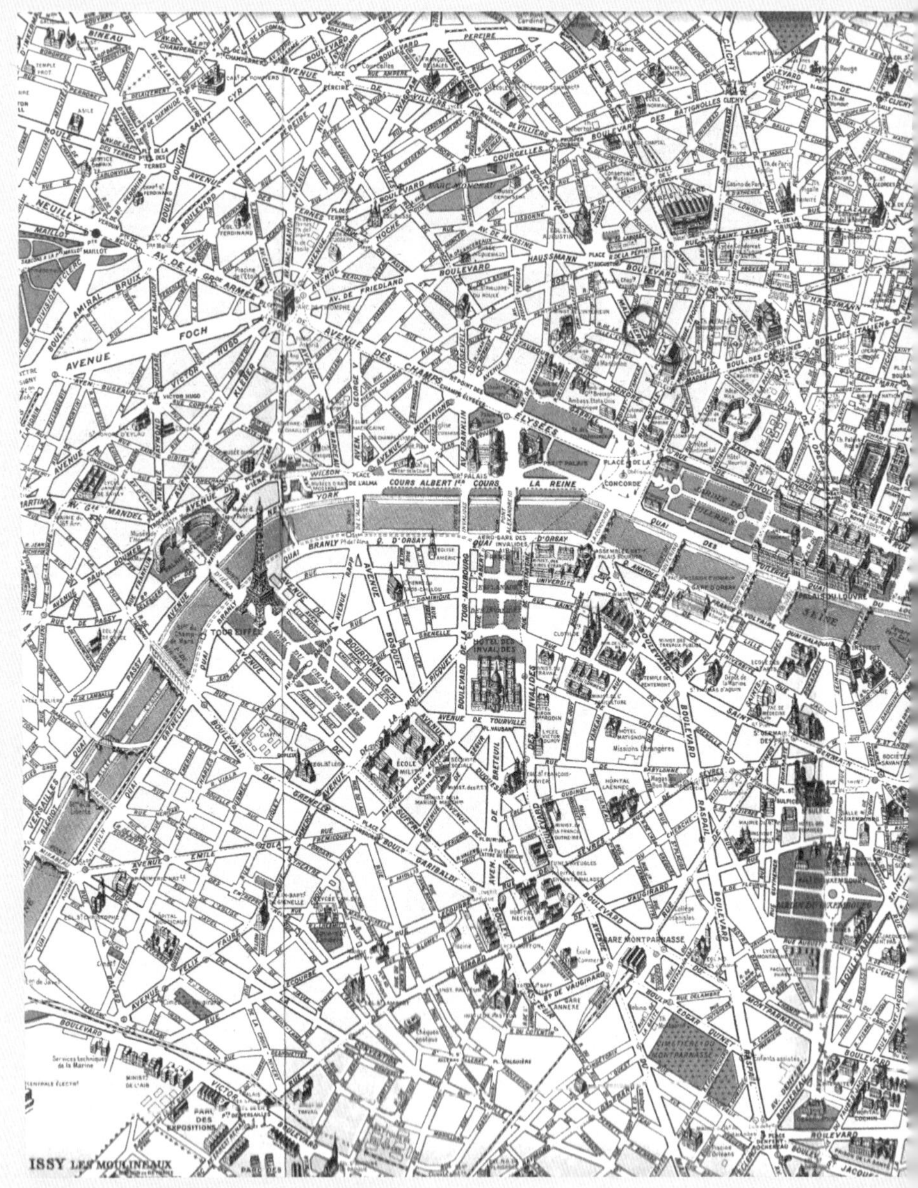

1960년대 파리 관광 지도.

1960년대 파리 관광 안내서 표지.

모스크로 다시 사용되는 이스탄불 아야 소피아.

박물관이 된 이스탄불 톱카피 궁전.

보존 상태가 좋은
이스탄불의 오스만식 전통 가옥.

수리 중인
오스만식 전통 가옥.

낙후된
오스만식 전통 가옥.

베이징 톈안먼.

베이징 종탑과 역사적 경관.

역사의 흔적이 고스란히 남아 있는 베이징 도심.

베이징의 오래된 골목길 후통.

빈의 성곽 안쪽의 오래된 지역.

빈의 중심부 순환도로 링슈트라세와 거리에 접한 오페라 극장.

오늘날 미술관이 된 빈의 벨베데레 궁전.

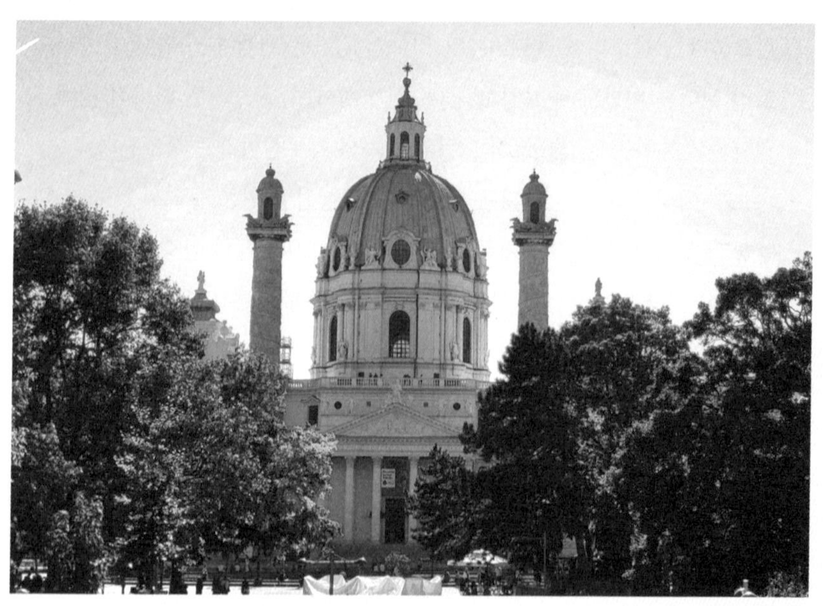

빈의 카를 성당.

지 않다. 개발의 압력으로 상당 지역이 옛모습을 잃었다.

오늘날 이들 도시의 모습은 지배자와 지배 계층이 모여 살아온 제국주의 국가들의 은근한 모순을 보여주고 있다. 제국주의의 수도로서 권력의 중심이었으나 한편으로 권력의 중심이었기 때문에 개발의 압력이 지속적으로 강할 수밖에 없었고, 그로 인해 보존을 지속하기가 어려운 상황에 처하게 된 것이다.

그렇게 보자면 20세기 후반 이후 이러한 제국주의 도시들이 역사적 경관을 보존하기 위해 했던 노력은, 오랜 역사의 관행에서 벗어난 매우 실험적인 행위로도 볼 수 있다. 그래서일까. 실험에는 비판이 따르게 마련인 걸까. 21세기 초부터 역사적 경관 보존에 대해 비판하는 목소리가 커지고 있다. 한쪽에서는 역사적 도시일 뿐만 아니라 오늘 이 순간에도 각 나라의 중심 도시인 만큼 도시민의 필요와 요구에 따라 적극적인 주택 공급이 필요하다는 목소리가 높다. 이미 역사적 경관은 관광객을 위한 테마파크로 변했다는 비판도 빠지지 않는다. 한편에서는 잘 보존된 역사적 경관은 역사와 소통하는 공간으로서 도시와 국가의 자부심이라고 강조한다.

이렇게 역사적 경관을 보존하는 실험적 행위를 둘러싸고 크고 다양한 목소리가 온 천지에 가득한 이 마당에, 갈수록 개발 압력은 더 강력해질 것이 예상 가능한 상황에 과연 그럼에도 불구하고 역사적 경관의 보존은 21세기를 잘 버티고 순조롭게 정착할 수 있을까? 제국의 수도들이었던 도시들마다 자랑스럽게 내놓고 있는 랜드마크들을 머리에 떠올리며 혼자 이런 질문을 던져본다. 여러분들은 지금 이 물음표 앞에서 어떤 답을 떠올리고 있을지 궁금하다.

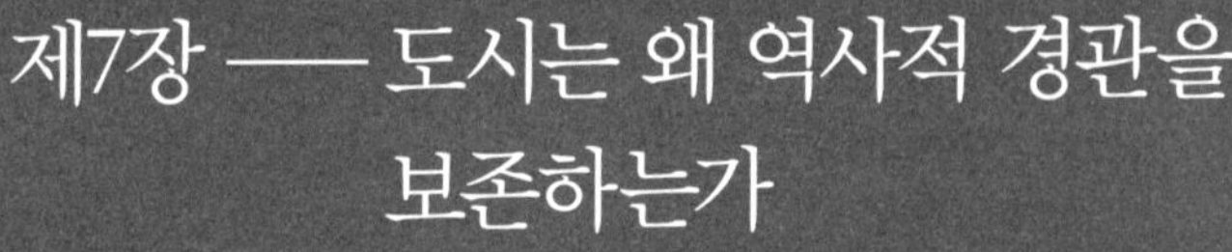

제7장 —— 도시는 왜 역사적 경관을 보존하는가

_보존의 이유 그리고 한국 경주·전주·서울

神武門
景福宮
光化門
毓祥宮
順化坊
壯洞
義通坊
彰義宮
三清洞
嘉會坊
鎭長坊
觀光坊
北部
安國坊
陽德坊
廣化坊
苑洞
濟洞
灰洞
昌德宮
昌慶宮
文廟
景慕宮
咸春苑
果洞
太廟
泥洞
貞善坊
寬仁坊
慶幸坊
堅平坊
典洞
大寺洞
校洞
把子橋
梨峴
東部
黃橋
壺洞
積善
松簷橋
澄清坊
夜照峴
松杞橋
惠政橋
壽進坊
壽洞
鐵物橋
瑞麟坊
鍾
中部
孝經橋
二橋
餘慶坊
西學峴
毛橋
茶洞
大廣橋
廣通坊
小廣橋
長通橋
水標橋
河浪橋
長通坊
太平坊
小貞洞
美洞
南別宮
芋洞
薰陶坊
竹洞
草洞
誠明坊
乾川洞
樂善坊
青橋
明禮坊
南部
永禧殿
儲慶宮
西部
養生坊
水橋
會賢坊
長興洞
路洞
蘭洞
校書洞
泥峴
鑄洞
筆洞
墨洞
南別營
倉洞
里門洞
桃楮洞
木覓山

때로는 종교적 의미를 위해,
때로는 권력의 상징을 갖기 위해

세계 여러 도시들의 역사적 경관 보존 사례를 통해 그것을 이끌어 온 동력이 매우 다양하다는 걸 발견했다.

종교처럼 오랜 전통을 배경으로 삼은 경우는 공간이 곧 의미이기 때문에 가능한 훼손 없이 그 건물을 계속 사용하기 위해서라도 보존에 많은 노력을 기울여왔다. 종교는 또한 지도자들의 권력을 확립하고 견고하게 만들어주는 정통성 부여에 힘을 발휘한다. 이를 위해 권력을 장악하려는 지도자들일수록 종교적 의미가 있는 공간을 보존하는 데 적극적으로 힘을 보탰다. 보존은 주로 건물을 중심으로 이루어지지만 건물이 서 있는 인접 지역, 나아가 더 넓은 지역까지 확장하기도 한다. 새로운 개발 대신 오래전 모습 그대로 자연스럽게 보존하는 걸 지향한다. 로마와 교토를 통해 오래된 도시의 종교적 의미를 보존하기 위해 노력한 사례를 볼 수 있었다.

역사적 경관 보존에서 지도자 또는 권력자들의 역할은 종교 관련 공간에만 국한하지 않는다. 옛 제국의 수도에서도 비슷한 역할을 발견할 수 있다. 런던, 파리, 빈, 이스탄불, 그리고 베이징은 모두 다 한때 세계사를 쥐고 흔든 제국의 수도들이었고, 그 가운데 이스탄불과 베이징은 역사적으로 많은 제국들이 수도로 삼아왔다. 종교에서는 전통과 연속성이 가장 중요하다. 제국의 수도를 바라보는 시선은 이보다는 조금 복잡하다. 새롭게 권력을 손에 넣은 지도자들은 자신들을 중심으로 세상이 움직이길 원하게 마련이다. 전통을 지킴으로써 정통성을 획득하는 데도 관심이 있지만 이전에 없던 새로운 것을 만들어내는 데도 관심을 기울인다. 정통성을 얻기 위해 도시에 남아 있는 상징적이고 역사적인 경관을 보존하여 적극적으로 활용하기도 하지만, 자신의 손으로 새로운 역사를 만들어내는 데도 열심이다. 새로운 제국 또는 왕국을 세운 권력자들은 바로 직전의 역사와는 단절하되 훨씬 이전의 시대인, 고대 황금 시대의 상징을 부분적으로 활용하기도 한다. 그런 면에서 제국의 수도는 권력자들의 힘을 보여주는 무대였다. 중요한 건물을 남겨두기도 하지만 도시 경관을 완전히 뒤바꾸는 사업을 과감하게 펼치기도 했다. 오늘날 우리 앞에 남은 파리와 빈의 화려한 거리, 이스탄불과 베이징의 화려한 궁궐은 바로 이런 과감함의 산물이다.

도시의 옛모습, 국가의 전시장,
평화의 호소, 도시 복원의 다양한 이유들

18세기 이후 물꼬를 튼 산업혁명은 인류의 생활 방식을 완전히 새롭게 바꿔놓았다. 이전에도 큰 제국과 왕국의 수도에는 많은 사람들이 모여 살았지만, 산업혁명으로 인해 인구의 급증을 경험하는 도시들이 부쩍 늘었다. 산업을 중심으로 한 새로운 도시들도 만들어졌다. 도시의 구조 자체도 달라졌다. 공장이 들어섰고, 사람과 물건의 이동을 위한 도로·철도·항구 등이 갈수록 더 많이 필요했다. 활성화된 산업으로 축적된 부는 부르주아라는 새로운 계급을 만들어냈고, 부유한 이들을 위한 주택과 소비 공간도 필요했다. 19세기에 일어난 도시의 변화는 인류가 경험한 그 이전, 몇천 년 동안의 변화보다 그 속도가 훨씬 빨랐다.

19세기 메이지 유신 이전 일본은 에도 막부와 천황제 중심이긴 했으나, 권력은 여럿이 나눠 가지고 있었다. 새로운 국가를 형성하기 위해 분산된 권력을 하나로 집중하게 만든 것이 메이지 유신이었다. 그렇게 탄생한 메이지 정부는 유럽식 국가를 지향했다. 이를 위해 중국의 문화적 영향에서 벗어나려 했던 일본의 노력을 보여주는 대표적인 상징이 바로 나라에서 구현한 역사적 경관의 보존과 복원이었다.

적극적으로 받아들인 중국과 한반도의 문화를 바탕으로 이룩한 새롭고 강력한 왕국의 수도였던 나라는 일본 역사에서 상징성이 매우 큰 도시였다. 이 도시에 남아 있는 역사적 경관의 보존과 상징성의 극대화는 메이지 정부가 들어서면서 새로 생긴 '국민들'의 교육 현장으로서 활용 가치가 매우 컸다. 일본은 유럽을 벤치마킹하여 역사적 경관이 비교적 잘 남아 있는 나라를 공원화하고, 거기에 제국박물관을 세움으로써 나라를 찾는 관광객에게 일본에도 중국이나 유럽처럼 고대 문명의 문화유산이 있음을 보여주고, 이를 통해 애국심을 강화시키려 했다. 이런 시도는 물론 일본이 처음은 아니었다.

18세기 영국으로부터 독립한 미국은 19세기 영토를 점점 늘려나가는 한편으로 산업혁명을 일찍 받아들임으로써 19세기 말에 이르러 강대국으로 부상했다. 미국은 건국 당시 유럽과는 단절하되 유럽 문명의 뿌리인 그리스와 로마 문명은 적극적으로 차용했다. 선주민들을 내쫓고 흑인을 노예로 삼았지만 그들의 존재는 물론이고 이런 사실조차 건국 서사에서 배제했다.

20세기 이후 산업혁명으로 인해 가속도가 붙은 도시화를 겪으며 이민자들이 급증하고 생활 방식에도 큰 변화가 일어났다. 도시들마다 초기의 모습이 사라지는 것을 지켜보는 이들 사이에 건국 이념을 존중하고 후손들에게 이를 잘 전해야 한다는 인식이 점점 퍼져나가기 시작했다. 윌리엄즈버그가 그 신호탄이 되었다. 일본 메이지 정부가 나라 공원을 통해 이루려던 바가 미국 윌리엄즈버그의 역사적 경관을 보존하기 위해 노력한 이들이 원하는 바였다. 이들 도시는 그로부터 오늘날까지 이곳을 찾는 이들에게 애국심과 자부심을 심어주고 있다. 달리 말하면 이들 도시가 일종의 '역사 교육장'으로 활용되고 있다는 의미인데, 이는 해석에 따라 '역사 세뇌의 현장'이라고도 할 수 있다.

20세기 초 북미·유럽·일본의 여러 도시는 이미 산업을 중심으로 한, 자본주의 경제 구조를 갖춘 도시 사회로 변신을 끝냈다. 19세기 급증한 인구를 흡수하고 있었고, 새로 생긴 부르주아 계급들의 문화적 요구에 따라 미술관과 박물관 등이 문을 열었다. 그런 한편으로 부르주아 계급에 속한 이들 가운데 몇몇이 자신들이 살고 있는 도시의 역사를 보존하는 데 관심을 갖기 시작했다. 돈과 교양, 여유가 있던 이들은 역사에 대한 이해와 식견을 갖추고 있었고, 도시의 변화 속도를 조절할 필요성을 깨달았다. 하루가 멀다 하고 한창 변화하는 도시에 살고 있던 터라 이들은 상징성이 큰 한두 개의 건물을 지키는 것보다는 오래된 지역의 전체적인 경관을 보존해야 한다고 여겼다. 도시의 역사적 경관이 보존의 대상이 된다는 인식은 이때부터 차츰 형성되었다.

이러한 인식은 20세기 초 미국 남부 도시에서 구체화되었다. 미국 내에서 변화가 비교적 더딘 편이었던 찰스턴, 뉴올리언스, 샌안토니오, 윌리엄즈버그 등에 살던 몇몇 주민들은 개발의 압력으로 자신들이 살던 도시가 옛모습을 잃어가는 걸 가만히 앉아서 두고 보지 않았다. 이들은 옛모습이 완전히 사라지기 전에 보존을 위해 할 일을 해야 한다고 판단했고, 행동에 나섰다.

19세기는 여러모로 변화의 시절이었다. 국가의 중심이 왕권이 아닌 민족으로 변화했다. 민족을 중심으로 새롭게 등장한 국가들은 정통성을 얻기 위해 역사적 경관 보존에 남다른 관심을 보였다. 오늘날의 독일과 이탈리아는 원래 작은 나라로 흩어져 있었으나, 같은 언어와 문화를 가진 사람들을 같은 '민족'으로 정의하고, 그 민족들이 하나의 국가를 이루어 살아야 한다고 여긴 이들이 추진하여 만든 통일 국가다.

19세기에 등장한 민족 중심 통일 국가들은 기존의 강대국들과 국가의 이익을 놓고 갈등하기 시작했다. 이들의 갈등은 양차 세계대전으로 폭발했다. 전쟁이 끝나고 나니 유럽에서는 유대인에 대한 학살의 참상이 알려졌고, 일본에 떨어뜨린 원자폭탄의 피해는 단기간에 해결할 수 없는 지경이었다. 더이상의 전쟁은 안 된다는 인식이 퍼져나갔고, 극도의 애국심과 민족주의야말로 전쟁의 원인이라는 비판이 고조되었다. 자국의 이익을 최우선으로 추구하는 데서 일어난 극심한 갈등이 전쟁의 주요 원인으로 지목되었다. 그것을 막기 위해서는 경각심을 가질 필요가 있었다. 전쟁의 참상을 한눈에 보여주는 곳이 바로 히로시마와 드레스덴이었다.

이들 도시에서의 역사적 보존 및 복원 활동은 애국심과 민족주의를 경계하고 평화라는 보편적 가치를 추구하는 데 초점이 맞춰졌다. 히로시마는 원자폭탄으로 인해 훼손된 옛것을 복구하고 복원하는 대신 피해의 참상을 그대로 둠으로써 그때 그 참사로 인한 희생자를 추모하고 기억하는 쪽을 택했다. 그러나 당국의 정치인들과 보수 우익 세력들 가운데 여전히 피해자로서의 입장만을 강조하면서 정작 전쟁을 주도한 자신들의 행위에 대한 반성의 모습은 보이지 않는 이들이 있어 비판을 받고 있다. 드레스덴은 복원을 통해 전쟁은 물론 이후 이어진 비민주적이었던 공산주의 정권의 역사를 극복하고 주권자 시민이 만들어가는 평화로운 미래를 호소하고 있다.

때로는 거시적으로, 또 때로는 미시적으로

역사적 경관의 보존 및 복원은 도시마다 다양한 이유로 이루어진다. 어떤 곳은 제국의 수도라는 상징성을 극대화한 제국의 전시장으로, 어떤 곳은 자신들이 기억하는, 좋았던 시절의 모습을 남겨두려는 부르주아 계급들의 경관 보존 실험장으로, 또 어떤 곳은 국가 주도의 애국심 고취의 학습장으로 활용된다.

거시적인 목적을 위해서 이루어지는 이런 시도는 주로 권력자 또는 지배자가 속해 있는 지배 계층이 국가 권력과 예산을 적극적으로 투입, 화려한 건물을 짓거나 인접 지역 전체를 확 바꾸는 공사로 이어지고, 그 결과 예쁘거나 멋진 테마파크가 만들어지며 이는 시간이 지난 뒤 새로운 보존의 대상이 되기도 한다. 그런 과정에서 목적과 의도에 따라 새로 짓기도 하고 낙후된 곳을 정비하기도 한다. 대체로 이러한 거시적인 목적의 보존 행위는 권력자와 지배 계층이 자신들의 선택에 따라 역사를 해석하고, 그 해석을 바탕으로 정통성을 손에 넣기 위해 이루어진다. 말하자면 매우 '보수적'인 행위인 셈이다.

개인 또는 몇몇의 개인들이 독자적으로 진행하는 경우도 있다. 쇠퇴해가는 오래된 도시에 살게 된 개인이 지역의 역사적 경관의 보존을 위해 다양한 형태로 공헌하는 식이다. 커다란 대의명분을 내세우지 않지만 이런 미시적인 접근을 통해 지켜낸 의미는 결코 작지 않다. 이들은 오래된 집을 고쳐 살기도 하고 재개발을 위한 철거에 반대하기 위해 지역 정치가나 자본가들과 싸우기도 한다. 이들은 무엇인가를 지키기 위해서가 아니라 주류 문화와의 차별화를 위해 나서기도 한다. 개성 있는 예술가·여성

인권 운동가·성소수자·아나키스트·이민자 등이 주축이 되는 경우가 많은데, 결과적으로 이들이 오래된 도시 공간에 사는 것만으로도 그 공간의 모습을 유지하는 데 큰 기여를 했다.

오래된 지역에 사는 것 자체를 주류에서 벗어난 삶의 대안으로 여기는 경우도 있고, 주류 문화의 차별과 억압을 피하기 위해 누구의 간섭도 받지 않고 자유롭게 활동할 수 있는 공간을 찾기도 한다. 쇠퇴해가는 오래된 지역 가운데 비교적 도심에 가깝고 방값이 싼 곳들이 이들에게는 제격이었다.

분단 국가라는 역사적으로 특수한 상황에 놓인 서베를린에 사는 청년들에게는 군대의 의무가 없었다. 군입대나 복잡한 정치 상황을 피하려는 이들에게 서베를린은 매력적인 곳이었다. 20세기 뉴욕은 압도적으로 미국의 중심이었다. 예술가를 꿈꾸는 이들이 그리니치빌리지나 브루클린하이츠 같은 오래된 지역에 모여 해방구를 만들었다. 자신들이 살고 있는 곳의 모습을 지키는 것이 이들에게는 곧 자신들을 지키는 의미로 작동했다.

이들은 다른 사람들의 눈에는 '낙후된' 것으로 보이는 지역의 개발을 막고 경관을 보존하기 위해 목소리를 냈다. 오래된 건물의 철거를 막고, 주유소가 들어서는 걸 막아내고, 고속도로 건설을 반대하는 운동을 펼치기도 했다. 성공도 했고 실패도 했다. 결과가 무엇이든 이들은 다양한 투쟁과 운동을 통해 지역의 역사성과 그 가치를 알렸고, 지역에 대한 인식을 바꿨다. 언젠가부터 '낙후된' 지역은 '역사적인' 지역으로 여겨졌고 나아가 사회적 관심의 대상이 되었다. 운동까지는 아니지만 비어 있는 오래된 집을 고치고 사는 것 역시 지역 보존에 큰 도움이 되었다. 오래되어 방값이 싼 집들을 직접 고쳐 살던 주민들의 노력으로 몇몇 지역들 역시 '낙후된' 지역에서 '역사적인' 지역으로 여겨졌다. 단순히 집을 고치기만 했을 뿐이지만 이런 행동들이 개발 반대 운동이 한창인 지역에서 활발하게 이어졌고, 이는 그 지역의 변화에 작지만 꾸준한 원동력이 되었다.

결과가 다 좋은 건 아니었다. 이름하여 젠트리피케이션이다. 누군가 오래된 지역을 '발견'하면 차츰 비슷한 이들이 모여 살게 된다. 낡은 집을 고쳐 살던 이들 주변으로 새로운 카페나 술집 또는 다양한 가게들이 문을 연다. 독특한 분위기에 관심을 갖는 이들이 늘면서 외부인들이 찾기 시작하고, 덩달아 부동산 가격이 상승한다. 점점 오르는 방값을 감당하지 못한 이들은 다른 곳을 찾아 떠난다. 새로 이사온 이들은 예전에 살던 이들이 만들어놓은 분위기를 마음껏 즐기게 되고, 동네는 예쁜 부촌으로 거듭남으로써 젠트리피케이션의 과정은 완성된다. 이미 우리에게 익숙하고 논란도 비난도 충분히 일어났던 일이다.

20세기 초에 이미 젠트리피케이션이 나타났지만 그때만 해도 사람들은 별관심이 없었다. 그것은 어디까지나 비주류들의 문제였을 뿐이다. 해방구를 찾는 이들은 주류의 시선으로 볼 때 사회적인 '타자'들이었고, 이들에게 간혹 관심을 두었다고 해도 그건 그저 '이상한 사람들'을 구경하는 호기심의 연장인 경우가 대부분이었다.

20세기 말부터는 조금 달라졌다. 사회가 더욱 부유하고 자유로워지면서 이른바 비주류적 삶은 도시인의 라이프 스타일의 하나로 주목을 받기 시작했고, 그런 그들이 모여 살면서 만들어놓은 독특한 분위기를 가진 지역에 대한 사회적 가치가 점점 오르기 시작했다. 이 '동네'에 살고 싶어하는 이들이 늘면서 부동산 수요가 높아졌고, 비로소 젠트리피케이션이라는 현상이 정립되기에 이른다. 1920년대에는 '이상한 사람들'이 모여 사는 구경거리에 불과했으나 20세기 말 이후 젠트리피케이션을 거치면서 오늘날 뉴욕에서 가장 비싼 부촌으로 변한 그리니치빌리지는 전 세계 어디에나 볼 수 있는 흔한 사례가 되었다.

경주의 보존과 복원, 한국 대표 관광지이자 국가 문화유산의 전시장

한국은 어떨까. 북한의 사정은 잘 모르기 때문에 남한의 몇몇 도시만 사례로 떠올려보자. 역사적인 경관이 잘 보존된 곳이라면 역시 서울과 전주, 그리고 경주를 꼽을 수 있겠다. 물론 이외에도 역사적 경관을 잘 보존하고 있는 곳들이 더 있지만, 대한민국이 성장하면서 정책적으로 도시의 보존을 일찍 도입한 곳으로는 이 세 도시를 꼽을 수 있겠다.

가장 먼저 보존의 대상이 된 곳은 경주였다. 일제강점기였던 20세기 초 일제는 왕릉을 중심으로 발굴 조사를 실시했고 불국사와 석굴암을 보수했다. 일련의 조사와 보수 사업을 진행하면서 일제는 한국의 문화유산 상당수를 유출해가기도 했다.

일제가 경주 지역을 보존하려던 가장 큰 목적은 자신들의 지배를 합리화하기 위해서였다. 이를 위해 일제는 한국과 일본이 서로 비슷한 고대 문화유산을 가지고 있음을 부각하고, 조선 시대 억압 받던 불교 문화의 위상을 높임으로써 조선의 지배 이데올로기인 유교 사상의 영향을 축소하려 했다. 여기에는 중국의 영향력을 배제하여 중국과의 관계를 단절시키려는 의도 역시 포함되어 있었다. 이 당시 일제는 조선 시대 궁궐을 한편으로는 보존하고 또 한편으로는 훼손했는데, 이런 행위의 이면에는 자신들이 무너뜨린 왕조의 상징적인 공간을 놀이터로 만들어 조선 왕조의 정통성을

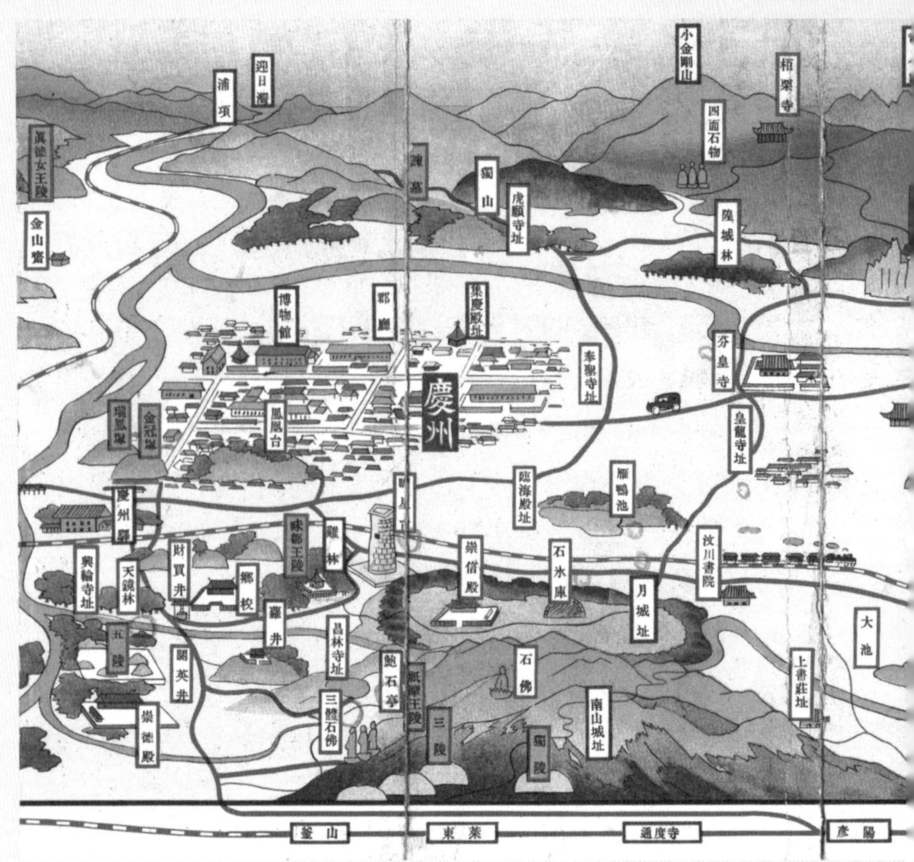

일제강점기 경주 시내 지도.

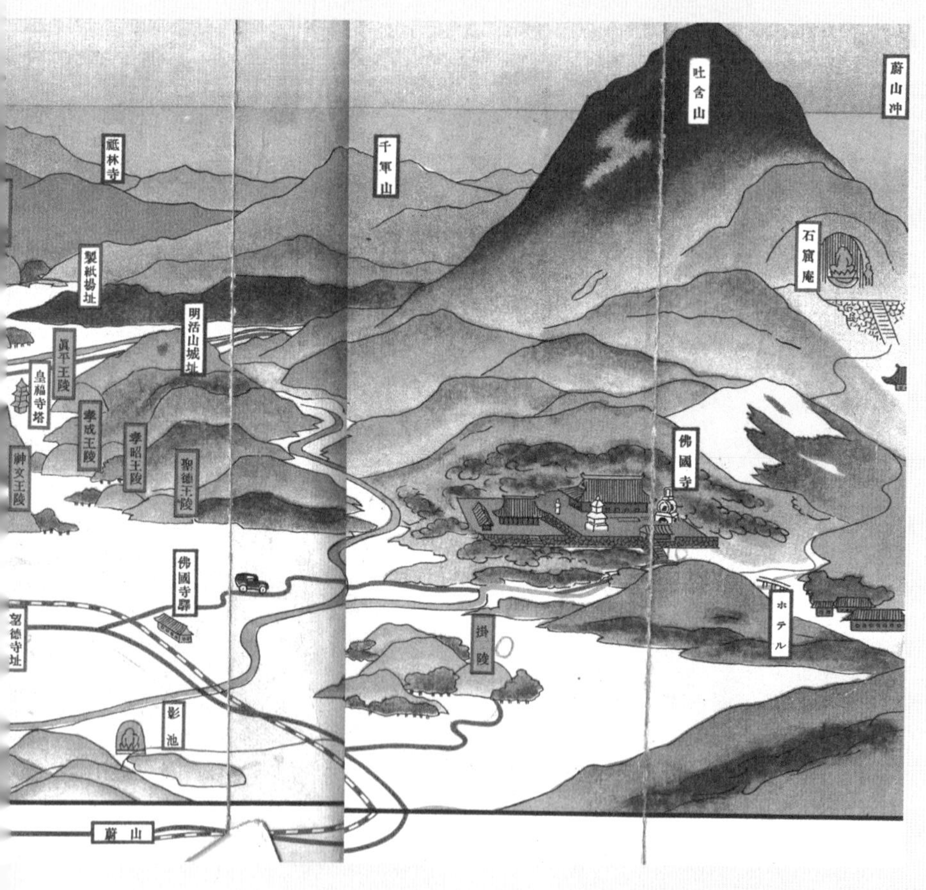

국가가 보존에 나선 세 도시, 경주와 전주 그리고 서울

한국에서 역사적인 경관이 잘 보존된 곳이라면 서울과 전주, 경주를 꼽을 수 있다. 20세기 초 일제에 의해 발굴 및 보수가 진행되면서 경주는 일본인 관광객들에는 대표적인 한국 관광지가 되었고, 한국인들에게는 민족주의와 애국주의를 심어주는 교육 전시장이 되었다. 전주와 서울은 1970년대 이후 정비를 시작했지만 문화유산을 중심으로 보존된 경주와 달리 도시의 역사적 경관 자체에 관심을 두었고, 그 대상은 주로 한옥이었다. 그 이전부터 이 세 도시에 쌓여 있는 수많은 역사의 시간들 가운데 무엇을 복원하느냐는 결국 후대에 의해 결정되었다.

18세기 후반의 전주 지도. 서울대학교 규장각한국학연구원.

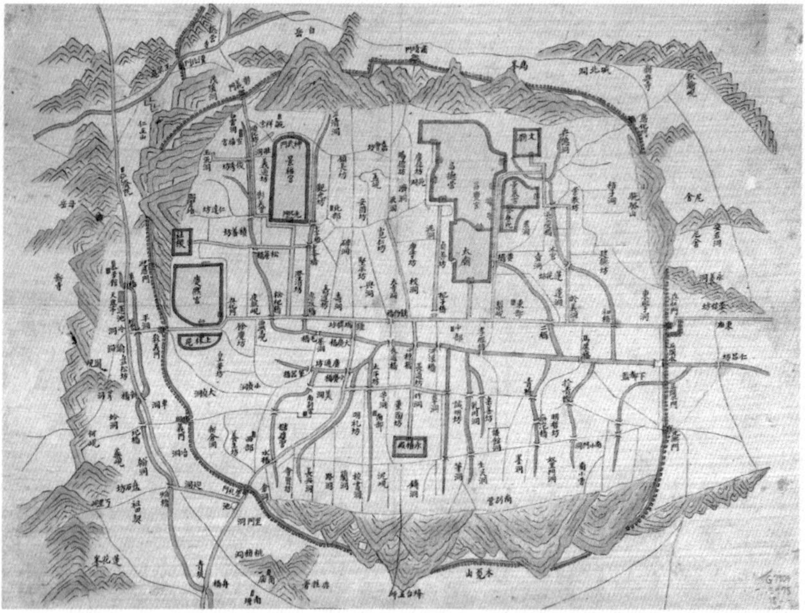

1800년 한양 지도. 미국 국회도서관.

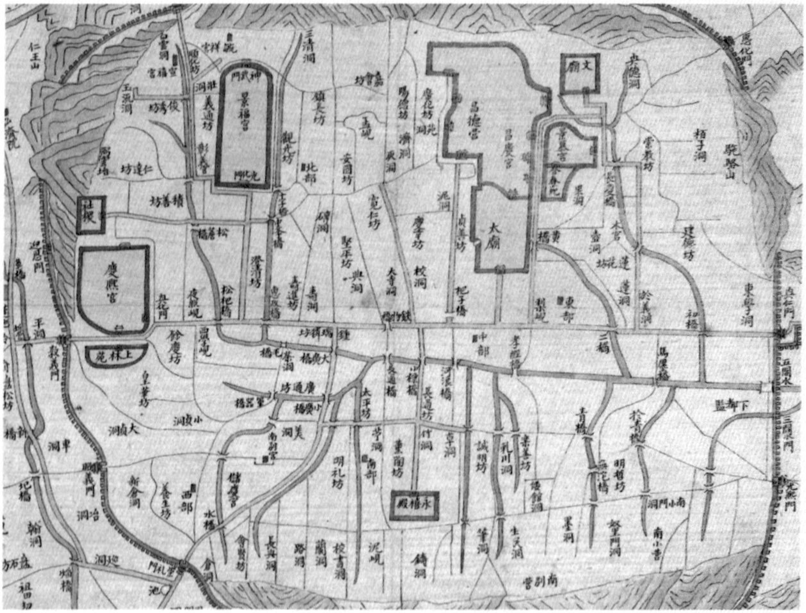

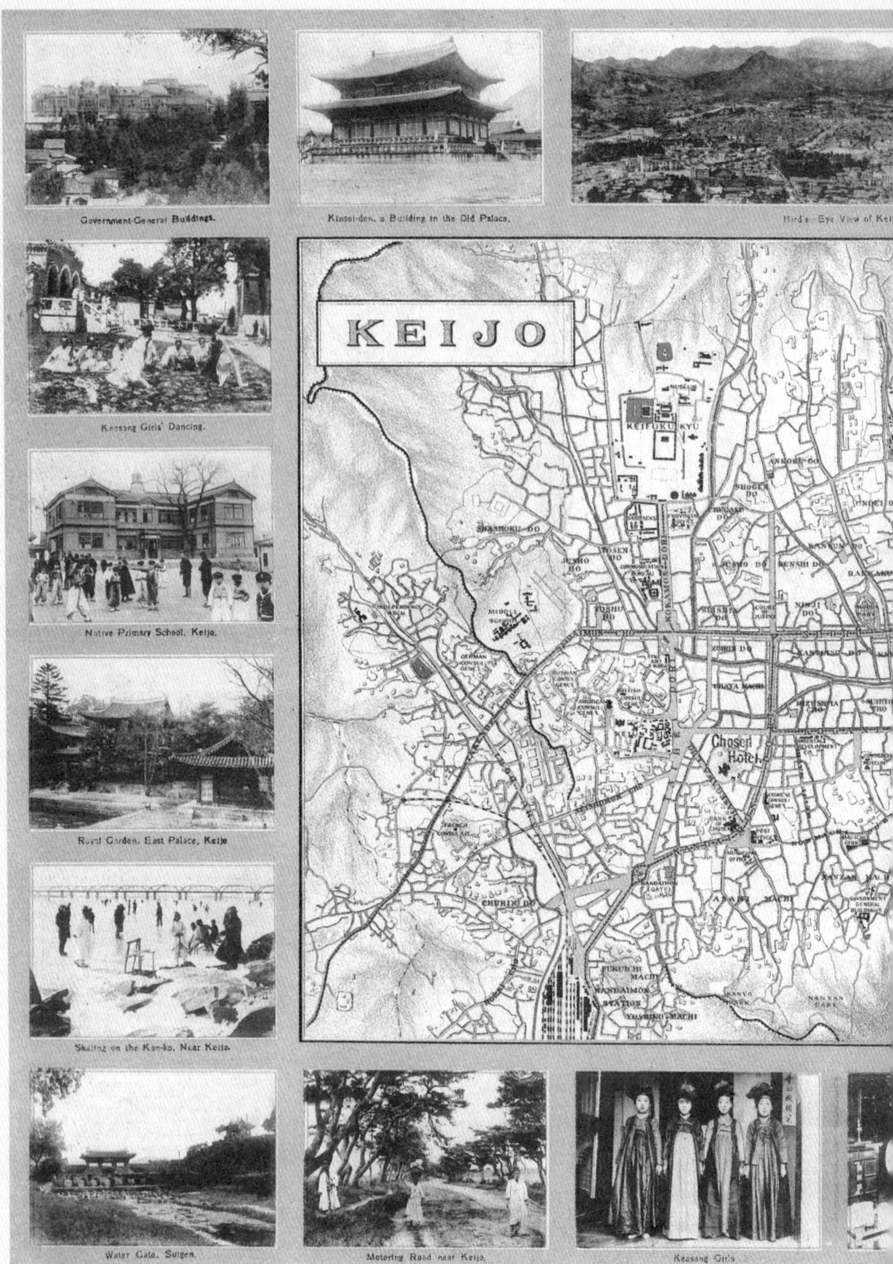

Government-General Buildings.

Kinsei-den, a Building in the Old Palace.

Bird's-Eye View of Keij[o]

Keesang Girls' Dancing.

Native Primary School, Keijo.

Royal Garden, East Palace, Keijo

Skating on the Kan-ko, Near Keijo.

Water Gate, Suigen.

Motoring Road near Keijo.

Keesang Girls

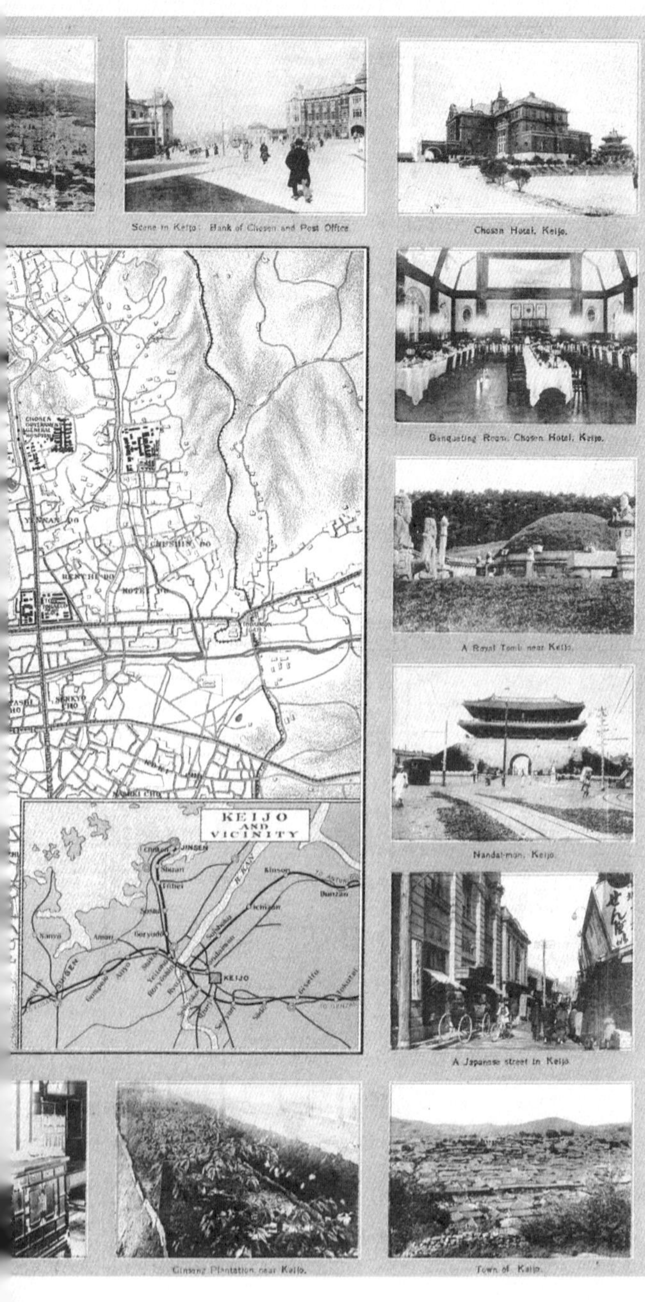

1920년대
외국인용 경성 안내 지도.

1988년 서울지하철공사에서 제작한 서울 지하철 문화권 안내지도 표지와 본문. 3호선 안국역 인근 현대빌딩을 명소로 표시한 반면 북촌 한옥마을은 표시하지 않았다.

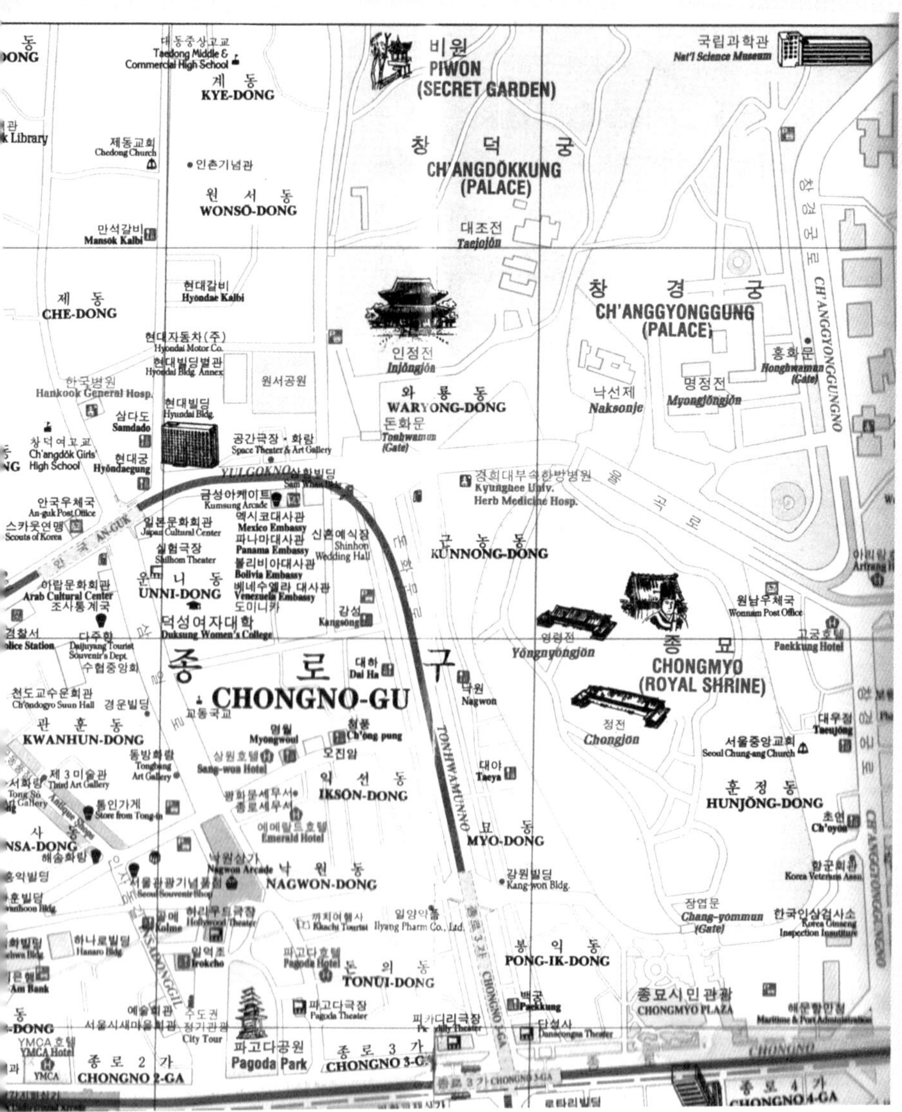
비원
PIWON
(SECRET GARDEN)
국립과학관
Nat'l Science Museum
대동중상고교
Taedong Middle & Commercial High School
계 동
KYE-DONG
제동교회
Chedong Church
원 서 동
WONSŎ-DONG
창 덕 궁
CH'ANGDŎKKUNG
(PALACE)
대조전
Taejojŏn
만석갈비
Mansok Kalbi
제 동
CHE-DONG
현대갈비
Hyondae Kalbi
창 경 궁
CH'ANGGYONGGUNG
(PALACE)
인정전
Injŏngjŏn
홍화문
Honghwamun
(Gate)
명정전
Myongjŏngjŏn
낙선제
Naksonje
현대자동차(주)
Hyondai Motor Co.
현대빌딩별관
Hyondai Bldg. Annex
한국병원
Hankook General Hosp.
원서공원
와 룡 동
WARYONG-DONG
돈화문
Tonhwamun
(Gate)
현대빌딩
Hyundai Bldg.
삼다도
Samdado
창덕여고교
Ch'angdŏk Girls' High School
현대궁
Hyŏndaegung
공간극장 · 화랑
Space Theater & Art Gallery
YULGOKNO
경희대부속한방병원
Kyunghee Univ. Herb Medicine Hosp.
율 곡 로
CH'ANGGYONGGUNGNO
안국우체국
An-guk Post Office
스카웃연맹
Scouts of Korea
금성아케이트
Kumsung Arcade
일본문화회관
Japan Cultural Center
멕시코대사관
Mexico Embassy
파나마대사관
Panama Embassy
볼리비아대사관
Bolivia Embassy
베네수엘라 대사관
Venezuela Embassy
도미니카
신흥예식장
Shinhon Wedding Hall
실험극장
Shilhom Theater
근 농 동
KUNNONG-DONG
운 니 동
UNNI-DONG
아랍문화회관
Arab Cultural Center
조사통계국
덕성여자대학
Duksung Women's College
강성
Kangsong
원남우체국
Wonnam Post Office
영령전
Yŏngnyongjŏn
종 묘
CHONGMYO
(ROYAL SHRINE)
경찰서
Police Station
다주항
Daijuyang Tourist Souvenir's Dept.
수협중앙회
종 로 구
CHONGNO-GU
대하
Dai Ha
낙원
Nagwon
천도교수운회관
Ch'ondogyo Suun Hall
경운빌딩
교동국교
관 훈 동
KWANHUN-DONG
명월
Myongwoul
청풍
Ch'ong pung
오진암
정전
Chongjon
서울중앙교회
Seoul Chung-ang Church
대우정
Taeujong
동방화랑
Tongbang Art Gallery
상원호텔
Sang-won Hotel
제 3 미술관
Third Art Gallery
통인가게
Store from Tong-in
대야
Taeya
익 선 동
IKSON-DONG
광화문세무서
종로세무서
TONHWAMUNNO
훈 정 동
HUNJŎNG-DONG
초연
Ch'oyon
에메랄드호텔
Emerald Hotel
묘 동
MYO-DONG
해솔화랑
낙원상가
Nagwon Arcade
낙 원 동
NAGWON-DONG
강원빌딩
Kang-won Bldg.
서울관광기념품점
Seoul Souvenir Shop
장엽문
Chang-yommun
(Gate)
한국인삼검사소
Korea Ginseng Inspection Institute
헐리우드극장
Hollywood Theater
까치여행사
Kkachi Tourist
일양약품
Ilyang Pharm Co., Ltd.
하나로빌딩
Hanaro Bldg
일역초
Irokcho
파고다호텔
Pagoda Hotel
돈 의 동
TONUI-DONG
봉 익 동
PONG-IK-DONG
종묘시민관광
CHONGMYO PLAZA
INSADONGGIL
예술회관
서울시새마을회관
수도권 정기관광
City Tour
파고다극장
Pagoda Theater
피카디리극장
Piccadilly Theater
백궁
Paekkung
단성사
Dansongsa Theater
CHONGNO 3-GA
YMCA호텔
YMCA Hotel
YMCA
종 로 2 가
CHONGNO 2-GA
파고다공원
Pagoda Park
종 로 3 가
CHONGNO 3-GA
종 로 4 가
CHONGNO 4-GA

모욕하고 폄하하려는 의도 역시 담겨 있었다.

해방 이후 1960년대까지 한국은 전쟁, 분단, 빈곤을 겪으면서 생존 자체가 어려웠다. 역사적 경관을 보존하는 데까지 돌아볼 여력이 거의 없었다. 1961년부터 정권을 장악한 박정희 전 대통령은 공업화를 내세운 경제 정책을 도입했고 이를 위해 일본과의 외교 관계를 정상화했다. 1965년 이루어진 한일기본조약 이후 한국을 찾기 시작한 일본 관광객들에게 보여줄 곳이 필요했다. 그때부터 경주의 단장이 시작되었다. 보문관광단지도 들어섰다.

독재자 박정희는 경주를 민족주의 교육 현장으로 활용하기 시작했다. 1969~73년 불국사의 보수와 복원이 이루어졌고, 이는 곧 자랑스러운 문화유산의 대명사가 되었다. 경주 시내 왕릉 밀집 지역은 일제강점기에 발굴, 보존되었지만 박정희 정권의 주도로 그 주변 일부는 한국식 건축 모티프로 정비되었다.

'한국식 건축 모티프'로 지은 건물들 가운데는 몸체는 콘크리트로 지은 채 지붕만 한옥처럼 꾸민 것들이 많았다. 주로 이런 기와집 상가들은 훗날 새로운 방식으로 주목을 받았다. 바로 2010년대 이후 인기를 끌고 있는 '황리단길'이다. 다시 말해 오늘날 많은 관광객들이 찾아가는 황리단길, 즉 황남동 일대의 풍경은 1970년대 지은 콘크리트 한옥 상가에서 그 뿌리를 찾을 수 있다.

이런 과정을 통해 경주는 일본인 관광객들에는 대표적인 한국 관광지가 되었고, 한국인들에게는 민족주의와 애국주의를 심어주는 교육 전시장이 되었다. 1980년대 말 이후 민주화를 거치면서 역사에 대한 인식도 다양해졌다. 경주의 역할 역시 이전과는 달라졌다. 하지만 오늘날에도 여전히 경주는 역사 교육 전시장으로서의 성격이 남아 있다. 말하자면 고대의 황금 시대를 미화하고 교육 전시장으로 활용되는 일본의 나라 또는 미국의 윌리엄즈버그와 비슷한 역사 테마파크의 성격을 지닌다. 더 정확하게는 국가 지원을 통해 보존되었다는 점에서, 문화유산이 모여 있는 공원 옆에 소규모의 도시 상업지가 있다는 점에서 경주는 나라와 성격과 형태 모두 비슷한 점이 많다.

1970년대부터는 부여가 백제 문화유산 전시장으로 정비의 대상이 되었다. 하지만 경주만큼 상징적인 건물이나 유적이 많지 않아 상대적으로 관심을 덜 받았다.

서울과 전주 역시 정비를 시작했지만 경주나 부여와 달리 두 곳의 주요 정비 방향은 도시의 역사적 경관 자체에 대한 보존 활동이었으며, 그 대상은 주로 한옥이었다. 왜 한옥이었을까.

다른 나라의 도시들과 비교했을 때 한국 주요 도시들의 공업화 속도며 도시화 전개는 매우 빨랐다. 오늘날에도 한국 주요 도시들의 경관 변화 속도는 매우 빠른 편이지만 1970년대의 속도는 더 놀라울 정도였다. 그런 와중에 그 당시 전통적인 분위기를 간직한 이른바 '옛것'은 유신체제로 인해 강화된 민족주의에 영향을 받으면서 변화의 조짐을 보이는 한편으로, 유신체제에 대한 비판적 시각을 가진 문화예술인 사이에서 '우리 것 찾기 운동'의 일환으로 소환되기도 했다. 이런 복잡한 맥락 속에서 1970년대 말 한국 전통 문화에 대한 관심은 매우 고조되었는데, 특히 전통적 모티프로 지은 도시형 한옥은 여러 면에서 관심의 대상이 되었다. 그런 한옥이 그나마 많이 남아 있는 곳이 바로 전주였다.

전주의 한옥마을과 서울 북촌의 한옥마을, 거주지를 꿈꿨으나 관광지가 되어버린

1977년 전주 한옥마을이 한국 최초의 '한옥 보존 지구'로 지정되었다. 경주나 부여와 달리 전주 한옥마을 지정은 관광이나 교육 전시장으로 활용하기 위한 게 아니었다. 1970년대 말 이미 15년 넘게 공업화가 진행되어온 전주는 이미 '옛것'이라고 할 만한 것들이 많이 사라졌다. 다시 말해 역사적인 경관들은 많은 변화가 이루어졌고, 보기에 따라 훼손되었다고 할 수 있을 정도였다. 한옥마을 역시 쇠락해 있었다. 한옥 보존 지구로 지정한 이유는 쇠락하고 쇠퇴한 한옥을 옛모습으로 복원하기 위해서가 아니었다. 어디까지나 '우리 것'의 느낌을 보여줄 수 있는 도시형 한옥을 유지하는 데 주안점을 두었다.

1987년에는 '한옥 보존 지구'를 '제4종 미관지구'로 변경, 지정된 구역 안에 신축 건물이 들어서는 걸 엄격히 통제하기 시작했다. 한옥을 그 당시 그 모습으로 유지하기 위해서였는데, 이런 경향은 변화를 꺼렸던 미국의 찰스턴이나 뉴올리언스와 비슷한 측면이 있다. 물론 찰스턴이나 뉴올리언스의 경우 오래된 역사적 경관은 이미 상당히 쇠퇴의 과정을 거친 뒤 보존 대상이 되면서 많은 집들이 수리가 되었다는 차이가 있긴 하다. 20세기 중반 찰스턴과 뉴올리언스의 많은 집들은 이미 지어진 지 100년을 넘긴 것들로 훨씬 더 낡고 쇠락한 상태였다. 이에 비해 1970년대 말 전주에 남아 있던 대부분의 한옥들은 도시형 한옥으로서 지은 지 40~50년 남짓된 것들이었다. 한옥마을로 지정된 곳은 일제강점기에 철거된 전주 성곽 밖이었고, 이곳에는 당시 조선인들의 감수성에 맞게 지어진, 이른바 도시형 한옥들이 모여 있었다. 서울의 북촌처럼 좁은 땅에 계획적으로 모여 지어졌으며, 이 지역 기후를 반영해 바람이 쉽게 통할 수 있도록 일자형 집이 많았다.

1980년대 들어오면서 한국에도 중산층이 늘어나고, 생활 수준이 높아지면서 차츰 전주 한옥마을은 쇠퇴하기 시작했다. 불편한 한옥을 떠나 편리한 아파트로 이사를 가는 이들이 늘었고, 한옥마을은 집주인이 아닌 세입자들이 주로 살았다. 임대 수익을 높이기 위해 한옥을 철거하고 다세대, 다가구 주택을 지으려는 이들도 점차 늘어났다. 1990년대 지방 자치제 도입으로 개발을 원하는 집주인들의 요구를 들어줄 정치적 통로도 생겼다. 하지만 한옥마을을 쉽게 개발할 수는 없었다. 2000년대 이후 개발의 압력을 최소화하기 위해 한옥 수리 또는 신축을 위한 지원금 제도를 도입, 집주인들의 불만을 완화하려고도 했다.

개발 압력의 완화를 위해서라지만 이처럼 역사적인 경관을 보존하기 위해 개인 소유의 집을 수리하거나 신축을 돕기 위해 공적 자금을 동원하는 것은 다른 도시에서는 찾기 어려운 지원이다. 대개는 도로 같은 인프라 정비를 위해 사용하는 경우가 일반적이다. 개인 소유 재산인 한옥의 수리 또는 신축에 공적 자금을 투입하기로 한 것을 보면 전주시와 지역의 오피니언 리더들이 한옥마을을 얼마나 중요하게 생각했는가를 알 수 있다.

이러한 한옥마을 보존은 전주의 대표적 문화 사업이 되었다. 다시 말해 공적 자금 투입을 통해 보존한 도시의 문화유산을 도시의 재생, 나아가 관광산업 육성의 지렛대로 활용한 셈이다. 이와 비슷한 사례를 우리는 앞에서 살펴보았다. 바로 경제대공황 시기 국가 예산으로 정비한 샌안토니오 강, 그후에도 공적 자금을 투입하여 유지와 확장을 이어가며 만든 리버워크가 오늘날 샌안토니오의 자랑이 된 것이 바로 그런 사례다. 이런 사례는 전주와 샌안토니오뿐만 아니라 20세기 말 이후 역사적 경관이 볼거리

보존과 복원을 향한 관심, 공동화와 과잉 관광, 그리고 이어지는 젠트리피케이션……, 도시는 왜 역사를 보존하는가에 관한 질문

보존과 복원으로 관심의 대상이 되고 나면 곧이어 공동화와 과잉 관광, 그리고 젠트리피케이션이 따라붙는다. 이런 과정이 반복되면서 역사적 경관 보존에 대한 근본적인 물음이 커지고 있다. 오래된 도시의 경관 보존은 의미 있지만, 그 결과에 대한 의문이 생기고 있는 것이다. 종교, 국가, 민족주의, 애국주의, 애향심 등 지금까지 역사 보존의 원동력으로 꼽혔던 이유들은 그 의미가 줄어들고 있다. 우리는 왜 도시에 남아 있는 역사적 경관을 보존하려고 하는 걸까. 마주하는 물음표 앞에서 우리가 찾아야 할 방향은 무엇일까.

첨성대와 고분군 그리고 광릉 등 경주 시내 곳곳에 남아 있는 문화유산 보존은
이 도시를 통해 보여주고 싶은 바가 무엇인지를 상징적으로 잘 보여준다.

2013년 경주 황리단길.

2022년 경주 황리단길.

전주에서 한옥마을을 통해 남기고 싶었던 역사적 경관은 사람이 사는 모습이었다. 거주지를 꿈꿨으나 주민들은 한옥을 팔고 아파트로 떠나고 이제 이 거리는 사람이 사는 대신 놀러가는 관광지가 되었다.

정한지공예
안방마님 향교길 오픈 특가
010-8640-0168

1984년 서울 가회동 골목길.
오늘날에는 그저
추억으로만 남았다.

2004년 서울
가회동 골목길.

2010년(위)과 2011년 서울 북촌. 멀리 현대빌딩이 보인다.

서울 북촌 한옥마을은 점점 더 '예뻐지고' 있다. 위는 2018년 서울 가회동 11번지 풍경. 아래는 2023년 삼청동 풍경.

2013년 북촌 개발 움직임에 반대하는 이들이 내건 현수막.

골목이 점점 '예뻐질수록' 찾아오는 사람들도 점점 더 늘어났다.
급기야 주민들이 이에 항의하는 뜻을 담은 현수막을 내걸었다. 2018년 상황이다.

2008년 서울 서촌 필운대길과 골목길 풍경. 그때와 지금은 얼마나 같고 얼마나 다를까.

2009년 서울 서촌. 멀리서 바라보는 전경은 정겹지만 이미 골목 안에서는 난개발이 진행되고 있었다.

가 되면서 한국을 비롯한 여러 나라의 도시들에서 심심치 않게 볼 수 있다.

서울에도 한옥마을이 있다. 북촌을 보존하려는 움직임 역시 전주와 비슷하게 1970년대 말 시작되었다. 당시 서울은 공업화와 도시화가 빠른 속도로 진행되고 있었고, 그러면서 도시의 변화도 매우 빠르게 이루어지고 있었다. 1978년 휘문고등학교가 강남으로 이전했다. 이미 강북에 있던 여러 명문 학교들이 한강을 건너가고 있었다. 명문 학교들이 북촌을 떠나는 것만큼 동네에 살던 부유층 주민들도 다른 곳으로 빠져나갔다. 동네의 성격과 분위기는 사뭇 달라졌다. 휘문고등학교가 떠난 자리에 1983년 현대건설 사옥이 완공되었다. 기존 분위기와 사뭇 다른 건물이 들어서자 변화는 매우 강력하게 체감이 되었다. 순식간에 달라지는 북촌의 앞날을 둘러싸고 걱정하는 목소리가 높아지기 시작했다. 북촌에서 나고 자라거나 이곳에 살던 건축가, 문화예술인, 그리고 각 분야의 오피니언 리더들이 한마디씩 말을 보탰다. 이들에게 북촌은 전통을 상징하는 곳이기도 했지만, 자신들이 오래 살던 장소이기도 했다. 사라져가는 건 전통만이 아니라 자신들의 추억이며 터전이었다.

북촌에 관심을 둔 이들은 또 있었다. 1980년대 이후 북촌은 지금까지와는 다른 각도에서 그 가치를 인정 받았다. 88서울올림픽 때문이었다. 12·12군사반란과 광주 학살을 자행하며 권력을 잡은 전두환 전 대통령은 올림픽을 자신의 정치적 세력화와 반대 세력을 탄압하기 위한 명분으로 활용하면서, 한편으로 올림픽 때 한국을 찾는 외국인 관광객에게 '한국적' 경관을 보여 주기 위한 볼거리를 찾기 시작했다. 그런 그들에게 북촌이 새로운 관심의 대상으로 떠올랐다. 이처럼 1980년대 초 여러 이유로 북촌 보존에 대한 관심이 높아졌다.

북촌은 이미 1976년 '민속경관지역'으로 지정된 데 이어 건축 행위에 대한 통제를 더욱 강화하기 위해 '제4종 미관지구'로 지정되었다. 서울에도 찰스턴, 뉴올리언스, 뉴욕처럼 본격적인 '역사 보존 지구'historic district가 생긴 셈이었다.

흥미로운 것은 이들 도시들이 보존 지구로 지정을 받은 시기다. 1930년대 일찌감치 지정을 받은 찰스턴과 뉴올리언스는 말하자면 이 구역의 선두주자였다. 1930년대부터 1950년대까지는 세계 어느 곳이나 대공황, 양차 세계대전, 전쟁 복구, 탈식민지화 등으로 복잡하고 어수선하며 매우 혼란스러운 시절이었다. 역사적 경관 보존에 대해 어디나 신경을 쓰기 어려운 상황이었다. 그나마 전쟁의 직접적인 피해가 없던 미국에서는 보스턴과 필라델피아 같은 역사적 도시의 경우 예외적으로 역사적 경관 보존에 대한 관심을 두긴 했지만, 이 밖에 대부분 도시들의 역사 보존 지구 지정은 1960년대 말부터 1980년대 초에 걸친 약 15년 사이에 이루어졌다. 그렇게 보자면 1970~80년대 이루어진 전주와 서울 북촌 한옥마을의 보존 지구 지정은 결코 늦지 않았던 셈이다.

그렇지만 순조롭지는 않았다. 북촌 한옥마을 보존 지구 지정은 주민과 집주인들의 원성을 샀다. 주민들은 규제 때문에 집을 수리하기 어렵게 되었고, 임대료를 받아오던 집주인들은 더 높은 임대 수익을 위해 한옥을 철거하고 수익성 높은 건물을 짓는 것이 불가능해졌다. 1990년대 민주화가 이루어진 뒤 이런 불만의 목소리는 정치인들에게 전달되었고, 득표에 민감한 몇몇 정치인들의 개입으로 규제가 점차 완화되었다. 전주와는 다른 양상이 펼쳐졌다. 철거되는 한옥이 늘었고, 그 자리에는 다가구 주택들이 들어왔다. 오늘날 북촌에 펼쳐지는 기와의 물결 사이로 듬성듬성 보이는 다가구 주택들이 바로 이때 들어선 것들이다.

북촌의 독특한 경관이 빠른 속도로 변화할 조짐이 보이자 1990년대 말 집수리와 한옥 신축을 위한 공적 지원금 제도가 마련되었고, 2000년대 이후 공사들이 본격적으로 시작되었다. 개발의 압력이 전주보다 서울이 훨씬 컸기 때문에 지원금 제도를 더 빨리 도입했지만, 결과적으로는 공사 시작점이 비슷했다.

한옥 수리 및 신축 공사가 시작되면서 전주와 서울의 북촌 모두 한옥을 중심으로 하는 분위기가 사뭇 달라졌고, 이에 따라 관광객이 늘어나면서 점점 도시의 명소로 부상하기 시작했다. 이런 현상으로 인해 2010년대 초부터는 북촌 한옥의 지원 제도를 서촌에도 적용하기 시작했으며, 나아가 혜화동이나 성북동 등 다른 서울의 오래된 지역까지 적용의 범위를 넓혀 갔다.

전주 한옥마을이나 서울의 한옥 지원 제도처럼 공적 자금을 활용한 지원 제도는 다른 도시에서 찾아보기 어렵다. 보존 지구 지정으로 인한 규제에 주민들의 거부감이 워낙 강력했기 때문이기도 했지만, 애초에 규제의 도입 의견이 주민들이 아닌 이른바 전문가나 도시 행정가들로부터 나온 것이어서 구조적인 모순을 안고 시작한 결과이기도 하다. 개인의 권리를 고려하지 않은 보존 일변도의 정책이었기 때문이다. 위에서 결정하고 일방적으로 요구하는 규제의 도입 방식은 한국의 1970~80년대 특수한 문화를 보여주는 면이 있는데, 이른바 이런 식의 톱다운top-down 정책의 모순을 강압적으로 밀어부치는 대신 주민의 거부감을 완화하고 지지를 이끌어내기 위해 지원 제도를 도입하게 된 것은 당시 이루어진 민주화의 덕분으로도 볼 수 있다. 결과적으로 지원 제도는 효과를 거뒀고, 이로 인해 전주와 서울에는 '예쁜' 역사적 경관이 만들어졌으며, 이로 인해 관광객들이 많이 찾게 되었다. 그리고 여기에서 새로운 문제가 생겼다.

2010년대 이후부터 주민들이 주로 살던 집 가운데 상당수가 관광객들을 위한 숙박 시설로 변하면서 공동화 현상이 생긴 것이다. 전주 한옥마을이나 북촌 모두 비슷한 현상을 보였다. 한옥 중심 거주지를 만들려던 정책의 목표와는 다른 결과가 나온 것이다. 전주와 북촌만의 문제는 아니었다. 이미 오래전부터 유럽의 관광지 도시들이 겪어온 문제였다. 베네치아는 2010년대 말 밀려드는 관광객들로 인해 숙박 시설이 부족해지면서 일반 주택에 머무는 사례가 많아지자 과잉 관광의 폐해를 줄이기 위해 주택 숙박을 금지시켰는데, 이로 인해 재산권 논쟁으로 몸살을 앓기도 했다.

역사적 경관 보존이 낳은 결과, 그 결과가 말해주는 새로운 방향

이 책에서 다룬 여러 도시들 역시 보존을 통해 지켜온 역사적 경관이 관광지로 소비되면서 해당 지역들은 갈수록 외지인이나 관광객들로 가득찬 역사 테마파크가 되어가고 있다.

그리니치빌리지는 주택 숙박을 금하고 있지만, 부유층들이 뉴욕 별장처럼 사용하는 집들이 늘어나면서 근린 상업지가 많이 사라졌다. 그 결과 오늘날 이 지역은 화석화된 '예쁜' 동네로 변했다. 베를린의 크로이츠베르그는 '힙'한 이미지 때문에 관광객이 많이 찾아왔는데, 이제는 예전의 반골 느낌은 거의 다 사라졌다. 따뜻한 남부 도시 찰스턴은 은퇴한 부유층들이 고가로 집을 매입하고 있고 관광객을 위한 숙박 시설이 많다. 이들이 들어온 곳들에 원래 살던 토박이들은 거의 찾아보기 어렵다. 뉴올리언스

2012년 서울 서촌 체부동 전경.

의 프렌치쿼터 역시 관광객은 많이 찾아오는데 오래 살던 주민들은 많이 떠나고 있다. 교토는 2010년대 말부터 과잉 관광으로 주민들의 삶이 불편해지고 있고, 얼마 지나지 않아 교토만의 독특한 분위기가 사라질 거라는 우려가 높아지고 있다. 로마는 말할 것도 없이 유럽의 주요한 관광 도시로, 역사 지구는 과잉 관광으로 인해 숙박촌으로 변한 지 오래다.

그런 반면 나라 · 윌리엄즈버그 · 경주 같은 곳들은 애초에 역사 교육 전시장으로서, 원래 관광객을 위해 꾸민 곳들이 많아 상대적으로 과잉 관광으로 인한 피해가 덜하다. 대신 정보가 워낙 넘치는 시대인지라 국가가 주도하는 대로 역사를 미화하고 신화처럼 포장하는 것에 대한 사람들의 관심이 눈에 띄게 약해졌다.

21세기에 젠트리피케이션과 과잉 관광이 화제가 되면서 역사적 경관 보존에 대한 의문이 커지고 있다. 오래된 도시의 역사적 경관을 보존하는 것은 의미 있는 일이라는 공감대가 형성되어 있긴 하지만, 이미 그 결과에 대한 의문이 생기고 있다. 즉 시작할 때의 뜻은 좋았지만 그로 인한 새로운 문제가 뜻밖에 생기고 있기 때문이다.

젊은 세대들에게는 또다른 맥락으로 받아들여지고 있다. 무엇보다 이들에게 역사적으로 경관이 잘 보존되었다고 꼽히는 곳들은 부동산 값이 너무 높다. 개인의 능력으로 절대 감당할 수 없는, 도대체 살 수가 없는 테마파크일 뿐이다. 놀러갈 수는 있지만, 관광객이 너무 많고 물가도 너무 비싸기 때문에 선뜻 가고 싶어지지 않는다. 역사적 경관 보존의 의미를 충분히 알고 있고, 그런 의미가 있는 곳을 다 철거한 뒤 완전히 새로운 도시를 짓는 것을 원하지는 않지만 그렇다고 해서 값비싼 테마파크에는 그다지 흥미를 느끼지 않는다. 어쩌면 이미 역사적 경관 보존에 대한 사회적 공감대는 약해질 대로 약해졌는지도 모를 일이다.

역사적 경관 보존을 바라보는 또다른 시선도 존재한다. 특히 미국과 유럽은 이민으로 인해 인구가 매우 다양해졌기 때문에 주류 문화의 패권에 대한 의문이 생기고 있다. 한국의 이민자 수는 다른 선진국에 비해 지금은 훨씬 적은 편이긴 하지만, 점차 늘어나고 또한 다양해지는 추세를 보이고 있다. 문화가 다양해지면 보존의 대상도 달라질 수밖에 없다. 지금까지는 주로 주류 문화와 관련이 있거나 그런 상징성이 높은 지역들이 인기를 끌었다면, 이제는 사회적 소수자와 관련 있는 곳들이 역사적 경관으로서의 가치가 올라가고 있다. 2016년 '스톤월 국립기념물'로 지정 받은 곳은 그리니치빌리지에서 성소수자 폭동이 일어난 스톤월 인을 기념한 장소다. 그밖에도 1980년대 이후 흑인 민권 운동과 관련 있는 역사적 장소들이 점차 문화유산으로 인정을 받고 보존이 되고 있다. 한국 역시 마찬가지다. 보존의 대상이 다양해지고 있는데, 노동 운동이나 민주화 운동의 역사와 관련 있는 장소가 그 대상이 되기도 한다. 전태일 열사 관련 장소도 유의미한 사례 가운데 하나다.

종교, 국가, 민족주의, 애국주의, 애향심 등 지금까지 역사적 경관 보존의 원동력으로 꼽혔던 이유들은 갈수록 다양해져가는 사회에서 점점 더 그 의미가 줄어들고 있다. 그렇다면 앞으로의 방향은 어디로 향해야 할까. 국가와 민족을 선전하고, 지난 날의 영화를 기념하기보다 주어진 어려움과 한계 속에 열심히 살았던 이들, 더 나은 세상을 위해 노력했던 사람들의 삶을 기념하는 방향으로 가는 건 어떨까. 그렇게 방향을 수정한다면 적어도 오늘날의 테마파크들이 만들어내는 부작용을 조금이라도 줄일 수 있지 않을까.

이쯤에서 우리 함께 물음표를 가져보자. 대부분의 사람들은 어떤 도시에서나 남아 있는 역사적 경관을 잘 보존해야 한다는 데 동의한다. 그런데 왜 그럴까. 수많은 모순에도 불구하고 왜 그래야 한다고 당연히 받아들이고 있는 걸까. 나아가 우리는, 도시는 왜 남아 있는 역사적 경관을 보존하려고 하는 걸까. 지금 우리 눈앞에 남아 있는 역사적 경관들은 왜 거기 그 모습으로 그렇게 있는 걸까. 이 책은 바로 그 질문의 답을 찾기 위해 써온 건지도 모르겠다.

"역사는 당장은 아닌 것 같아도, 장기적으로 볼 때 결국은 발전한다는 믿음이 장착되면서 오래된 것은 무조건 낡은 것이라는 인식에 변화가 생겼다. 지나간 것들은 오래되었으니 곧 새로운 것으로 대체되어야 할 것이었으나 이제는 아니었다. 역사와 소통할 수 있는, 가치 있는 유산으로 평가 받기 시작했다. 특히 특정 인물 또는 주요 사건과 관련 있는 건물이나 그 시대를 보여주는 지역의 역사적 경관은 각별한 관심의 대상이 되었다. 그러면서 오늘날 우리가 흔히 접하는 역사적 경관의 보존 노력이 도시들마다 펼쳐지기 시작했다. 본격화한 정도가 도시들마다 차이가 있긴 하지만 그런 시도 자체는 최근의 일만이 아니다. 이런 역사적 경관을 세계 주요 도시들이 어떻게 대해왔는지, 보존의 배경으로는 어떤 맥락이 작동했는지 호기심이 생겼다. 호기심을 따라가보니 거기에는 권력자들의 정통성 획득부터 애국주의와 애향심의 고취, 시민정신의 구현까지 다양한 목적과 의도가 배어 있다는 걸 알게 되었다. 그러면서 역사적 경관의 이면은 물론 도시의 역사까지 더 깊이 이해할 수 있었다."

이 책을 둘러싼 날들의 풍경

한 권의 책이 어디에서 비롯되고, 어떻게 만들어지며,
이후 어떻게 독자들과 이야기를 만들어가는가에 대한 편집자의 기록

2018년 4월. 저자와의 첫 책 『외국어 전파담』 출간을 준비하는 동안 편집자는 저자의 전공인 언어에 관한 책과 함께 평생 전공 분야 못지 않게 관심을 가져온 도시에 관한 책을 꾸준히 만드는 것은 어떨까, 홀로 생각하다. 생각은 점점 모양새를 갖춰 저자와 함께 앞으로도 꾸준히 두 개의 주제를 번갈아가며 책을 만들 수 있으면 좋겠다는 바람으로 이어지다. 시간이 흘러 이 글을 쓰고 있는 2023년 12월 현재 편집자의 이런 계획은 순조롭게 이루어지다. 잠시 밝히자면 2018년에는 언어를 주제로 한 『외국어 전파담』을, 2019년에는 도시를 주제로 한, 『로버트 파우저의 도시 탐구기』를, 2021년에는 다시 언어를 주제로 한 『외국어 학습담』을 출간하는 데에 이르다.

2021년 여름. 언어를 주제로 한 저자의 두 번째 책 『외국어 학습담』의 출간을 마무리하면서 도시를 주제로 한 두 번째 책의 출간 준비를 시작하다.

2021년 9월. 『외국어 학습담』과 첫 책 『외국어 전파담』의 개정판이 나왔으나 코로나19로 인해 저자의 방한은 미뤄지다. 새 책의 홍보를 진행하는 한편으로 편집자는 저자와 함께 도시를 주제로 한 다음 책의 출간을 계획하다. 아울러 코로나19로 인해 일어난 외국어 관련 변화상을 새로 담아 『외국어 전파담』의 개정판을 출간한 것처럼 도시에 관한 새 책을 출간할 때 초판 출간 이후 달라진 도시들의 이야기를 보완하여 『로버트 파우저의 도시 탐구기』의 개정판을 출간하면 좋겠다는 생각을 하게 되다. 이왕 개정판을 내는 것이라면 출간 이후 독자들로부터 많이 받은, 도시에 관한 책이 흑백이어서 아쉽다는 의견을 반영하기로 하다. 초판본을 만들 때만 해도 오래된 흑백 사진을 함께 보며 옛 추억을 떠올리는 것 같은 느낌을 독자들과 나누려 했으나, 독자들이 떠올리는 옛 추억의 장면에 이미 흑백이 아닌 컬러가 일상화되어 있다는 사실을 간과했음을 뒤늦게 깨닫다. 여기에 인연이 남다른 부산과 인천

이 빠진 것에 대한 저자의 아쉬움을 해소하기로 하다.

2022년 5월. 저자가 무려 2년 만에 방한하다. 미처 하지 못했던 『외국어 학습담』 출간 기념 북토크 일정을 소화하다.

2022년 6월 16일. 서울 '역사책방'에서 『외국어 학습담』 출간 기념 북토크를 마친 뒤 혜화1117의소중한 저자 한미화 선생님과 함께 추어탕을 먹고 커피 한 잔을 즐기다. 이 자리에서 앞으로 얼마나 책을 만들 수 있을지 모르겠다는 편집자의 말에 저자는 앞으로 20년 후에도 북토크를 하고 있을 거 같다고 명쾌하게 답하시다. 그렇다면 역시 앞으로 20년은 계속 책을 만들어야 하겠다며 다짐하다. 정말 꼭 그렇게 되기를 마음속으로 바라며, 그렇게 여름날의 오후를 더불어 기분 좋게 보내다.

2022년 6월 20일. 김포 '꿈틀책방'&'코뿔소책방'에서 독자와의 만남을 갖다. 일정을 마친 뒤 도시에 관한 새 책의 계약서를 작성하다. 2023년에 새 책을 출간하기로 계획하다.

2022년 10월. 여름에 이어 가을에 다시 한국을 찾은 저자와 함께 새로 쓸 도시 책에 관한 논의를 수시로 나누다.

2022년 11월 25일. "몸과 마음의 준비는 끝났다. 도착 후 이틀 뒤부터 본격적으로 쓰기 시작하겠다." 미국으로 돌아가는 저자와 저녁을 먹으며 이후 집필 및 출간 일정을 논의하다. 춥고 낮도 짧은 긴 겨울을 앞두고, 스스로 열심히 글만 쓰겠다는 선생의 일성과 함께 마지막 인사를 나누다. 우선 『로버트 파우저의 도시 탐구기』 개정판 원고와 이미지 등을 먼저 정리하기로 하다.

2023년 1월. 『로버트 파우저의 도시 탐구기』 개정판을 위한 1차 원고 집필을 마무리한 뒤 저자는 새 책의 원고 집필에 돌입하다. 편집자는 받은 원고에 대한 의견을 정리하기 시작하다.

2023년 2월. 새 책의 첫 장 원고가 드디어 들어오기 시작하다. 이후 전체 7장의 구성안에 맞춰 순서대로 한 장씩의 원고가 들어오다.

2023년 7월. 새 책의 집필과 개정판의 보완 등을 위해 각국 여러 도시를 다녀온 저자가 최종 보완한 원고를 보내오다. 편집자는 원고의 검토 및 문의사항을 메모하여 저자에게 다시 보내고 재차 수정을 거쳐 원고를 확정하다.

2023년 8월. 책에 들어갈 이미지 파일을 1차 입수하다. 편집자는 조판용 원고를 정리하여 디자이너 김명선에게 보내다. 1차 조판을 완성한 파일을 저자에게 보내 검토를 요청하다. 한편으로 새 책의 원고가 속속 도착하다.

2023년 10월. 동시 출간을 예정한 『로버트 파우저의 도시 탐구기』에 새롭게 추가하는 원고의 분량이 만만치 않고 이미지 배치 등을 전면적으로 바꾸는 등 새 책 못지 않게 시간과 품이 들어가다. 단지 개정판이라고 하기에는 변화의 크기가 매우 커서 편집자는 제목과 부제 등을 전면적으로 바꿔서 출간하기로 마음을 먹다. 두 권을 연내 동시에 출간하는 걸 목표로 했으나 작업의 범위가 상당하여 두 권 모두 2024년 연초 출간으로 일정을 조정하다.

2023년 11월. 새 책을 함께 진행하며 도시에 대한 저자의 시선과 인식에 내내 감탄하다. 두 권을 함께 내기로 한 것이 잘한 결정임을 확인하다. 책의 제목과 부제를 확정하다. 재교를 마치다.

2023년 12월. 편집자의 작업과 함께 저자가 한국에 입국하여 저자 교정을 동시에 진행하다. 출간 전 몇몇 책방과 함께 '독자와의 만남'을 의논하다. 표지 및 본문을 최종적으로 점검하다. 크리스마스에 편집의 모든 작업이 끝나다. 27일 인쇄 및 제작에 들어가다. 표지 및 본문디자인은 김명선이, 제작 관리는 제이오에서(인쇄:민언프린텍, 제본:정문바인텍, 용지:표지- 아르떼210그램, 순백색, 본문-클라우드 80그램), 기획 및 편집은 이현화가 맡다.

2024년 1월 10일. 혜화1117의 스물여섯 번째 책, 『도시는 왜 역사를 보존하는가-정통성 획득부터 시민정신 구현까지, 역사적 경관을 둘러싼 세계 여러 도시의 어제와 오늘』 초판 1쇄본이 출간되다. 이후의 기록은 2쇄 이후에 추가하기로 하되, 이미 예정한 일정을 다음과 같이 기록하다.

2024년 1월 10일. 서울 동네책방 '서울의 시간을 그리다'에서 북토크를 예정하다. 부산 '창비부산'에서 1980년대부터 부산을 촬영한 저자의 사진전을 시작하다.

2024년 1월 12일. 파주 동네책방 '쩜오책방'에서 북토크를 예정하다.

2024년 1월 13일. 안양 동네책방 '뜻밖의 여행'에서 북토크를 예정하다.

2024년 1월 15일. 김포 동네책방 '꿈틀책방&코뿔소책방'에서 북토크를 예정하다.

2024년 1월 17일. 인천 문화공간 '스페이스빔'에서 북토크를 예정하다.

2024년 1월 18일. 부산 '창비부산'에서 1차 북토크를 예정하다.

2024년 1월 19일. 부산 '창비부산'에서 2차 북토크를 예정하다. 부산 '안목갤러리'에서 북토크를 예정하다.

2024년 1월 20일. 부산 동네책방 '스테레오북스'에서 북토크를 예정하다.

2024년 1월 25일. 서울 동네책방 '북티크'에서 북토크를 예정하다.

도시독법 - 각국 도시 생활자의 어린 날의 고향부터 살던 도시 탐구기

로버트 파우저 지음 · 올컬러 · 444쪽 · 26,000원

언어를 도구 삼아, 수많은 도시의 이면을 살피는 로버트 파우저의 도시를 읽는 법. '도시란 무엇인가', '도시는 무엇을 향해 움직이는가'를 되묻게 하는 도시 생활자, 로버트 파우저의 매우 복합적인 시선과 태도! 책을 통해 그가 던지는 도시에 관한 질문은 우리 스스로 '삶의 터전으로서의 도시' 나아가 도시 그 자체에 대해 우리가 가지고 있는 '이미지'를 다시 바라보게 한다.

외국어 전파담[개정판] - 외국어는 어디에서 어디로, 누구에게 어떻게 전해졌는가

로버트 파우저 지음 · 올컬러 · 392쪽 · 값 23,000원

고대부터 현대에 이르기까지 역사 전반을 무대로 외국어 개념의 등장부터 그 전파 과정, 그 이면의 권력과 시대, 문명의 변화 과정까지 아우르는 책. 미국인 로버트 파우저 전 서울대 교수가 처음부터 끝까지 한글로 쓴 이 책은 독특한 주제, 다양한 도판 등으로 독자들의 뜨거운 관심을 받았다. 2018년 출간 후 개정판에 이른 뒤 현재까지 꾸준히 사랑을 받아 스테디셀러로 자리를 확고하게 잡았다.

외국어 학습담 - 외국어 학습에 관한 언어 순례자 로버트 파우저의 경험과 생각

로버트 파우저 지음 · 올컬러 · 336쪽 · 값 18,500원

"영어가 모어인 저자가 다양한 외국어의 세계를 누비며 겪은 바는 물론 언어학자이자 교사로서의 경험을 담은 책. 나이가 많으면 외국어를 배우기 어렵다는 기존 통념을 비틀고, 최상위 포식자로 군림하는 영어 중심 학습 생태계에 따끔한 일침을 놓는다. 나아가 미국에서 태어난 백인 남성이라는 자신의 위치에 대한 비판적인 인식은 특히 눈길을 끈다."

_ 김성우, 응용언어학자, 『단단한 영어 공부』, 『유튜브는 책을 집어삼킬 것인가』 저자

* 2021년 교보문고 9월 '이 달의 책' * 2022년 세종도서 교양 부문 선정
* 2023년 일본어판 『僕はなぜ一生外国語を学ぶのか』 출간

경성 백화점 상품 박물지 - 백 년 전 「데파-트」 각 층별 물품 내력과 근대의 풍경

최지혜 지음 · 올컬러 · 656쪽 · 값 35,000원

백 년 전 상업계의 일대 복음, 근대 문명의 최전선, 백화점! 그때 그 시절 경성 백화점 1층부터 5층까지 각 층에서 팔았던 온갖 판매품을 통해 마주하는 그 시대의 풍경!

* 2023년 『한국일보』 올해의 편집 * 2023년 『문화일보』 올해의 책 * 2023년 『조선일보』 올해의 저자

딜쿠샤, 경성 살던 서양인의 옛집 - 근대 주택 실내 재현의 과정과 그 살림살이들의 내력

최지혜 지음 · 올컬러 · 320쪽 · 값 18,000원

백 년 전, 경성 살던 서양인 부부의 붉은 벽돌집, 딜쿠샤! 백 년 후 오늘, 완벽 재현된 살림살이를 통해 들여다보는 그때 그시절 일상생활, 책을 통해 만나는 온갖 살림살이들의 사소하지만 흥미로운 문화 박물지!

백 년 전 영국, 조선을 만나다 - '그들'의 세계에서 찾은 조선의 흔적

홍지혜 지음 · 올컬러 · 348쪽 · 값 22,000원

19세기말, 20세기 초 영국을 비롯한 서양인들은 조선과 조선의 물건들을 어떻게 만나고 어떻게 여겨왔을까. 그들에게 조선의 물건들을 건넨 이들은 누구이며 그들에게 조선은, 조선의 물건들은 어떤 의미였을까. 서양인의 손에 의해 바다를 건넌 달항아리 한 점을 시작으로 그들에게 전해진 우리 문화의 그때 그 모습.

4·3, 19470301-19540921 - 기나긴 침묵 밖으로

허호준 지음 · 컬러 화보 수록 · 양장본 · 400쪽 · 값 23,000원

"30년간 4·3을 취재해 온 저자가 기록한 진실. 1947년 3월 1일부터 1954년 9월 21일까지 제주에서 일어난 국가의 시민 학살 전모로부터 시대적 배경과 세계사와 현대 한국사에서의 4·3의 의미까지 총체적인 진실을 드러내는 책.
건조한 문체는 이 비극을 더 날카롭게 진술하고, 핵심을 놓치지 않는 문장들은 독서의 몰입을 도와 어느새 4·3에 대한 통합적인 이해가 자리 잡힌다. 이제 이 빼곡하게 준비된 진실을 각자의 마음에 붙잡는 일만 남았다. 희망 편에 선 이들이 만들 수 있는 가장 큰 힘이다."
_알라딘 '편집장의 선택' 중에서

* 2023년 세종도서 교양 부문 선정 * 대만판 번역 출간 예정

이중섭, 편지화 - 바다 건너 띄운 꿈, 그가 이룩한 또 하나의 예술

최열 지음 · 올컬러 · 양장본 · 320쪽 · 값 24,500원

"생활고를 이기지 못해 아내 야마모토 마사코와 두 아들을 일본으로 떠나보낼 수밖에 없던 이중섭은 가족과 헤어진 뒤 바다 건너 편지를 보내기 시작했다. 그 편지들은 엽서화, 은지화와 더불어 새로이 창설한 또 하나의 장르가 되었다. 이 책을 쓰면서 현전하는 편지화를 모두 일별하고 그 특징을 살폈음은 물론이다. 그러나 가장 중요한 것은 그의 마음과 시선이었다. 이를 파악하기 위해 나 자신을 이중섭 속으로 밀어넣어야 했다. 사랑하지 않으면 보이지 않고 느낄 수 없는 법이다. 나는 그렇게 한 것일까. 모를 일이다. 평가는 오직 독자의 몫이다."_최열, '책을 펴내며' 중에서

이중섭, 그사람 - 그리움 너머 역사가 된 이름

오누키 도모코 지음 · 최재혁 옮김 · 컬러 화보 수록 · 380쪽 · 값 21,000원

"마이니치신문사 특파원으로 서울에서 일하다 이중섭과 야마모토 마사코 부부에 대한 취재를 시작한 지 7년이 지났습니다. 책을 통해 일본의 독자들께 두 사람의 이야기를 건넨 뒤 이제 한국의 독자들을 만나게 되었습니다. 이중섭 화가와 마사코 여사 두 분이 부부로 함께 지낸 시간은 7년 남짓입니다. 남편이 세상을 떠나고 70년 가까이 홀로 살아온 이 여성은 과연 어떤 생애를 보냈을까요? 사람은 젊은 날의 추억만 있으면, 그걸 가슴에 품은 채로 그토록 오랜 세월을 견딜 수 있는 걸까요? 그런 생각을 하면서 읽어주시길 기대합니다."
_오누키 도모코, 『이중섭, 그 사람』 '한국의 독자들께' 중에서

도시는 왜 역사를 보존하는가

2024년 1월 10일 초판 1쇄 발행

지은이 로버트 파우저Robert J. Fouser
펴낸이 이현화
펴낸곳 혜화1117 **출판등록** 2018년 4월 5일 제2018-000042호
주소 (03068)서울시 종로구 혜화로11가길 17(명륜1가)
전화 02 733 9276 **팩스** 02 6280 9276 **전자우편** ehyehwa1117@gmail.com
블로그 blog.naver.com/hyehwa11-17 **페이스북** /ehyehwa1117
인스타그램 /hyehwa1117

ISBN 979-11-91133-14-1 03900

Publishers : HYEHWA1117 11-gagil 17, Hyehwa-ro, Jongno-gu, Seoul, 03068, Republic of Korea.
Email. ehyehwa1117@gmail.com